화이부동의 동아시아학

– 민족사와 고대 중국 연구 자료 성찰

화이부동의 동아시아학

민 족 사 와 고 대 중 국 연 구 자 료 성 찰

심재훈 엮음

프란센짓 두아라 · 이성시 · 유진 Y. 박 · 에드워드 L. 쇼우네시 · 리펑 · 심재훈 지음
심재훈 · 류미나 · 김석진 옮김 | 단국대 동양학연구원 기획

푸른역사

화이부동의 동아시아학을 꿈꾸며

1990년 9월 초 유학길에 올라 시카고에 도착해 미시간 호를 보고 무척이나 놀랐던 일은 아직도 기억에 생생하다. 바다 같은 거대한 크기와 아름다운 경관도 그렇지만, 시카고가 미시간 호에 연해 있다는 사실을 전혀 모른 채 도착했기에, 그때의 충격 아닌 충격이 여전히 크게 자리하고 있는지도 모르겠다. 예나 지금이나 무딘 내 정보력과 무관심이 이렇듯 어처구니없는 기억을 생성했지만, 당시까지만 해도 미국은 그만큼 먼 나라였다.

중국 고대사 전공으로 박사과정에 입학해 첫 학기에 수강한 과목들 중에는 초급중국어가 있었다. 중국과의 교류가 아직 재개되지 않은 시대적 상황이 변명거리가 될 수 있을지 모르나, 이미 학부 때부터 중국을 드나들며 유창한 중국어를 구사하는 요즈음 학생들에게는 이해조차 어려운 일일 것이다.

격세지감, 지난 20여 년 동안 한국에서 진행되어온 중국학을 비롯한 동아시아학의 발전 상황에 딱 어울리는 말이다. 이전에는 상상할 수도 없었던 규모의 각종 연구비와 장학금이 제공되고 있고, 우후죽순처럼 생겨난 학술지들과 함께 관련 연구서들이 쏟아지고 있다. 특히 1990년대 이래 《창작과 비평》과 서남 동양학학술총서를 중심으로 진행된 한국판 동아시아론에 대한 신선한 논의는 한국적 동아시아학의 가능성을 모색케 하고 있다.[1] 각 분야의 세계적인 학자들이 이런저런 형식으로 초빙되어 강연하고, 중국은 물론 미국 저명 대학들의 동아시아학 박사과정에도 한국 유학생들이 적지 않은 비중을 차지하고 있다. 미국 대학에서 가르치는 친구들로부터 한국 학생들의 성실성과 우수함에 대해 익히 듣고 있고, 학위 취득 후 귀국하지 않고 중국이나 미국에서 자리를 잡는 훌륭한 소장학자들도 점점 늘어나는 것을 보면, 머지않아 한국 출신 학자들이 세계 동아시아 학계에서 크게 기여하리라는 기대를 품어도 될 듯하다.

그러나 이러한 외형적, 질적 성장에도 불구하고 다른 한편으로 한국에서의 동아시아학이 과연 국제적으로 주변부의 위치에서 벗어나고 있는지에 대한 아쉬움 또한 존재한다. 물론 동아시아학이라는 학술 개념 자체에 어느 정도 모호성이 담겨 있고, 그 속에 포괄될 수 있는 분과도 인문사회과학을 망라하여 다양하기 때문에, 어떤 일반화나 평가도 조심스러울 수밖에 없다. 중심과 주변을 나누는 기준역시, 학문의 제국주의 논란에 빠질 위험성은 차치하고라도, 논자에 따라 다를 수 있다. 그럼에도 자신들의 연구를 동아시아학이라는 범주에 포함시키는 국내의 개별 연구자나 집단 중 국내용이라는 딱지를 떼고 국제적으로 학문의 수준이나 성과를 인정받을 수 있는 이들이 얼마나 될지는 의문이다.

이러한 측면에서 국내 동양사학계에 뛰어난 족적을 남긴 고故 민두기(1932~2000) 교수의 학문은 귀감으로 주목할 필요가 있다. 그가 남긴 뛰어난 방대한 저작들이 한국의 중국사 연구 수준을 끌어올리는데 크게 기여했음은 말할 것도 없지만, 왕성하게 활동했던 1980~90년대 그가 이끌던 중국 근현대사 연구팀도 가히 세계적 수준의 연구 성과들을 산출해냈다는 평가를 받을 만하다. 이러한 평가는 1985년 이전에 국내에서 발표된 그의 대표 논문 여섯 편을 묶은 저서가 한국 학자의 연구로는 거의 전무후무하게 1989년 하버드대학 출판부에서 번역 출간되었다는 사실에서도 입증된다.◆

최근 민두기 교수의 학문을 한국적 중국사 혹은 동아시아사 담론의 부분적 완결이자 또 다른 시발점으로 다양한 각도에서 분석한 임상범의 글을 읽은 적이 있다.[2] 그를 한국사학사 상의 인물로 자리매김한 그 글에 언급된 민 교수의 학문 편력을 살펴보면서 나는, 저자가 직접 언급하지는 않았어도, 민 교수 학문의 요체로 "화이부동和而不同"의 정신과 그 실천을 읽어낼 수 있었다. 그가 형성해나간 이

◆ Min Tu-ki, edited by Philip A. Kuhn and Timothy Brook, *National Polity and Local Power: The Transformation of Late Imperial China* (Cambridge, Mass.: Harvard University Press, 1989). 예일대의 청대 전문가 피터 C. 퍼듀 교수는 민 교수 사후 그의 뛰어난 학문적 업적을 기린 부고obituary의 말미에 "근대 세계의 압박 하에 고통스러운 재평가의 과정을 겪던 한 전근대 문명의 경험에 친숙한" 민 교수의 중국에 대한 관점이 "중국이나 서구의 학자들이 도달할 수 없을 정도로 공명적sympathetic이고 객관적이었다"는 하버드대 필립 쿤Philip Kuhn 교수의 말(위 책의 서문)을 인용하고 있다. Peter C. Purdue, "Min Tu-ki [1932~2000]", *Journal of Asian Studies* 60:3, 2001, pp.937~938.

른바 '민두기식 중국사 담론'의 근저에는 외국 학계의 주요 연구 성과에 대한 철저한 인식이 깔려 있었다. 다시 말해, 중국사에 대한 국외 학자들의 다양한 견해와 "화"를 이룬 후 자신만의 "부동"을 추구하여 결국 그것을 이룰 수 있었다는 얘기다.

민 교수가 본격적으로 중국사 연구를 시작한 1960~70년대 한국 학계의 열악한 상황을 감안한다면, 외국 학계 특히 서양 학계의 연구 성과 습득을 위해 그가 기울였을 노력은 21세기의 학도들은 상상조차 못할 정도로 힘겨웠을 것이다. 그럼에도 컴퓨터 앞에 앉아서도 외국의 주요 연구들을 손쉽게 접할 수 있는 나를 포함한 현재의 동아시아학 종사자들이 30~40년 전 민 교수가 힘겹게 다다랐을 "화"의 실상에 얼마나 근접하고 있는지를 떠올려보면 그저 부끄러울 뿐이다. 오히려 그러한 "화"에 이르기는커녕 외국 학자들의 연구를 흉내내는 데 급급하거나, "화"에 대해서는 등한시하면서 어설프게 "부동"만 추구하고 있는 것은 아닌지.

이 책은 제목에서도 나타나듯 민 교수처럼 귀감이 될 만한 선학들이 일구어낸 "화이부동의 동아시아학"을 향한 작은 일보로 엮은 것이다. 단국대 동양학연구원은 1970년 창립 이래 많은 해외 석학들을 초빙하여 강연과 토론의 장을 제공해왔다. 2007년에서 2009년 사이 나는 동양학연구원에서 주관한 발표회에 몇 분의 외국 학자들을 모시는 데 관여했는데, 이 책은 그러한 노력의 산물이다. 이 책을 위해 원고를 허락하신 분들은 모두 각자의 분야를 주도하는 세계적 학자들로, 일본 와세다 대학의 이성시李成市 교수를 제외하고는 구미권에서 활동하고 있다.

사실 처음부터 의도한 것은 아니었지만, 총 여섯 편의 원고를 모아놓고 보니 두 범주로 나누는 데 무리가 없어서, "동아시아 역사상의 민족과 국가, 국민"이라는 주제와 "고대 중국 연구 자료의 새로운 이해"라는 주제로 각각 세 편씩 묶을 수 있었다. 전자가 비교적 이론과 담론에 치중한 글들이라면, 후자는 자료 자체에 대한 실증적 이해를 추구한 것들이다.

1장에 실린 〈민족의 지구적, 지역적 구성: 동아시아로부터의 관점〉은 시카고 대학The University of Chicago에서 동아시아 근현대사와 민족주의에 관한 연구로 뛰어난 업적을 남기고 최근 고향에 가까운 국립 싱가포르 대학National University of Singapore으로 자리를 옮긴 프라센짓 두아라Prasenjit Duara 교수의 글이다. 이 글에서 두아라는 동아시아 삼국의 사례를 통해 민족주의가 도입되고 유지, 확대, 변모되는 과정과 그 다양한 양상들을 검토하고 있다. 독자들은 이 글을 통해 세계화라는 구호마저 이미 구식으로 느껴지는 21세기에 들어서까지 동아시아에서 민족주의가 기승을 부리고 있는 이유에 대해 생각해볼 수 있을 것이다.

2장을 집필한 이성시 교수는 국내에서는 소개가 필요 없을 정도로 동아시아 고대사 방면에 뚜렷한 문제 제기를 해왔다. 그의 글 〈동아시아 고대사 인식상의 민족과 국가〉는 앞에 실린 두아라의 글과 짝을 이루는데, 두아라의 글이 20세기 동아시아 민족주의의 전개 양상을 다룬 통시대적 글이라면, 이성시의 연구는 20세기 초 민족주의가 도입되면서 동아시아 삼국에서 민족을 토대로 한 역사(특히 고대사) 만들기가 어떤 연결 고리 속에서 진행되었는지를 분석한 것이다. 아직도 현재진행형으로 지속되고 있는 동아시아 삼국의 고대사를 둘러싼 분쟁의 씨앗이 20세기 벽두부터 만들어지기 시작한 각각의 민족사에서 배태되었다는 그의 주장 역시 두아라의 인식과 일맥상통한다.

3장은 최근 캘리포니아 대학-어바인University of California, Irvine에서 펜실베니아 대학University of Pennsylvania으로 자리를 옮긴 유진 Y. 박Eugene Y. Park 교수의 글이다. 박은 구미에서 드문 한국 전근대사 연구자로, 현재까지의 연구 못지않게 앞으로 구미의 전근대 한국학을 주도할 기대주다. 그의 글 〈근현대 한국의 신분 의식과 역사의 주체성: 전문직 중인 및 후손들의 선대 인식을 중심으로〉는 에릭 홉스봄Eric Hobsbawm의 "만들어진 전통" 개념을 한국의 족보 담론에 투영시킨 것으로 "만들어진 민족사"를 주장한 이성시의 글과 통하는 부분이 있다. 박은 특히 조선시대 전문직 중인과 그 후예들의 상이한 족보 인식을 토대로, "만들어진 전통" 개념에 부합하는 족보 조작 관행에 편승한 중인 혈족집단들이 존재하기는 했지만, 그 이상으로 그러한 패권적 족보 담론을 의도적으로 거부하거나 사실 그대로의 족보를 객관적 기록으로 보존시킨 중인집단들도 실재했음을 논증하고 있다. 다시 말해, 족보와 신분을 따지는 '봉건' 문화 자체에 대한 부정이 적어도 개화기 이후 전문직 중인과 그 후손들 중에서는 대세였다는 것이다. 이를 통해 역사의 주체에 관해, 종래의 양반 중심 가족사 담론에서 벗어나 신분중립적인 능력 위주의 중인층이라는 새로운 담론이 제시될 수 있을 것으로 기대한다.

흔히들 서구에서의 동아시아학은 이론이나 담론 위주여서 실증에는 약하다는 인식을 가지고 있고, 일정 부분 그러한 생각에 일리가 있다. 그들의 세련된 이론과 담론 생산 역량이 실상 내가 20년 전 미국 유학을 결심한 큰 이유들 중 하나이기도 했다. 그러나 기대와는 달리 박사과정에서의 많은 시간들을 자료 그 자체와 씨름하며 보내면서, 동아시아학의 어떤 분야도 자료를 토대로 한 실증 능력 없이 좋은 연구를 산출할 수 없다는 사실을 절실하게 깨닫게 되었다. 나에게 이러한 상식적인 진리를 되새기게 해준 분이 바로 이 책 두 번째 부분의 4장과 6장을 집필한 시카고 대학의 에드워드 L. 쇼우네시 Edward L. Shaughnessy 교수다.

쇼우네시는 1980~90년대 구미 동아시아 학계에서 두아라를 비롯하여 테츠오 나지타Tetsuo Najita, 해리 해루투니안Harry Harootunian, 브루스 커밍스Bruce Cumings 등 쟁쟁한 학자들을 중심으로 담론 위주의 연구 경향을 선도한 시카고 대학에서는 상당히 이질적인 존재였는지도 모른다. 물론 고대 중국이라는 연구 분야 자체의 특수성이 당시 주도적 경향에의 일탈에 정당성을 부여할 수 있을지도 모르겠다. 하지만 어쨌든 그는 이론이나 담론 산출에 경도되지 않고 주로 고대 중국의 출토문헌이나 전래문헌에 대한 철저한 실증적인 연구를 통해 헐리 G. 크릴Herrlee G. Creel(1905~1994) 이래로 시카고 대학을 다시 한 번 구미 고대 중국 연구의 중심으로 세워놓았다. 이 책에 실린 쇼우네시의 글 두 편은 실증에 취약하다는 구미 학계를 향한 비판을 조금이나마 불식시키면서, 그의 학문을 압축적으로 보여준다.

4장 〈이미지 불러일으키기[興]: 고대 중국 역易과 시詩의 상관성〉은 《주역》과 《시경》의 연관성을 제시한 기발한 연구다. 쇼우네시는 《주역》의 점사(괘사나 효사)가 《시경》과 같은 시의 언어를 취한 것이고, 마찬가지로 자연의 이미지들이 등장하는 《시경》의 많은 시들 역시 점복을 위해 그러한 이미지들을 활용한 《주역》 점사의 양상을 띠었음을 주장한다. 이러한 그의 독특한 이해는 점복의 지침으로서 《주역》의 원초적 역사성을 추구한 자신의 박사학위 논문에서 비롯되었지만,[3] 갑골문과 금문 등 출토문헌에 대한 해박한 지식과 신중한 문헌 비판textual criticism 정신 없이는 도달하기 어려운 것이다. 이 짧은 글이 아직도 경학 위주의 전통에서 자유롭지 못한 국내의 중국 고전(특히 삼경三經) 연구에 비판적인 학도들에게 흥미로운 통찰력을 제시해주리라 믿는다.

위의 글이 전래문헌을 새로운 시각으로 검토한 것이라면, 6장 〈미현眉縣 선씨單氏 가족 청동기를 통한 선부극膳夫克 청동기들의 연대 재고찰〉은 일부 서주 청동기와 명문의 연대를 세밀하게 분석한 글이다. 쇼우네시는 2003년 산시성陝西省 메이현 양쟈촌楊家村 청동 교장窖藏에서 발견된, 선왕宣王 시기의 기물이 분명한 구정逑鼎의 형상과 명문을 통해 그동안 려왕厲王 시기로 편년되어온 저명한 대극정大克鼎과 소극정小克鼎의 연대 역시 선왕 시기로 수정해야 한다고 주장한다. 나아가 이러한 분석을 토대로 역시 논란의 대상이 되어온 진후소편종晉侯蘇編鐘 명문의 연대도 선왕 시기가 적절하다고 강조한다.[4] 이러한 명문들은 전래문헌에 언급되지 않은 서주 후기에 관한 장문의 역사적 사실을 담고 있어서 정확한 편년에 대한 이해 없이 사료로 이용하기는 곤란하다. 상세한 논증과정에 자칫 지루해질 수 있는 독자들은 최소한 이 글을 통해 어떤 문헌자료이든 정확한 이해와 활용을 위해서는 엄정한 분석과정이 선행되어야 한다는 점을 상기할 수 있을 것이다.

앞의 6장이 서주 후기의 려/선왕 시기 청동기들만을 집중적으로 분석한 것이라면, 5장 리펑Li Feng 교수의 〈서주시대 독사讀寫 능력과 서사의 사회적 맥락〉은 서주 전 시기에 걸친 주요 청동기 명문을 토대로 청동기 명문의 기능에 대해 검토한 글이다. 컬럼비아 대학 Columbia University에서 재직하고 있는 리펑은 중국사회과학원 고고 연구소에서 산시성陝西省 발굴에 참여하며 서주 청동기 연구로 석사 학위를 받고, 도쿄 대학에서 마츠마루 미치오松丸道雄 교수에게 수학한 후, 시카고 대학에서 서주의 멸망을 다룬 연구로 박사학위를 취득한 독특한 학력의 소유자다. 이 글에서 리펑은 이전의 학자들이 조상 신령께 바쳐진 종교적–의례적 소통 목적으로서 청동기 명문의 성격에 주목한 것과는 달리,[5] 행정 문서로서 명문의 서사적 성격을 논증하여, 서주시대에 읽고 쓰는 능력(독사능력)이 상당히 광범위하게 퍼져 있었을 것이라 주장한다. 이 글 역시 위의 쇼우네시의 글들과 마찬가지로 금문이라는 서사 자료에 대한 엄정한 실증적 해석에 토대를 두고 있는 점이 돋보인다.

이상 여섯 편의 훌륭한 글들이 국내의 독자들에게 다가갈 수 있도록 애쓴 지난 시간들은 내게는 즐거움 그 자체였다. 더욱이 필자들 대부분이 편자와 개인적 친분이 두터운 분들이라, 그동안 그분들로부터 받은 학은에 조금이라도 보답할 수 있다는 마음과 함께 기쁨은 배가되었다. 여러 차례 수정을 거쳤지만, 여전히 일부 해석상의 오류가 존재할지도 모른다. 저자들께 송구스런 마음과 함께 그 모든 오류는 나의 천학비재에 기인한 것임을 밝혀둔다. 이 책의 결론 부분에서는 이러한 연구들과 관련하여 내가 부족한 연구 활동에서나마 느껴온 "민족주의와 동아시아 고대사 서술 문제"와 "고대 중국 연구의 자료 문제"를 국내의 연구 상황과 관련하여 비판적으로 검토하고자 한다.

이 작은 책을 내는 데도 적지 않은 이들의 도움이 있었다. 무엇보다 원고 출간을 흔쾌히 허락하고, 명확히 이해되지 않는 부분에 대한 질문들에 대한 답변까지 마다하지 않은 저자들께 감사드린다. 나는 2009년 9월부터 2010년 6월까지 UCLA를 중심으로 캘리포니아에서 연구년을 보냈는데, 그 마지막 몇 개월 동안 이 책에 전념할 수 있었다. 내게 교육과 연구의 장을 제공하고, 연구년이라는 과분한 시간까지 허락한 단국대에 진심으로 감사드린다.

이 책의 2장과 6장의 번역은 각각 국민대 연구교수 류미나 박사와 단국대 석사 김석진 군이 수고해주었다. 김석진 군은 편자의 번역상 일부 실수도 지적하여 바로잡게 해주었다. 윤내현 동양학연구원 전 원장과 최희재, 정재철 전 연구실장은 저자들을 단국대에 초빙할 수 있도록 힘써주셨다. 현 서영수 원장과 김문식 연구실장도 이 책이 발간될 수 있도록 독려해주셨다. 출간을 흔쾌히 허락한 푸른역사와 함께 이들 선생님께도 감사드린다.

2011년 3월 30일
법화산 자락 연구실에서 심재훈

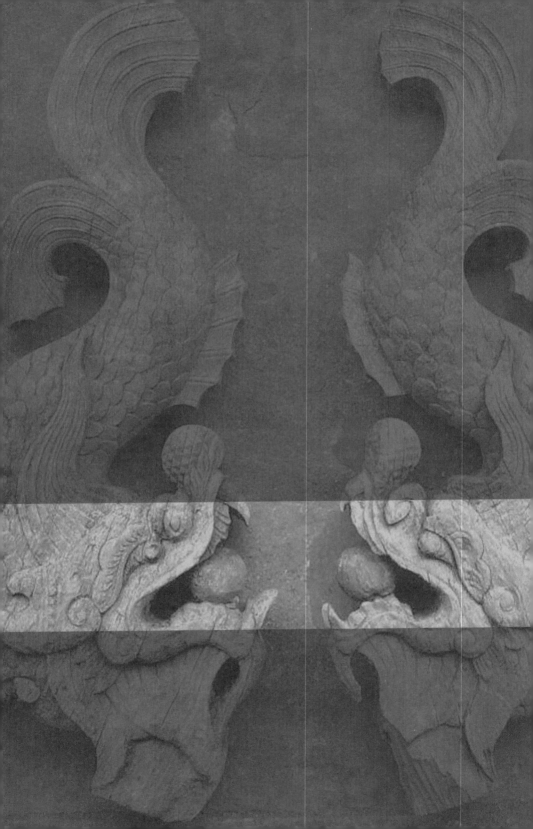

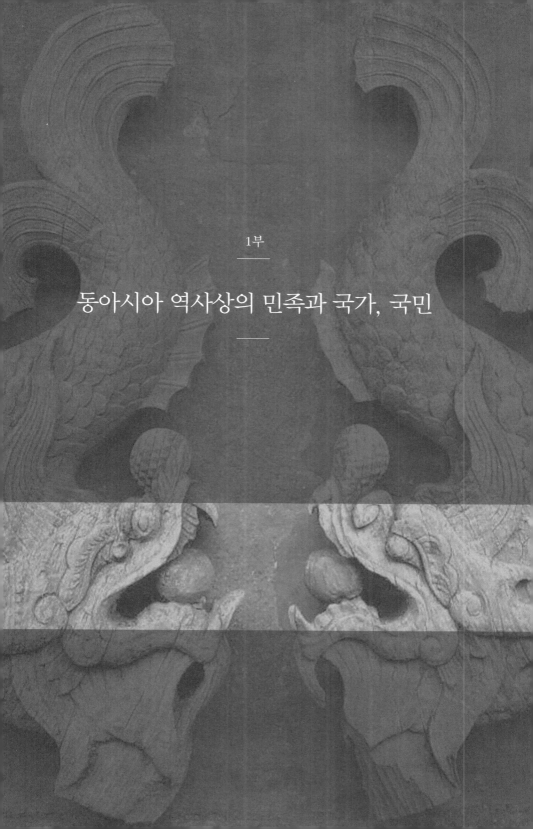

1부

동아시아 역사상의 민족과 국가, 국민

1장

민족의 지구적, 지역적 구성: 동아시아로부터의 관점[*]

프라센짓 두아라Prasenjit Duara | 심재훈 옮김

[*] 이 글은 2007년 10월 25일 개최된 동양학연구원 주관 단국대 개교 60주년 기념 국제학술회의(동아시아 삼국의 역사인식과 영토문제)에서 "The Global and Regional Constitution of Nations: the View from East Asia"라는 제목으로 발표되었다. 그리고 위와 같은 제목으로 *Nations and Nationalism* 14(2), 2008, pp.323~345에 게재되었다.

프라젠짓 두아라Prasenjit Duara

구미의 대표적인 동아시아 근현대사가. 1950년 인도 구와하티Guwahati 출생. 인도 뉴델리에서 학부를 마치고 미국 하버드 대학에서 박사학위를 받았다. 주로 중국을 비롯한 동아시아의 역사서술과 역사철학 방면에 뛰어난 연구들을 남기고 있는데, 이들은 중국과 일본, 한국에서 두루 번역되었다. 시카고 대학 사학과에서 많은 제자들을 길러내고, 2008년 국립 싱가포르 대학 인문사회과학연구소 소장Director of Humanities and Social Science Research으로 자리를 옮겼다. 직함은 Raffles Professor of Humanities.

주요저작

The Global and Regional in China's Nation Formation (Routledge, 2009).

Sovereignty and Authenticity: Manchukuo and the East Asian Modern (Rowman& Littlefield, 2003); 《주권과 순수성: 만주국과 동아시아적 근대》(나남, 2008).

Rescuing History from the Nation: Questioning Narratives of Modern China (University of Chicago Press, 1995); 《문명으로부터 역사를 구출하기: 근대 중국의 새로운 해석》(삼인, 2005).

Culture, Power and the State: Rural North China, 1900~1942 (Stanford University Press, 1988); 페어뱅크 상과 레벤슨 상 수상.

서론

민족주의의 원인에 대해서는 지구적 틀 내에서 오랫동안 연구되어온 반면, 민족주의를 유지시키고 지속적으로 변모시킨 지구적, 지역적 권력 구조와 유통에 대해서는 그다지 잘 설명되지 않고 있다. 베스트팔렌Westfälischer 체제나 현재 유엔UN 같은 민족국가 체제의 공식화는 유용한 측면이 있지만, 민족의 지구적, 지역적 구성의 깊이를 설명하기에는 실상 부적절하다. 마찬가지로 베네딕트 앤더슨의 '조립물' 혹은 '규격화' 개념이 민족주의에 대한 기발한 통찰력을 보여주기는 했어도, 누가, 무엇을, 언제, 왜 차용했는지에 대해서는 구체성이 상당히 떨어진다.

필자는 20세기 동아시아 민족주의에 대한 검토를 바탕으로 '민족'이 지구적 유통에 의해 구성되었다는 제안을 하고자 한다. 즉 지역성을 띠면서 역사·문화적 상호작용으로 조정되는 지구적 유통이 민족이라는 개념을 인식적, 제도적으로 구성했다고 제안한다. 하지만 민족은 다른 강력한 민족들의 인식recognition뿐만 아니라 이러한 구성적 모조품들에 대한 부인이나 오인misrecognition을 통해서도 성립된다. 지구화와 오인에 대한 팽팽한 변증법은 전 세계 민족주의의 내구력에 기여하고 있다. 그것은 또한 민족주의와 역사 변동에 대한 일부 다른 문제들, 특히 대중 민족주의와 국가 민족주의의 관계를 이해하는 데 도움을 준다. 이 변증법은 특히 20세기 초반 계급적 세계 질서의 소우주 격이었던 동아시아에서 강력한 역사적 귀결로 이행되었다.

필자는 또한 무엇이 동아시아의 민족주의를 세계 다른 지역과 역사적으로 구분되게 했는지에도 관심을 기울여 왔다. 19세기 중엽부터 20세기 중엽까지 동아시아 지역은 결코 서구 세력에 의해 완전히 식민지화되지 않았다. 동아시아는 다른 제국주의 세력들로부터 위협을 받았던 일본 스스로가 지배 세력이 되어 준주변 지역에 자리하고 있었다. 일본의 제국주의 약탈자이자 희생자라는 모순적이고 독특한 지위와 고대 동아시아 문명의 패자와 수호자라는 인식은 이러한 역사적 조건에 중요한 요인이 되었다. 거기에는 또한 오랜 역사적, 경제적, 문화적 관계들이 자리하고 있었다. 이러한 관계들은 그 지역 민족주의의 구성 속에서 재배열되었는데, 오늘날까지 그 지역을 결속시키고 분할시키는 결과를 초래하고 있다.

1. 민족국가 이전의 동아시아

이른 세대의 학자들은 동아시아 지역을 최소한 1천 년기까지 소급되는 유교문명의 유산을 공유하는 사회(중국, 한국, 일본, 베트남)로 인식했다(Fairbank etc. 1973; Rozman 1991). 최근의 연구들은 한 역사적 지역을 인식하는 토대로 상호연관성과 상호의존성에 주목하고 있다. 이러한 새로운 개념에서는 경제적, 정치적 행위들이 동북아시아뿐만 아니라 동남아시아와 내륙아시아까지 포괄하는 보다 광범위한 동아시아 지역으로까지 상호연결된다(Arrighi etc. 2003). 근대 민족주의의 형성 시기(1870년대~1945)에 관한 한 이러한 수정주의자들의 지역에 대한 개념화에 동의하지만, 그 이론에 적합한 지역은 바로 동북아 중심부다. 일본과 한국, 중국(일본의 타이완 식민지와 만주 괴뢰국도 포함)은 각각 모든 방면의 활동에서 견고하게 상호연관되어 있었을 뿐만 아니라, 지역의 패권을 획득하려는 일본 제국주의가 전유하고 활용한 것 역시 정확히 이러한 유교를 공유하는 세계의 통일 이라는 지성적, 문명적 목표였다.

이렇듯 보다 협소하게 이해된 동아시아에서 유교적 가르침과 통치 모델의 확산은 최소한 18세기 말까지 여느 초기 근대 국가 못지 않게 깊이 동아시아 사회를 관통하고 규제했던 관료적 구조의 발전을 이끌었다. 국가 형성의 관점에서 각각의 동아시아 국가는—18세기 후반~19세기의 서유럽 국가들과 마찬가지로—문자체계를 포함한 일정한 문화적 통일을 전제로 한 행정적, 영토적 통합을 창출해 내었다.

17세기까지 동아시아는 비록 일본이 오랫동안 조공을 바치지 않았어도 중국의 조공체계를 통해 정치적·경제적으로 상호연관되어 있었다. 조공체계는 물품의 교환을 통해 동아시아와 동남아시아 국가들이 중국 황제의 우월성을 인정하도록 고안된 관계방식이었다. 일본 학자들은 이러한 중국 중심의 조공체계를 (중국 중심임에도) "한국과 일본, 베트남이 자신들의 영향 하에 있는 주변 소국들에 대해서는 자신들이 '중심'으로 인정받는" 동아시아의 상호국가inter-state 체계로 특징지었다. "이러한 체계는 '덕치' 라는 유교적 개념을 통해 규정된 계급적 질서에 의해 유지되었다"(Hamashita 2003: 20).

그렇지만 조공관계는 순수하게 정치적인 성격만은 아니었고 중국의 가격 구조를 토대로 한 상업적 측면 또한 지니고 있었다. 이러한 조공관계의 상업적 성격은 동아시아에 보다 광범위한 무역 네트워크가 조직되거나 이러한 네트워크와 공생적으로 얽히게 되는 틀이 되었다. 실례로 일본은 조공무역과 관계된 상업적 발판을 바탕으로 아시아 역내의 해상 무역에 깊이 간여하고 있었다. 중국의 대일본 무역에서 상당 부분은 닝보寧波의 상인들에 의해 류큐瑠球 왕국을 통해 이루어졌다. 따라서 남중국의 사례를 보면, 남중국 무역업자들은 조공 사절단을 통해 획득한 수익을 토대로 성립된 샴(태국)과의 사적私的 무역이 쇠퇴하자 다른 조공 사절단, 즉 류쿠에서 나가사키長崎 사이를 오가는 쪽으로 무역 대상을 바꾸었다(Hamashita 1994: 92; Hamashita 1997: 116).

민족 개념이 대두하기 이전 전근대 동아시아에서 외부의 위협이나 침략자들에 대항하는 통일된 정치 공동체에 대한 관념이 존재하지 않은 것은 아니었다. 중국의 신사紳士들은 빈번히 '야만' 침략자들에 직면했고, 몽골과 만주족에 대한 항쟁의 결집을 꾀했다. 남송 시기나 명말청초의 신사 사상가들은 후에 근대 민족주의자들의 운동에서 전용되었던 항거의 전통을 창출했다(Trauzettel 1975). 일본에서도 원초적 민족주의 사상이 여러 시기에 발달했다. 특히 13세기 몽골의 위협에 대응한 니치렌日蓮宗과 외국인을 거부하고 신성한 야마토 왕조 하의 세계 제국을 창출해 황실제도 복원을 목표로 한 도쿠가와 후기의 미토水戸 학파가 이러한 흐름을 주도했다(Shamazono 2004: 99).

마루야마 마사오丸山眞男 같은 일부 근대 학자들은, 오규 소라이荻

生徂徠 같은 도쿠가와 막부 시대의 사상가들이 권위를 자연 질서의 일부인 불변의 도道 자체에서 성인과 그들의 행위, 즉 가변적인 인간 작위의 소산으로 치환시켜 근대적 유형의 역사 인식에 도달했다고 주장했다(Maruyama 1974: 4장). 마찬가지로 청의 학자들도 실용적 행위 틀을 정당화하기 위해 도의 중요성과 시세時勢 개념을 결합시켰다. 이러한 실용적 역사 인식은 한국에서도 발전했는데, 안드레 슈미드Andre Schmid가 보여주었듯이 유럽에서 국경선이 나타나기 훨씬 이전에 이미 조선과 청 제국 영토 사이에는 경계선이 그어져 있었다. 한국에서는 국가의 전통과 공통의 문어文語, 문화적으로 통일된 상류층 역시 최소한 12세기 무렵 고려 중기부터 존재했다. 이들 지배층은 일본과 '야만' 만주족 모두에 대항하는 데 자부심을 가지고 있었다(Duncan 1988: 198~221; Schmid 2002: 207).

동시에 19세기 말 이전까지 국가 형성이나 경쟁적 상업 활동 모두 서유럽이나 신세계의 경우처럼 민족 형성이라는 독특한 성격으로 인도되지는 않았다. 전前 민족 시대 동아시아에서 전개되었던 정체성 운동 역시 정치체 수준의 광범위한 수사修辭로 호소했을 때조차도 통상 소규모 집단이나 지역에 제한될 뿐이었다. 더구나 그러한 운동들은 국가와 개인 사이의 중재되지 않은 관계 창출이라는 목표를 동반하지 않았으며, 대중 주권과 역사 진전, 경제적 경쟁 관념이 담긴 이념적 복합체ideological complex를 통해서도 전달되지 않았다. *

* 쑨원孫文 같은 혁명적 지도자들이 비밀결사들을 동원하려고 했을 때도 정말 그러한 결사들 사이에서 이전 왕조의 이념에 대한 완고한 퇴행적 지향에 직면했다(Duara 1995: 4장).

지금까지의 논의는 동아시아의 역사적, 문화적 상호연관성을 파악할 수 있게 해주었는데, 이러한 연관성이 뒤이은 민족적 상쟁이라는 지역적 틀을 제공하는 데 크게 기여했다. 또한 동아시아의 국가와 사회가 세계관과 목표에서 결코 민족주의적이지 않았지만, 각 국가 중심 영역 내의 상대적 제도상의 동질성과 정치적 공동체에 대한 유용한 역사적 서사들narratives이 민족주의가 지방에까지 깊이 침투할 수 있었던 중요한 조건이었다는 것을 알게 되었다. 이로써 20세기 동아시아 지역에서 민족주의는 확실히 비서구 세계의 다른 어느 지역보다 강하게 뿌리를 내리게 되었다.

2. 제국주의와 민족국가 체계

민족주의는 동아시아에 도달했을 때 사회진화론의 담론에 깊이 연관된 제국주의와 불가분의 관계로 인식되었다(Pusey 1983). 베스트팔렌–베텔리안Vatellian 체제에서 영토적 통합을 상호존중한다고 묘사된 바로 그 국가들은 군사 정복과 식민화 그리고 각자의 영역을 병합하고 지배할 수 있는 자원을 향한 경쟁에 몰두했다. 18~19세기 동안 이러한 국가들은 점점 더 유럽 내에서 뿐만 아니라 해외에서까지도 자본주의적 경쟁과 축재를 위한 조건 창출에 간여하게 되었다. 19세기를 거치며 그들은 아시아와 아프리카, 아메리카, 태평양 지역의 식민지들에서 상쟁하면서도 자신들의 경제, 사법, 정치적 체제를 표준화하고 규정했다.

식민화와 반半식민화(동아시아에서 불평등 조약 체결을 통한 비공식적 지배 같은)는 식민화된 사회들이 '문명화된 민족국가'의 법률과 제도를 구비하지 못해서 그 체제에 편입될 권한을 부여받지 못한다는 주장으로 종종 정당화되었다. 그들이 지닌 자원과 노동력은 식민화를 위한 공정한 게임의 대상이 되어 자본주의적 경쟁에 동원되었다. 따라서 당시 부상하던 민족국가 체제는 해외의 제국주의와 밀접하게 연관되어 있었다. 동아시아 사회들도 이러한 경쟁에서 식민자와 피식민자의 일부가 되어 이러한 지구적 세력들에 의해 의미있게 구성된 지역적 소세계를 대표했다.

서유럽과 미국에서 민족이 민족국가의 영역 내에서 시민권 장전과 연관을 지니게 되었음은 주지의 사실이다. 권리의 수여자로서 '민족-국민nation-people' 개념은 자결 의식을 고취시켰고, 19세기 나폴레옹과 스페인, 합스부르크, 오토만, 차르 제국의 영토와 20세기 초 중국의 청에 이르기까지 민족주의 운동의 확산을 독려했다.

그러나 권리의 기약이 민족주의를 독려했다면, 1차 세계대전 시기까지 민족주의는 지구적 자원과 민족국가들 사이의 우위를 위한 목표와 경쟁의 수단이 되었다. 독일과 이탈리아 같은 일부 부상하던 유럽의 민족국가들뿐만 아니라 미국과 일본까지도 민족주의를 영국과 프랑스의 우위에 도전하기 위한 강력한 수단으로 발견했다. 민족주의는 이들 국가들이 자원을 결집하고 하층민을 통합하며 경쟁을 위해 주민을 훈련시키도록 해주었는데, 이러한 모든 행위에 제국의 영광과 보상에 대한 기약이 함께 했음은 물론이다. 1차 세계대전 동안 유럽에서 민족적 충성을 위해 생산력 극대화와 소비 억제, 파업 금지의 기치가 올라간 것이 그 좋은 예다(Giddens 1987: 234~239; Hobsbawm 1990: 132).

19세기 말 동아시아에 전해졌던 근대 민족주의는 일정한 특성을 지니고 있었다. 국가나 운동의 관점에서 보면 옛 제국과 왕국은 제국주의적 민족국가로 변모하는 것만이 사회진화론적 약육강식의 경쟁 세계에서 살아남을 수 있는 유일한 수단이었다. 실상 메이지(1868~1912) 정부는 사회진화론의 주창자인 허버트 스펜서에게 자문을 구하기까지 했는데, 그는 일본인과 유럽인의 혼종에 대해 부정적 입장을 전달했다(Weiner 1992: 108). 한국에까지 큰 영향을 미쳤던 중국의 저명한 민족주의 사상가인 량치차오梁啓超(Hwang 2000: 9; Schmid 2002: 112~113)는 혼란과 쇠약의 시기인 1906년 "남양南洋의 수백 이상의 왕국들 ……우리 국민의 당연한 식민지들"이라며 동남아시아에 식민지를 개척했던 잊힌 중국의 영웅들을 회상했다. 그는 남쪽 해안에 위치한 성省 출신 영웅들을 회고하며 "앞으로 우리나라가 외부로 제국주의를 확장할 수 있다면 이 두 성의 사람들이 유용하게 될 것"이라고 주목했다(Liang 1906: 87).

대중 주권에 대한 새로운 사고는 평등주의와 물질적 개선을 기약했지만, 대체로 '타자에 대한 우리'로 일체화된 중심부 주민들만을 위한 것이었다. 진보의 이상과 근대 의식의 각성, 권리의 확보는 주로 동포들에게만 적용될 뿐, 국가 영토 안팎의 미개하거나 이질적 타자들은 경멸과 정복 혹은 경쟁의 대상으로만 간주했다. 일부 민족주의자들이 부상하는 반제국주의 운동과 함께 결속을 주장했지만, 반제국주의 민족주의가 두드러진 것은 소비에트 혁명과 우드로 윌슨의 자결주의가 주지된 이후였다. 동아시아에서는 일본인들이 민족주의와 제국주의를 혼합해 만든 모델이 지속적인 효력을 발휘하며 그 지역의 역사적 상황에 적응했다.

3. 일본 제국주의와 지정학적 맥락

주요 동아시아 국가인 중국과 일본은 20세기에 접어들면서, 직접식민통치의 부재라는 측면에서 아시아나 아프리카의 다른 나라들과 구분되었다. 조금 막연하게 얘기하면, 그들은 세계 지배체제에서 준주변의 지위를 차지하고 있었다고 할 수 있을지 모른다. 이러한 상황이 민족주의자들과 민족국가로 하여금 강력한 민족주의 운동과 정체성을 창출하기 위해 그 당시뿐만 아니라 역사적 자원들까지도 결집시키도록 해주었다.

일본에서 민족주의적 제도를 만들고 교육과 매체를 장악해 민족주의와 제국주의 이데올로기를 주입시키려 했던 민족국가의 역량은 거침이 없었다. 그러나 불평등조약을 체험한 메이지 국가가 주도한 민족주의는 세계체제 내에서 그들이 처한 그 독특한 입장으로 인해 영향을 받았다. 조급한 민족주의자들은 인접 지역에 제국을 구축해 서양 열강들로부터 인정받기를 갈망하면서도, 일본의 지도력이 바로 이러한 세력들에 의해 희생되었다는 생각과 함께 자신들의 허약한 '아시아 형제들'과 동질감도 느꼈다. 이러한 상황이 아주 억압적이면서도 강력한 개발적 제국주의를 산출했다. 일본은 정말 자신의 일부 식민지들과 만주 괴뢰국에 '개발 국가developmental state'를 선도했는지도 모른다(Duara 2003, 2006).

반면에 중국은 제국주의 열강의 반식민지였고 1911년 신해혁명과 함께 정치적 격변과 군벌시대, 일본의 점령에 내던져졌다. 그럼에도 형식적인 독립이 중국(혹은 다양한 지방 정부)으로 하여금 민족주의 교육과 제도화에 기여한 제도적 자치를 가능하게 해주었다. 국민당과 공산당이 자치 정부 및 군벌들과 함께 주도한 조직화된 민족주의 운동은 민족주의가 특히 일본 점령에 대항하는 동원 이데올로기로 성행할 수 있게 해주었다. 따라서 민족 세우기가 정치적, 경제적, 이데올로기적 영역에서 국가 세우기와 함께 진행되었다(Gerth 2003; Kirby 1984; Zanasi 2006).

1910년 공식적으로 일본의 식민지가 된 한국은 독립을 쟁취한 2차 세계대전 종식까지 이러한 제도적 자치를 경험하지 못했다. 따라서 1905~10년 사이 일본의 초기 식민화 기간 동안의 상당한 의병 활동에 대한 근거가 있어도, 근대 민족주의 운동은 상당히 양면적 성격을 지닌다. 일본 제국주의에 대항한 3·1운동은 광범위한 저항을 촉발한 반면에, 1940년대 일본 제국 군대의 징병에 대한 한국(과 타이완) 젊은이들의 열광적 반응은 이러한 양면성을 입증해준다(Chou 1996: 62~64).

동아시아에서 민족주의의 확산은 20세기 전반 이 지역에서 일본 근대화와 제국주의가 담당했던 중심적 역할 때문에 깊이 상호연관된 현상이었다. 중국과 한국의 민족주의는 반대의 경로였던 이전의 문화 전래와는 달리 모두 일본인의 침투에 따른 문화적 영향을 바탕으로 직접적으로 형성되었다. 일본의 모험가와 군인, 고문, 사업가, 교사들이 중국과 한국에서 경제적, 문화적, 제국주의적 프로젝트들을 수행하는 동안, 중국과 한국의 학생, 사업가, 전문인, 정치적 망명자들은 일본에서 근대화의 선악을 교육받았다(Reynolds 1993; Sanetō 1940).

메이지 시대의 일본 제국주의는 서양의 침략을 견디기 위한 안보의 필요성에 따라 민족주의적 수사修辭를 통해 정당화되었다. 1895년 청일전쟁 이후 일본은 청으로부터 타이완을 얻었고, 1905년 러일전쟁의 승리로 만주의 관동반도 조차권을 획득했다. 1907년에는 한국을 최초로 보호국으로 삼았다가 1910년 식민화했다. 1차 세계대전 발발 이후 동아시아에서 일시적으로 제국주의의 공백이 발생하자 일본은 재빨리 이를 채우려고 시도했지만 전쟁이 끝날 무렵에는 다국 간 국제 정책을 따르려고 했다. 그렇지만 늘어나는 국내의 소요가 그들을 결국 아시아 태평양 전쟁으로 이끈 1920년대의 극단적 민족주의 운동을 야기했다.

1919년 3월 1일의 반일 항거는 일본 식민에 대한 한국의 청원이 유럽에서 거부되자 촉발된 것이었다. 당시 한국의 청원을 거부한 유럽인들의 반응은 뒤이은 중국의 5·4운동에서 그랬듯이 우드로 윌슨의 자결 서약을 저버리는 행위였다. 한편 3·1운동 진압 과정의 잔인성은 1930년대 일본인들을 공격한 호전적 한국 민족주의를 불러왔지만, 그 활동은 주로 만주와 중국, 러시아에서 이루어질 수밖에 없었다(Chung 1995: 68~69).

1920년대에 한국의 식민 정부는 신중한 출판과 검열 정책을 실시했는데, 이를 통해 온건한 민족주의는 허용하면서 호전적 민족주의는 진압하고 유리시켰다. 그 결과 1930년대까지 언론이 점차 상업화되면서 식민지 당국에 더욱 유화적 태도를 취했다. 그렇다고는 해도 언론의 한국어 사용과 장려는 아시아 태평양 전쟁기에 일본어 사용을 장려해 한국인들을 동화시키려는 일본의 공식적 정책과는 충돌하는 경향을 보였다(Robinson 1984a and 1984b).

비록 중국의 민족주의는 1895년 청일전쟁의 패배로 각성되었지만, 일본에 대한 중국의 민족주의 항거는 1차 세계대전 당시 일본이 중국에서 활동할 때까지 지속되지는 않았다. 중국인들의 본격적인 저항은 일본이 중국을 사실상 보호국으로 전환시키려고 시도하다 실패로 끝난 1915년의 악명 높은 '21개조 요구'에서 시작되었다. 이러한 항거는 일본의 산둥성 독일 조차지 쟈오저우膠州 강탈을 인정한 베르사유 체제에 직접적으로 저항한 1919년의 5·4운동으로 확산되었다. 이어서 1931~32년 일본이 동북 만주에 괴뢰 만주국을 세우자 중국 각지의 도시들에서 상당한 규모의 대중 시위가 일어났다. 그러나 국민당 정부는 공산주의자들에 대항해 자신의 위치를 안정시키는 데 몰두하느라 항일抗日에 신경 쓸 여력이 없었다. 국민당 정부는 1937년 이후 일본이 중국 본토의 상당 부분을 점령했을 때 중국 민족주의에 고무되어 국공 합작의 형태로 항일 전쟁을 주도했다.

일본에 대한 저항이 동아시아에서 민족주의를 촉발시켰다면, 이 민족주의 역시 일본에 의해 중개된 담론이나 관행의 유통을 통해 구체화되었을 것이다. 근대 민족국가와 민족주의의 가장 큰 아이러니는 이들의 많은 부분이 통상 다른 강력한 민족국가들의 지구적 관행에 의해 형성된다는 점이다(Meyer 1980). 헤르츠Hz나 지디피GDP 같은 단위뿐만 아니라 어린이와 괴짜, 문명, 역사, 지역 같은 개념도 사회들이 민족으로 **인정받고** 민족국가 체제 내에서 경쟁력을 갖추기 위해 채택하는 지구적으로 유통되는 형식이다. 그러나 대체로 개별 민족국가의 주권은 신화적 선조로부터 유래한 원초적 국민original people과, 근대적 미래modern future에 자신들의 숙명을 완수하도록 예정된 이러한 국민의 역사적 서사에 대한 내재적 이론에 달려 있다.

민족에 대한 관념과 민족 구축 기술은 서양에서 유래했지만, 복잡한 과정을 통해서 동아시아 지역에서 유통되었다. 근대성에 대한 공통된 텍스트와 어휘들이 세 사회 모두에서 유통되었던 것이다. 예를 들어 국제법에 관한 많은 새로운 텍스트들은 19세기 서양 선교사들과 그들의 중국인 측근들에 의해 고문古文의 용어들을 사용하며 중국어로 최초로 번역되었다(Liu 1999). 이러한 단어군은 메이지 일본의 근대화된 학자들에 의해 전용, 개작, 체계화된 후 중국이나 한국에 재수입되어 전통적이고, 토착적으로 보이나 철저하게 새로운 용어들로 다시 태어났다.

따라서 지구적 문화의 언어를 표현하기 위해 만들어진 수천 개의 새로운 단어들 이외에, 중국 고전의 용어에서 유래했지만 서양의 역사적 개념에서 얻은 의미와 기능으로 (일본에서 최초로) 다시 의미가 부여된 '봉건封建'이나 '혁명革命' 같은 일군의 고어들이 중국어 단어 속에 등장했다. 프랭크 디쾨터Frank Dikötter는 역사적으로 가계나 혈통을 지칭했지만 19세기 말 혁명적 민족주의자들에 의해 인종이나 혈연 공동체[種族] 개념으로 번역된 족族이라는 글자에 대해 논한 바 있다(Dikötter 1992: 117). 이러한 재의미부여resignification 과정이 민족 형태의 이식을 통해 정치적 공동체에 대한 새로운 개념들의 출현을 가능하게 했던 것이다. 필자는 동아시아 지역에서 일어난 이러한 과정을 '동아시아적 근대'로 명명한다(Duara 2003: 3).

4. 민족적 차이에 열광하며

민족국가는 실제적으로나 인식론적으로 지구화의 대변자agent이면서, 경쟁자들을 규정해 저항하거나 공격하고, 지구적·민족적 목표에 도달하기 위해 사회를 재구성하려는 권위—정말로 유일한 합법적 권위—를 대표하기도 한다. 사실상 많은 민족국가들은 이러한 권위를 오랜 시간을 거쳐 내부에서 배태된 역사적 과정을 통해 창출하지 않았다. 오히려 스스로의 법적·사회적 체계를 철저히 검토해 다른 민족이나 UN과 WHO 같은 강력한 다민족 실체들에게 자신들을 역사적 과정을 통해 합법적 권위를 획득한 집단으로 인식되게 했기 때문에 권위를 갖게 되었던 것이다. 궁극적으로 이러한 인식은 결정적으로 작용한다. 예를 들어 타이완의 사례는 근대 민족국가의 모든 문화적·법적 요인과 열망을 갖추고 있어도 국제적 체계에 의해 승인받지 못하면 떠돌이 국가pariah state로 남을 수밖에 없음을 보여준다.

그렇지만 민족국가는 사실상 외래 사상과 관습의 산물이고, '국가류state-like'를 분류하고 정의하는 데 외부적 표준을 고수해 생겨난 개념인데, 이점을 간과하는 경향이 있다. 대신 민족국가는 그 시민들의 의지와 문화적 표현을 통해 그것이 등장한 이야기의 일부만을 보고 내세우면서 자신의 기원을 오인하고 싶어 한다. 민족국가의 지배적 이념인 민족주의는 주권을 '순정純正한authentic' 역사와 국민의 전통(순정성의 체제the regime of authenticity) 속에 위치시키려는 경향이 있다. 그 국가가 새롭게 창출되지는 않았으며 상당부분 민족주의적 구상에 맞춰지도록 의미가 다시 부여된 것임에도 말이다. 따라서 세계와 지역문화가 사회를 민족으로 변모시키는 다양한 유통 관행의 원천이고 국가 상호 간의 인식이 민족적 주권의 중대한 토대가 되어온 반면에, 모든 민족들이 주권을 거의 배타적으로 민족 내부로부터만 나온 것으로 오인하는 경향이 있다는 사실은 인식과 오인의 변증법이 전반적으로 민족주의의 본질임을 암시해준다.*

　민족사의 산출은 인식과 오인의 관계를 살필 수 있는 훌륭한 장이다. 민족사는 통상 분열과 외래 오염의 어두운 중세를 극복해 고대적 과거가 근대적 미래로 이어지는, 떠오르는 민족적 주체의 단선적 진보사라는 공통된 주형에서 주조되었다. 새로운 역사 의식은 민족

---

* 내가 여기서 오인misrecognition으로 표현한 것은 스테펜 크래스너가 국가들 사이에서 "조직적인 위선organized hypocrisy"이라고 불렸던 것과 관계가 있다(Krasner 2001, 173~4). 크래스너는 다음의 세 가지 이유로 국가들이 국제 체제의 규율과 표준을 위반한다고 주장한다. 1) 그 체제 내의 다른 행위자들이 다른 수준의 권력을 가지고 있다. 2) 다른 정치체의 통치자들이 국제적 표준에 적합하거나 적합하지 않은 다른 국내의 표준에 반응한다. 3) 어떤 규율과 표준이 적용될지에 대한 논쟁을 해결할 수 있는 명확한 권위 구조가 존재하지 않는다. 나는 크래스너가 제기한 "조직된 위선"의 조건들에 동의하면서도 오인에 대한 체계적 조건을 오히려 강조하고자 한다. 민족국가는 지구적 권력을 위한 경쟁에서 형성된다. 국제적 인정과 자원이 그들을 주권 국가로 창출시켰지만, 그들을 창출하고 지구적으로 경쟁력을 갖춘 유기체로 기능하게 하는 데 필수적인 권위 구조의 토대를 이루는 것은 통상 주권의 내재적(혹은 국내적) 개념이다.

주의 사상의 세 가지 기본 전제인 영토적 주권에 대한 주장들과 함께 진보와 대중 주권의 이념을 통합했다. 이러한 관계는 주권 국가적 지위를 주장할 수 있는 역사적 대변자나 (통상 사법적) 주체를 창출하는 수단이 되었다. 상상된 통합적 자아 인식을 지닌 '국민'이 자신들이 원초적으로, (혹은) 지속적으로 차지했다고 주장한 영토에 대한 주권 의식을 발전시켰던 것이다.

확실히 많은 역사가들은 그들이 보편사universal history에 관계한다고 인식했는데, 그들의 역사가 공통된 서사 형태 없이는 민족적이라고 인정받을 수 없었음은 명확하다. 그러나 그 담론의 뒤이은 단계meta level에서 오인이 작용했다. 공통된 기원 혹은 동아시아에서처럼 개국시조에서 나왔다는 역사의 주체, 바로 그 개념을 수입된 모델로 보기는 어렵다. 지역적 관점에서 볼 때 봉건封建이나 유신維新, 종교宗敎 같은 새로운 역사적 고어들은 새로움을 옛 것으로 감추게 해주었다. 결국 주권의 전제인 '통합된 독특한 국민'이라는 주체의 구성은 사실상 이러한 국민을 산출하기 위한 노력이 오인으로 귀결된 것이었다.

메이지 일본의 역사가들은 동아시아에서 최초로 서양 계몽의 진보적 이상에 따라 형성된 단선적 역사관을 채택했다. 그들의 대부분은 국가의 필요에 부응해 자신들의 연구 발전을 향유했던 공직자였지만, 보편사의 단위로서 민족사라는 강력한 유럽의 모델은 어쨌든 일본의 민족사 창출을 초래했을 것이다(Tanaka 1993: 41). 20세기 초 10년간 일본은 아마테라스天照로 거슬러 올라가는 조상과 신성한 기원을 공유한 독특한 야마토大和 종족 개념을 개발해 유포시켰다.

바로 이러한 종족과 문화가 일본사의 주체가 되었다(Weiner 1997: 104). 동시에, 일본을 계몽 문명의 기준에 따라 대등자로 수용하려고 했던 서양 열강의 실패가 일본으로 하여금 계몽사의 보편주의에 대한 대안으로 동양사東洋史를 구성하도록 이끌었다. 동양사는 비록 새로운 영역이었지만 계몽사와 유사한 구조 원리로 개발되었다. 이를 통해 일본은 서양보다 더욱 오래되고 심오하기까지 한 대안적 동양 문명의 대표로 자신을 내세울 수 있었다. 동시에 일본은 당시 정체적인 동양의 지도자가 되어 근대 문명의 방식으로 아시아의 나머지(특히 중국과 일본) 부분을 계몽할 수 있었다. 이러한 일본의 서사가 자신들의 시민들 사이에서 동아시아로의 일본 제국주의적 팽창을 궁극적으로 정당화시킬 수 있었을 것이다(Tanaka 1993: 19).

근대 중국의 역사서술은 량치차오의 신사학新史學에서 비롯되었다고 전해지는데, 그는 전통 중국사를 중국의 민족적 경험을 위한 의미 부여가 불가능한 것이라고 보고 거부하고 있다. 그는 고대와 근대적 환생으로 형성된 민족 공동체들을 연결시키기 위해 민족의 계몽사에 친밀한 고대, 중세, 근대의 삼 시대 체계를 세웠다. 이를 통해 다른 계몽사에서와 마찬가지로 중세는 근대 민족을 역사의 첨가물(종교성, 정복, 혼혈 같은)로부터 분리시키는 수단이 되어, 중국 민족은 자신들의 '기원'에 연결됨과 동시에 상쟁하는 세계에서 근대적 미래가 출범할 수 있도록 준비할 수 있었다(Liang 1970: 10~11). 한편 공화혁명의 행동주의자들은 한대漢代 중국인(과 뒤이은 모든 중국인)의 기원을 황제黃帝까지 소급시켰다(Zou Rong 1968, Chow 1997: 47~49).

중국과 한국의 많은 초기 근대 역사 저작들 또한 계몽 민족사와 동양사라는 일본의 이해를 본뜬 것이기도 했다. 근대 중국 역사의 최고 권위자인 푸쓰녠傅斯年(1896~1950)은 일본의 제국주의적 활동에 대한 최초의 주요 항거가 일어난 이후인 1918년에야 중국의 역사 교과서들이 중국사에 대한 일본식의 시대구분을 따르지 않게 된 것을 주목했다. 그는 중국사에 대한 일본의 서사가 몽골이나 만주 같은 정복왕조를 더욱 강조해 중국이나 한족의 관점은 충분히 강조되지 않았다고 믿었다. 따라서 그러한 역사서술은 중국사의 본질적 지속성(과 함축된 영토적 주장)에 대해 혼동할 수밖에 없었다고 보았다(Fu 1928: 176~178). 푸쓰녠의 시기부터 중국의 역사서술이 더욱 복잡해지고 세련되어지는 반면, 국민이나 종족사의 지속성을 유지하려는 노력은 더욱 심화되었다. 따라서 구제강顧頡剛(1893~1980) 같은 위대한 역사가들이 개국시조 격인 황제와 성왕들의 원고성遠古性을 신화로 치부하는 동안에조차도 민족적 역사서술은 지속적으로 그들을 역사 속에 포함시켰다.

한국에서 신채호 같은 초기 민족주의자들은 자신들의 나라를 중국의 조공국으로 파악하는 사대주의에 단단히 사로잡힌 한국 지배층의 성향 때문에 민족주의적 역사서술의 등장이 지연되고 있다고 믿었다. 이들은 또한 중국의 패권에서 벗어나기 위해 투쟁하는 한편 한국인을 자신들의 아류로 묘사하며 궁극적으로 동화시키려 한 일본의 식민주의에 직면했다. 20세기 초기의 저작에서 신채호는 단군신화를 중국이나 일본과는 다른 한국인 혹은 민족 역사의 시발점으로 변모시켜 이러한 장애들을 돌파하려 했다.

자신들의 국가가 부재한 상황에서 민족 혹은 한국인들의 민족성

Korean nationality은 민족주의적 정서의 초점이 되었고, 한국의 민족주의 역사가들은 단군의 역사성과 함께 단일민족으로 공통된 영토에서 살아온 한국인의 역사를 대변하려는 사명감을 지니게 되었다 (Allen 1989; Robinson 1984a and 1984b). 한국사회사를 광범위한 역사유물주의의 입장에서 정리한 좌파 역사가들조차도 한국 민족이 이른 시기부터 '조숙하게' 발전해온 것으로 파악했다(Em 2003: 5, 24~25). 중국에서와 마찬가지로 그때까지 잠자고 있었지만 곧 자신들의 숙명을 완수하기 위해 깨어날 순정한 주체를 대표할 수 있는 개국의 순간 또는 시대에서부터 자신들의 역사를 시작한 것이다. 이로써 비슷한 시기에 동아시아 지역 주요 국가들 사이에서 세 명의 다른 민족 시조(아마테라스, 황제, 단군)들이 출현해 보편적 중국 제국의 세계관은 슬퍼하는 이 없는 최후를 맞이했다.

역사 시기를 통해 인식을 집결하거나 회복해온 민족적 주체관은 두 가지 이치를 전제로 하는데, 두 가지 모두 이러한 동아시아 사회들이 상쟁하는 지구적 세계 질서에 편입되는 데 필수적이었다. 첫째, 이러한 역사는 현재 시행되고 있거나 시행될 예정인 민족국가가 대표로 내세우는 고대적 주체를 확인했다. 둘째, 보편적·단선적 역사의 궤적에서 그 주체의 존재 자체가 선진 민족국가들이 차지했던 근대적 미래를 향한 궤도를 설정했다. 미래 지향은 지구적으로 인정된 진보의 이상을 향해 민족을 이끄는 민족국가의 역량에 정당성을 부여해주었으며, 과거 지향은 역사를 주권의 토대로서 순정한 인종이나 언어, 문화적 특성에 의해 지배받으며 진화하는 본원적 주체로 오인하게 하는 경향을 보여주었다. *

민족들 사이에서 나타나는 이러한 태생적 이중성founding dualism
은 지구적 문화에의 소속이나 참여 욕구와, 민족적이거나 또는 훨씬
지역적인 안식처로의 후퇴 욕구 사이에서 종종 정신분열적인 구조적
긴장을 산출하는 경향이 있다. 중국에서 이러한 이중성은 개혁가들
이 중체서용中體西用을 통한 지구적 지식에 시험적으로 편입되려 한
19세기 말까지 소급된다. 일본에서는 이러한 이중성 자체가 '일본 대
서양[화혼양재和魂洋才]', '일본이 주도하는 동아시아 대 서양에 속한
일본[입아入亞 대 탈아脫亞]'이라는 이중성으로 나타났다(Befu 1992:
123~125; Oguma 2002: 10, 11장). 동아시아 지역이 다른 시기에, 다른
집단들과의 관계에서 이러한 이중성의 어느 한 편―본국이나 세계
로서―에도 속할 수 있다는 점에 주목하자.

　동아시아의 민족적 역사가 자신들의 특색을 되살려내는 영역에서
조차도 그들은 통상적으로 공통된 양식을 보인다. 중국의 민족주의
자들이 중국 민족의 연원을 신화적 황제에서 추구하고, 일본은 아마
테라스로부터, 신채호와 한국의 민족주의자들은 단군을 이들과 같
은 지위로 끌어올리려고 하듯이 말이다(Schmid 2002: 183). 아이러니
컬하게도 이들 각각의 사회는 공통의 문화적, 역사적 원천에서 나온
상징들에 새로운 의미를 부여해 그들 민족의 순정성을 구별하려 했
다. 가정과 민족을 위한 희생을 바탕으로 새로운 시민과 근대 사회
가 세워질 수 있다는 '현처양모賢妻良母'(혹은 현모양처)에서 이러한

---

* 20세기 초에도 모든 역사가가 이러한 견해를 견지하지 않았음은 자명하다. 구제강顧頡剛은 과
도한 민족주의적 가정들에 비판을 가했다(Gu 1966). 그럼에도 대부분의 역사는 민족적 서사
라는 광범위한 틀 속에서 기술되었다.

상징적 역할을 찾을 수 있다. 마찬가지로 자기 계발과 훈련의 역사적 관례들이 유교나 불교를 통해 환기되었는데 이는 중국 국민당이 주도하고 훗날 한국에서도 일어난 새마을운동의 예에서처럼, 시민의 새로운 습관을 습득하기 위한 것이었다. 만주국은 이러한 동아시아의 레퍼토리를 통해 민족국가를 건설하려는 노력을 너무도 분명하게 예증한다(Duara 2003: 4장).

일부 사례에는 순정성에 대한 역사적, 문화적 원리에 치우친 무게가 그 추를 압도적으로 오인을 향해 기울게 했다. 1930년대 일본의 민간 정부는 국내외적으로 일본의 순정한 전통—무사도 전통이나 토지 균분론과 같은—과 타협한 것으로 인식되었고, 바로 그 점 때문에 전복되었다. 이러한 측면에서, 민족 순정성의 원리는 통상 체계적으로 수용 가능한 한계까지 민족주의의 눈을 가릴 수 있다. 그래서 그 민족으로 하여금, 1930년대 일본이 국제연맹(1919~46)에 그랬던 것처럼 혹은 미국이 오늘날 다국가 연합체들을 무시하는 방식처럼, 다국적 권위에 도전케 해준다.

요컨대 민족국가는 지구적 문제들에 의해 형성되고 미래를 향해 열린 진보적 역사관을 동반하지만, 동시에 어떻게 미래를 향해 움직일지에 영향을 미치는 순정성의 체제에 규제되어 과거의 시각을 통해 제약받기도 한다. 그러나 이러한 관점이 얼마나 제약적일까? 이러한 상징적 체제가 민족과 공동체, 역사에 대한 다른 관점들을 부인할 수 있을까? 저항적 혹은 대안적 민족주의와 순정성 있는 체제의 관리자 격custodianship 사이에는 어떤 관계가 있을까?

5. 민족주의 이념에서의 패권과 차별성

1990년대 초반 이래로 학자들은 이데올로기이자 정치로서의 민족주의는 일률적이거나 획일적인 것이 아니었음을 간파하고 있다. 이제 민족주의 연구는 성gender과 계급, 소비주의consumerism, 지리, 역사서술 등과 같이 차별화된 관계를 다루는 하위 분야를 양산하는 광범위한 분야가 되고 있다. 상이한 집단과 정당, 여성, 노동자, 농민, 소수자들은 민족이나 '민족관nation-views'에 대해 각각 전혀 다른 개념을 가지고 있다. 필자는 동아시아의 경우를 통해 이러한 일부 견해들을 탐색할 것이다. 예컨대, 20세기 초반 25년 동안 상하이上海 노동자 계급의 민족주의에 관한 연구에서 S. A. 스미스는 어떻게 급진주의자들이 노동자 계급의 운동 내부에서 '계급으로 굴절된 반제 민족주의' 형성을 추구했는지 보여주었다. 이러한 급진적 관점은 고용주와 노동 청부업자, 비밀결사의 지원을 받은 더욱 온정적이고 보수적 운동관이나 민족관과 대립했다(Smith 2002). 궁극적으로 이러한 '계급으로 굴절된 민족주의'와 밀접하게 연관된 중국공산당은 만개한 형태의 반제反帝 민족주의를 발전시켰다. 이는 민족의 대표를 특정 핵심 계급들에 집중시켜 여러 측면에서 국민당을 포함한 다른 민족주의자들이 채택한 인종주의적이고, 종족적이며 통상 훨씬 보수적인 민족주의와는 놀랄 만한 대조를 보여준다. 이러한 대립의 유산은 대만과 중화인민공화국 사이에서 '진정한 중국'이라는 가치를 놓고 오랫동안 지속되었다.

중국에서는 역사적으로 여성의 순결이 민족 순결에 대한 은유와

환유換喩로 활용되어 왔다. 즉 몽골이나 만주, 일본 같은 외국 침략자들에게 강간당한 중국 여성의 육체는 민족의 정통 도덕에 대한 약탈로 대변되었다. 이러한 관점은 항일 전쟁기까지 계속되었지만 여성 작가들은 보통 이러한 묘사를 거부했다. 반면에 샤오홍蕭紅 같은 작가들은 외국인과 남성 동포들 사이의 엄격한 대조를 받아들이지 않았다. 강간의 폭력은 양 민족 남성 모두에 의해 자행되었기 때문이다. 다른 이들은 수동적이 아닌 적극적 동반 국민으로서 여성의 더욱 동등한 역할을 창출하려 했다(Liu 1994: 45). 민족의 공적 영역에서 여성과 그들의 생식과 성에 관한 관심이 배제된 20세기 초 일본에서, 초기 페미니스트 활동가 혹은 '신여성'들은 여성의 생식적 육체에 대한 논의를 불러일으키고 여성주의적인 관점에서 민족적 공민권에 영향을 주려 했다. 비록 당시에는 대부분 실패로 끝났지만 이러한 노력들은 2차 세계대전 이후 여성의 권리를 위해 투쟁해 남녀의 '구체화된 공민권'의 단면을 재구성해온 여성들을 위한 중대한 역사적 자산이 되었다(Mackie 2003: 233~234).

다른 학자들은 인종적 종족 민족주의와 민족국가가 주도한 민족주의를 차별화시켜 왔다. 레베카 칼Rebecca Karl은 20세기 초 중국의 민족주의적 지식인들이 민족을 국가영토 범위 안으로 한정시켜 믿는 국가 통제주의자의 민족주의와는 근본적으로 다른, 억압받는 전 세계 각 민족들에게 경도된 종족적 반식민의식을 지닌 민족주의를 발전시켰다고 주장했다. 칼은 필리핀과 남아프리카공화국 트란스발Transvaal에서의 식민 착취와 민족주의적 저항 운동의 언어와 의식이 어떻게 소비에트 혁명 이전에도 중국의 혁명적 민족주의에 전달되었는지 보여주었다. 또한 이러한 지식인들은 주권 '국민'과 영웅적·자기희생적 인물들, 종족 민족성 의식 관념을 창출하기 위해 위의 운동들을 활용했다(Karl 2002).

일본 민족주의에 대한 연구들 역시 상이한 "민족관"을 강조해 왔다. 우선 민족에 대한 사회주의적 관점을 들 수 있는데, 이는 남녀평등과 민족의 기독교적 가치를 설파한 아베 이소安部磯雄 같은 기독교 사회주의자로 대표된다(Tipton 2002: 81~82). 그러나 일본 민족주의에 대한 가장 큰 도전은 1920년대 후반과 1930년대 일본을 군국주의적 팽창주의로 치닫게 한 복고주의자와 혁명적 민족주의자들에게서 나왔다. 이들 집단에는 당시 광범위하게 확산되던 농촌의 피폐함에 대응한 정통 농본주의農本主義 급진파들과 자본주의자와 정치가, 관료들이 일본 민족의 정통 무사도를 방기한다고 느끼며 불평하던 청년 장교들, 즉 황도파皇道派가 포함되었다(Nish 2000: 182~89). 또한 이러한 민족주의는 무장해제 프로그램에 언짢아하던 군부의 다른 구성원들뿐만 아니라 서양과의 전투에서 동양의 정신적 사명의 주도자로서 일본 사상을 조장하던 오오모토교大本敎와 히토노미치 같은 특정 (신흥) 종교 집단을 포함한 다양한 갈래의 아시아주의자들에게서도 환호를 받았다. 이러한 집단들이 순정성의 체제에 대한 관리자 격을 둘러싼 경쟁에 함몰되어 있었다고 볼 수 있을지도 모른다(Garon 1997: 70~74, 85~86).

국가 통제주의와 종족적 대중 민족주의(국민주의 대 민족주의)의 구분이 전후 일본에서 다시 나타나 민족주의 연구자들 사이에서 관심 있는 주제가 되었다(후술하겠지만 전후 한국에서도 나타났다). 커티스

게일Curtis Galye은 전후 일본에서 가장 추앙받던 사상가인 마루야마 마사오와 1950~60년대 역사학연구歷史學硏究(혹은 역연歷硏) 소속 사학자들 사이의 논쟁을 개괄했다. 마루야마는 '건전한 민족주의'를 세우는 유일한 길은 시민과 민간 사회의 민주적 제도가 발전해야 한다고 보았다. 곧 이를 통해서만 민족에 관한 결정이 위험스럽게 조종될 수도 있는 국체國體라는 이상에 맡겨지지 않을 수 있다고 주장했다. 이와 대조적으로 역연의 사학자들은 당시 최소한 이론적으로는 프롤레타리아트에 의해 주도되어 미국에 대한 군사적 의존과 천황제도, (추측컨대 마루야마의 대안에 반영된) 자본주의적 근대성에 일전을 불사하는 것도 마다하지 않던 종족적ethnic 민족주의 관념을 급진적으로 추구하려 했다. 무엇보다 이들 영향력 있는 역사가들은 그들이 주장한 민족주의가 특히 중국 공산주의 혁명의 혁명적 민족주의와 함께 탈식민 세계의 반제 민족주의와의 깊은 연대의식을 표명한 것으로 믿었다(Galye 2001: 1~10, 14).

그러나 게일이 암시했듯이 전후와 1930년대 민족주의 사이에 큰 차이는 없다. 1930년대의 이론가와 좌파들은 민족성과 자결에 대한 스탈린의 이데올로기에서 영향을 받았고, 일본의 괴뢰 만주국 이데올로기는 실로 중국과 일본, 몽골 등과 같은 다른 민족들 사이 조화의 이상[민족협화회民族協和會]에 토대를 둔 것이었다. 만주국에서는 상이한 언어 교육과 함께 다른 민족들을 정부 관리로 임용하는 것과 같은 다양한 민족들 사이의 형식적 평등이 추구되었다. 하지만 실제적으로는 군사, 경제 영역과 같이 중요한 분야는 일본인들이 장악해 평등은 이름뿐이었다.

혹자는 1930년대 일본 급진적 민족주의자들의 민족주의가 다양한 아시아 민족들을 공통된 경제와 군사, 심지어 개발 구조 속에서 아우를 수 있다는 대동아공영권이라는 전시 이데올로기를 이끌었다고 주장할 수 있을 것이다. 그러나 그것이 어떤 성격을 내포했든간에 일본 민족국가의 세력 확장 수단임을 부인하기 어려울 것이다. 여기서 필자가 주장하려는 논점은 종족 민족주의가 결속이라는 수사를 부각시켰고, 저항적 민족주의로서 정치적 효과까지 거두었다는 점이다. 그러나 우리는 궁극적으로 국가 권력에 도달하고 민족국가를 산출하려는 모든 민족주의 운동의 분명한 목표에서 시선을 뗄 수는 없을 것이다. 민족국가는 한번 이루어지면 재빠르게 민족국가들 사이의 경쟁 관계(생존이나, 지배, 이익을 위해서)에 몰입하게 되어, 다른 무엇보다 그 민족국가의 이해와 안전 확보를 추구한다.

6. 반제 민족주의

저항적, 급진적 민족주의의 수사적, 정치적 효과를 좀 더 잘 이해하기 위해 여기서는 중국의 반제 민족주의의 역할을 살펴볼 것이다. 탈식민 운동은 피지배 국민의 제국주의 세력에 대한 첫 승리로 광범위하게 여겨지던 1904년 러일전쟁에서의 일본의 승리를 통해 가장 중요한 초기 자극을 받았다. 반제 운동은 코민테른이 조직적 지도력을 넘겨받을 때까지 강력한 결속과 연대를 구축하지 못했지만 쑨원 孫文은 20년 후 1925년 일본에서 행한 연설에서 이 대사건을 회고했다. 그는 일본이 승리했다는 뉴스가 알려진 직후 수에즈 운하를 통과하는 배를 타고 있었다. 그 배가 운하에 들어섰을 때 일군의 아랍인들이 그를 일본 사람으로 착각해 열광적으로 몰려들었다. 자신들의 실수를 발견하고서도 그들은 제국주의 세력에 대항한 자신들과 쑨원의 유대를 계속 경축했다. 그 연설에서 그는 '피는 물보다 진하다'로 상징되는 백인종에 대항하는 인종 혹은 피부색 전쟁이라는 주제를 개발했고, 공통된 피부색과 문화를 지닌 억압받는 아시아인들이 통합해 제국주의에 저항할 것을 촉구했다(Sun 1930: 207).

동아시아의 반제 민족주의는 일본의 식민주의에 대항해서 일어난 한국의 3·1운동에서 특히 두드러진다. 중국에서는 같은 해 조금 늦게 일어난 5·4운동에 뒤이어 코민테른의 지원을 받은 반제국주의 운동이 전성기를 맞이하기 시작했다. 이러한 운동은 특정 인종과 제도, 학습에만 한정된 사회진화론적 문명 개념에 도전한 새로운 문명의 비전에 의해 더욱 강화되었다. 항일 전쟁기에 공산당은 재빨리 반제 민족주의자로서 자신들의 주도적 역할을 구축했다. 공산당은 농촌 지역에서 개혁과 혁명을 강조하고 수행했지만 그들의 성공은 두 가지 다른 특징을 토대로 한 것이기도 했다. 즉 조직적 동원 능력과 자신들의 반제 개혁 프로그램에 대한 민족주의적 틀이 바로 그것이다. 따라서 그들을 권좌로 이끈 것은 계급 전쟁뿐만 아니라 민족 구원을 위한 외침이기도 했던 것이다.

1940년 마오쩌둥毛澤東은 〈신민주주의론新民主主義論〉에서 "우리가 지금 세우고자 염원해마지 않는 중화민주공화국은 모든 반제 반봉건 인민들의 연합 독재 하에서만 민주공화국이 될 수 있다"고 선언하며, 이러한 공동전선에 제국주의에 저항한 프롤레타리아트와 농민, 지식인, 쁘띠부르주아지와 일부 자본주의 부르주아지까지 포함시켰다(Mao 2002: 89). 공산당의 반제 연합 세력은 이들이 권좌에 오른 이후에도 국내외적 역할을 수행했다. 중국은 1955년 반둥회담에서 국제적 탈식민 운동의 주도자로 인식되었고, 이 운동과 함께한 연대 구호들—예컨대 아프리카 개발 계획에서 드러난—은 상당히 오랫동안 지속되었다.

사회주의가 적대적 민족국가들 사이에서 태동해, 그러한 민족적 형태를 유지했음은 주지의 사실이다. 중국에서 사회주의가 구축된 그때까지, 민족 형태로 포장된 사회주의는 이미 당연한 것이었다. 사회주의 중국은 곧바로 소련과 인도, 뒤에는 베트남 같은 이웃 나라들과의 영토와 주도권을 둘러싼 분쟁에 휘말리게 되었다. 중국은 또한 티베트와 위구르 같은 다른 종족을 지배하는 것으로 간주되었다.

이데올로기적 차원에서 중국의 사회주의적 민족국가는 모두를 위해 풍요로운 사회주의적 비전을 완수하기 위한 생산력 증진이라는 목표에 의해 추동되었다. 이러한 목표는 국가들 간 경쟁 틀 속에서의 진보라는 화두로 사실상 전도되었다. 중국의 우월성을 입증할 필요성은 필시 "15년 안에 영국과 프랑스의 제철 생산을 따라잡는다"는 1958~59년 대약진운동의 슬로건에서 가장 잘 표현되었다. 이러한 국가사회주의의 자본 집적 전략은 보통 다수의 지방 주민들이나 대표적 기관들의 생필품 조달을 희생시키며 이루어졌다. 중국이 세계 자본주의 체제의 가장 주요 경쟁국 중 하나가 되어버린 오늘날, 마오쩌둥 시대의 국가사회주의적 집적 전략—지속적으로 동원 가능한 숙련된 노동력을 포함하는—이 이러한 경쟁력을 가능케 한 부분적인 요인으로 간주될 수 있을 것이다.

중국과 일본은 민족운동과 이데올로기에 대한 급진적, 초국가적 압력이 국가 통제주의적 민족주의의 목표에 의해 흡수되었음을 보여준다. 이러한 현상을 어떻게 이해할 수 있을까?

7. 전후 동아시아 국가통제적 민족주의와 대중 민족주의의 변증법

저항적 혹은 대중적 민족주의 대 국가통제적 민족주의의 변증법은 지구적·지역적인 관념과 제도로부터 형성된 민족이 이러한 토대들을 역사적으로 그리고 진정으로 민족적이라고 오인한 변증법과 관련이 있다. 초국가적 염원과 비국가적 민족주의—통상 민족주의에 대한 보편적 전제 조건의 양상들을 반영하거나 포괄하는—는 공동체에 대한 다양한 민족관과 대안적 관념들을 산출해낸다. 그러나 그 체제는 민족국가가 자신의 권위를 위해 이러한 관념들을 동원할 것을 필요로 한다. 장기간에 걸친 이러한 지배권 확보의 실패는 대안적 정치 집단의 경우 민족국가와 민족주의 그 자체에 대한 실패에 상응할 수 있다.

사회주의적 반제국주의는 아마도 이러한 변증법의 최종 시험 사례일 것이다. 이는 민족주의적 전제들을 위반할 가능성과 한계 모두를 드러내주었다. '세계 노동자 연대'라는 이들의 창립 슬로건과 자본주의와 제국주의로 억압받는 세계 각국과 단체들의 소련과 중국을 향한 연대 지지는 민족적 정체성을 초월한 것이었다. 이들은 자본주의가 만들어낸 지구적 통합의 조건을 명확히 인식했던 것이다. 그러나 민족국가를 둘러싼 사회주의의 구성과 경쟁적 국가체제 내에서의 생산력 증진 필요성에 따른 단선적·진보적 역사에의 전념은 특수한 역사적 상황 하에서 이러한 사회주의 사회 내부에 민족주의와 경쟁적 자본주의 모두가 만연할 수 있게 해주었다.

필자는 사회주의 국가를 일탈로 만든 원초적 논리가 민족국가 체제 내에 있다고 제안하고 싶지는 않다. 예컨대 역사적으로 사회주의 혁명이 두 차례 세계대전 시기에 유럽에서 성공했다고 한다면, 민족국가는 경쟁적 모델과는 다르게 변모했을 것임이 분명하다. 케인즈 학설의 예에서 나타난 세계대전기의 재분배 국가이론 역시 중요한 측면에서 이와 부합하고, 냉전 역시 새로운 탈식민 민족들을 지구적 자본주의 경쟁에 내몰기보다는 내부 발전에 몰두하도록 해주었다.

혹자는, 냉전이 칼 폴라니Karl Polanyi가 자동 조절되는 시장과 국가 간섭 사이의 이중 운동으로 부른 그 어떤 것 속에서 장기간의 보호주의 발전을 가능케 한 상황을 창출했다고 말할지도 모른다.* 냉전의 분할은 그 경제를 내외부적 경쟁에서 보호했고 민족국가는 재분배와 규제의 대행자로서 자신의 역할을 향상시켰다. 이러한 상황에서 중국 사회주의는 상당한 평등주의와 집산주의를 달성했다. 상

---

* 폴라니의 자국 보호 개념(Polanyi 1968)은 필자가 제시한 '오인'에 대한 필수적이고 긍정적 논점을 제시한다. 그럼에도 이론doctrine이나 '순정성의 체제' 차원에서 그 토대는 편협한 민족주의로 흐를 수도 있다.

대적으로 말해서 이러한 보호는 중국과 달리 수입 대체 경제에서 '자유세계'의 시장을 활용하는 수출주도형으로 전환한 일본과 한국, 타이완 같이 미국의 우산 아래 있는 경제에서도 사실로 나타난다.

2차 세계대전에서 미국과 소련의 승리, 그리고 이어지는 이들의 세계 지배는 다른 요인들이 있음에도 동아시아의 민족주의가 대체로 시민 민족주의의 영토적 모델에 순응하기로 예정되어 있었음을 보여준다. 이 모델은 영토적 민족국가 내에서 평등사회 구축과 경제 개발, 민족문화 재구성, 과학적이고 비종교적 의식의 구축을 강조했다. 이 역시 경제 개발 측면에서는 대체로 강력한 보호주의 국가와 동반했다. 1960년대까지 일본과 한국, 타이완이 점점 세계 시장경제에 편입된 것은 사실이지만, 역사적 행동주의 국가와 미국 시장에 대한 보장된 접근 같은 특정 요인들은 이러한 민족국가들이 (비록 1980년대까지 한국과 타이완의 경우 정치적 권리는 결여되어 있었지만) 상대적 평등주의 사회를 보장하기 위한 강력한 재분배의 소임을 지속적으로 맡게 했다.

그럼에도 이 세 국가에서 대중 민족주의와 순정성의 체제는 지속적으로 중요한 역할을 담당했다. 대부분의 주민들은 외세와 너무 밀접하게 연관된 국가민족주의에는 이질감을 느꼈다. 일본에서는 반제 입장과 동일시되던 종족적 민족주의가 미국과의 안보동맹과 후일 베트남 전쟁에서 이견을 나타냈다(Gayle 2001: 9). 타이완에서도 타이완인의 정체성을 무시하고 억누른 국민당 주도의 유사 중국 민족주의가 1986년 이후 타이완이 민주화되기 시작하자마자 공개적으로 성행하기 시작한 타이완의 지역적 민족주의에 의해 은밀하게 도전받았다.

한국에서는 1970년대와 1980년대에 미국이 지원하던 군사 정권에 대항해 민중 항쟁이 일어났다. 민중 운동은 학생과 청년, 노동자들 사이에서 광범위하게 확산되었다. 이는 독재국가와 자본주의적 정책에 강력히 저항한 정치적 운동이었었고, 향촌사회주의village socialism의 토착적 비전에 기초한 대안적 이상으로 간주되기도 했다. 민주화 이후에 조차도 미국 패권에서 벗어나고 남북통일을 꾀하는 대중 민족주의가 성행했다(Abelman 1993; Wells 1995; Choi 1995). 따라서 세계 경제에서 동아시아의 성공에 대한 많은 요인들이 경쟁적 게임을 성공적으로 이끈 민족국가의 간섭주의 역할에서 비롯된 것임을 부인할 수 없다고 해도, 국가와 대중 민족주의 사이의 변증법 역시 지속적으로 작동했음을 알 수 있다.

지난 40여 년 동안 이 세 사회에서 민족국가는 보호주의와 재분배 국가라는 자신의 역할을 경쟁력을 위한 조건의 산출과 확보, 규제라는 더 큰 역할로 점차 변모시켜 지구적 경쟁 자본주의에 적응해 왔다. 1979년 개방 이래로 중화인민공화국의 변모는 더욱 압축적이고 급진적이었다. 동시에 공산정권의 초기 30년을 계발했던 사회주의적 민족주의라는 대안 모델의 역할 역시 오늘날의 경제적 성공에서 도외시될 수는 없을 것이다. 보장된 토지 할당과 공공투자를 위한 정부 지출, 노동과 기간산업 비용의 보조를 통해 예전 사회주의 국가는 지구적 경쟁력에 기여하고 있다. 더욱이 그 체제는 자본주의적 형태로의 변화를 예고했을지 모르는 향진기업鄕鎭企業에서의 공공사적 소유 형태를 선도했다.

어쨌든 중국의 변모는 민족주의의 변화와 함께했는데, 이를 통해 통합적 영토 민족주의가 지역과 공동체가 결합되도록 재편성시켜 이에 따라 응집된 활동과 확대된 자원을 바탕으로 민족국가가 경쟁 압력에 대처할 수 있었다. 따라서 연안 지방의 다수 한족이 지구적 경쟁력 향상에 기여하고 있다는 디아스포라 공동체들과 결합하는, 거대 중국Greater China이 운위되고 있다. 이러한 민족주의에서 탈식민 운동식 연대의 특성을 보이는 수사는 결여된 것으로 보인다. 이러한 거대 다민족 국가에서 민족적, 영토적 공민권에 대한 기약 역시 약화됨으로써, 소수민족과 결속력이 약한 지역들을 소외시키는 결과가 초래되기도 한다(Guo 1998; Karmel 2000; Sautman 1998).

동시에 자본주의적 지구화와 중국의 경쟁력 역시 지난 10여 년 동안 민족주의를 고조시켜 왔다. 이러한 민족주의는 정치와 경제 분야 모두에서 특히 미국과 일본 같은 경쟁 국가들의 비판과 두려움에 독단적이고 공격적으로 대응한다. 2005년 상하이의 일본인 소유지에 대한 광란의 시위처럼 거리 시위가 심심치 않게 일어나고 있는 한편, 전문가들은 이들이 실제 매체를 통해 확산되고 격렬해져서 정부가 자신들 편에 서도록 압력을 넣을 지경에까지 이르렀다고 분석했다(Gries 2005). 학자들은 이러한 새로운 민족주의적 흐름의 특이한 원인을 구명하려고 시도하는데, 이들 중에는 정부가 불평에 대한 대중적 표현을 허용하는 극히 드문 합법적 장으로 민족주의를 이해하는 견해도 있다(Seo 2005). 그렇지만 장기적 관점에서 볼 때 족쇄 풀린 자본주의적 지구화 시대에 민족주의의 부활은 결코 놀랄 만한 일이 아니다. 그 부활은 사회를 경쟁자로부터 보호하는 것만큼이나 사회의 경쟁력 향상과도 구조적으로 연결되어 있기 때문이다. 더욱 흥미로운 것은 이러한 민족주의의 추동력이 국가에서 국민으로 이동하고 있을지도 모른다는 점이다.

결론

서구 세력의 마지막 지배를 당한 세계의 주요 지역들 중 하나인 동아시아는 19세기 세계 경제에 상대적인 독자 지역과 준주변 지역으로 등장했다. 20세기 전반기 서구 열강들이 서로에게 정신이 팔려 있어서 일본은 이 지역의 군사−정치적, 문화적 지배를 공고히 할 수 있었다. 필자는 이 글에서 지구적 범주와 모델에 공통적으로 의미 부여된 중재에 대해서는 세력의 상호작용에 대해서만큼 초점을 맞추지 않았다. 그러나 국가와 민족, 인종에 대한 공유된 관념을 내포하는 전자 역시 20세기의 많은 시간 이들 민족들의 운명에 함께하며 일정한 역할을 담당했다.

분명히 잔인했지만, 아시아에서 수탈자이자 서양 제국주의의 동반 희생자로서 일본 제국주의의 독특성은 일본을 발전적으로 이끌었다. 그 결합된 효과가 식민지들에서 강력한 국가와 경제 제도를 창출했고, 중국에서는 철저히 스며든 혁명적 민족주의 운동을 이끌었다. 인도와 베트남(역사적으로 유교 세계의 일부였던)과 비교해 만주국을 포함한 일본의 예전 식민지들은 2차 세계대전 이후부터 훨씬 나은 개발 지수와 더욱 강력한 동원 구조를 지니고 등장했다. 그 지역의 정치−군사적, 경제적, 문화적 상호연관성이 그 민족 국가들로 하여금 전후 세계 대부분의 다른 탈식민 민족들보다 세계 경제에서 경쟁력을 갖추도록 준비시켰던 것이다(Cumings 2004; Duara 2006).

이론적으로, 민족주의를 지구적, 지역적 유통과 상호작용의 관점에서 바라볼 때, 상호관련된 두 가지 주제가 떠오른다. 즉 지구화와 오인 사이의 변증법과 국가 통제주의와 비국가적 민족주의의 관계가 그것이다. 이 두 가지는 서로 연결되어 있고 민족주의의 역사적 이해에 근간을 이루기도 한다. 실제적으로 민족은 무수한 방법으로 세계와 연결된 채로 남아 있고, 특히 인식론적 차원에서 지구화의 대행자이기도 하다. 그렇지만 부분적으로 자본주의적 지구화의 경쟁적이고 팽창적 본질에 대응해 국가는 빈번하게 (오인된) 순정성의 서사로 물러서도록 강요받는다.

민족주의 역사의 여러 순간들에서 대중 민족주의는 민족 공동체의 목표와 의제를 재구성하는 데 성공해 왔다. 필자는 여기서 사회주의뿐만 아니라 성과 소수자 인권, 환경 보호까지도 옹호하는 운동들을 떠올린다. 예를 들어 성과 환경에 대한 운동은 전후 일본에서 등장했지만 국가의 지원을 받지 못했다. 전후 일본에서 이 두 운동은 크게 약진해 자본주의와 그 민족국가에 영향을 미칠 수 있었다(Mackie 2003). 마찬가지로 농촌 복지에 대한 사회주의적 이상을 상기시키는 대중 운동뿐만 아니라 새로운 환경 운동 역시 당연히 중국 민족주의를 재구성할 것이다(Wang 2008). 그러나 민족주의의 내용과 선결 문제에 관한 희미한 희망이 존재한다면, 그 도덕적 절대주의자로서의 잠재력과 함께 민족주의를 떠받치는 자타의 구분이 변모될 징후는 나타나지 않을 것이다.

특히 무역과 투자에서 현행의 탈냉전적 지구화 경향은 명백하게 그 지역에서 고도의 상호의존성을 야기하고 있다. 국경을 넘는 새로운 배합이 중국과 한국, 타이완, 일본의 하부 민족 지역들을 가로질러 성행하고 있다. 그 전체 지역과 세계의 경제적 운명이 점점 더 이러한 유대를 통해 형성되고 있는 것이다. 우리들은 윈난雲南과 동남아시아 사이의 옛 유대 회복을 주창하는 〈곤명창의昆明倡議〉와 동북 두만강 유역과 한반도, 황해 경제구역 그리고 널리 알려진 남중국의 교향僑鄕 디아스포라 등에서 표출된 국경을 뛰어넘은 새로운 이데올로기와 열망의 전성기를 지속적으로 보고 있다. 아시아에 대한 자신들의 비전을 지닌 APEC이나 동아시아경제위원회the East Asian Economic Council, 아시아 개발은행의 후원 하에 통합된 아시아 지역을 창출하기 위한 참으로 많은 노력들이 국가 통제적, 비국가적 측면에서 진행되고 있다.

그렇지만 민족주의적 공포와 경쟁의 압력이 중국과 일본, 일본과 두 한국, 중국과 타이완, 두 한국과 중국 사이에서 증가되고 있다. 경제적 지구화에 편승한 불평등과 가속도가 창조적이라기보다는 반동적이고, 인식과 오인 사이의 정신분열적 진동 사이에서 일어나는 민족주의를 강화하는 것처럼 보인다. 최근 수년간 긴장이 고조되고 있고, 이러한 긴장은 순정성에 대한 담론과 거기서 발생하는 주장들을 통해 표출된다.

동아시아 각국의 상이한 시각의 역사 교과서와 함께 역사적 유산과 영토에 대한 주장들이 이러한 긴장의 중심에 자리하고 있다. 여기에는 동아시아에서 일본의 전시 잔학 행위를 인정하지 않는 교과서를 출판하도록 한 일본 정부의 결정과 한국과 일본, 중국 등이 다투고 있는 수백 개의 크고 작은 섬들뿐만 아니라 타이완을 둘러싼 중국과 타이완 민족주의의 지독한 싸움도 포함된다. 민족주의는 한국인들이 자신들 유산의 일부로 간주하고 있는 오늘날 중국 동북쪽의 고대 왕국 고구려를 둘러싸고 한중 관계에도 먹구름을 드리우고 있다. 2002년 이래로 한국인들은 고구려가 한국인과 종족적 연관성이 없다는 중국의 주장에 항의하고 있다. 더욱이 최근에는 북한과의 국경 중국 쪽 창바이산長白山에 있던 한국인들의 사업장 철거에 대해서도 이의를 제기하고 있다. 그 국경의 한국 쪽은 백두산으로 불리며 중요한 고구려 유산으로 간주되고 있다(Byington 2004, Ahn 2007). 중국이 북한 붕괴라는 극한 상황에 대비하는 듯하지만, 여기에 민족의 경계선을 위한 역사적 주장 확보가 포함됨은 시사적이다.

그렇지만 일반적으로 동아시아의 국가들은 이웃들과 무역과 투자를 유지하고 향상시키는 데 몰두하고 있다. 그들은 통상 정치적, 경제적 경쟁에 관한 한 초민족적 규범을 따르려 한다(인식 작용). 그렇지만 그 과정에서 민족이라는 신성불가침에 사로잡혀 있는 대중 민족주의자들에게 순정성의 관리자 격으로서 그들 권위의 일부를 잃을 수도 있다(오인 작용). 이러한 역사적 현안들이 각각의 동아시아 사회에서 민족주의 교육의 근원적 부분이었기 때문에, 그것들은 개인의 자기가치 의식에 결정적으로 작용하게 되었던 것이다. 따라서 그것들은 종종 순정성에서 이탈한 체제를 위한 에너지원이 되기도 한다. 민족주의의 여러 조건들이 지난 세기를 거치며 변모되었을지

모르지만, 경쟁에서 생겨난 불안감은 당연히 상당 기간 민족주의자
들의 활동을 유지시켜 줄 것이다.

참고문헌

Abelman, Nancy, "Minjung theory and practice", Harumi Befu ed., *Cultural Nationalismin East Asia: representations and identity*(Berkeley CA: Institute of East Asian Studies, 1993), pp.139~6.

Ahn, Yonson, "China and the Two Koreas Clash Over Mount Paekdu/Changbai: Memory Wars Threaten Regional Accommodation", *Japan Focus* July 27, 2007.

Allen, J. Michael, "In the Beginning: National Origins and National Identity in Korea", Paper prepared for conference, Korea's Minjung Movement: The Origins and Development of Populist Nationalism at Bloomington, Ind., 1989.

Arrighi, Giovanni, Hamashita, Takeshi and Selden, Mark, "Introduction: the rise of east asia in regional and world historical perspective", Giovanni Arrighi, Takeshi Hamashita and Mark Selden eds., *The Resurgence of East Asia: 500, 150 and 50 year perspectives*(London and New York: Routledge, 2003), pp.1~16.

Befu, Harumi, "Nationalism and Nihonjinron", Harumi Befu ed., *Cultural Nationalism in East Asia: representations and identity*(Berkeley CA: Institute of East Asian Studies, 1993), pp.107~38.

Byington, Mark, "The War of Words Between South Korea and China Over An Ancient Kingdom: Why Both Sides Are Misguided", *History News Network*(WWW) 2004.

Choi, Chungmoo, "The Minjung culture movement and the construction of popular culture in Korea", Kenneth M. Wells ed., *South Korea's Minjung Movement: the culture and politics of dissidence*(Honolulu: University of Hawaii Press, 1995), pp.105~18.

Chou, Wan-yao, "The Kominka movement in Taiwan and Korea: comparisons and interpretations", Peter Duus, Ramon H. Myers and Mark R. Peattie eds., *The Japanese Wartime Empire, 1931~994*(Princeton: Princeton University Press, 1996), pp.40~68.

Chow, Kai-Wing, "Imagining boundaries of blood: Zhang Binglin and the invention of the Han 'Race' in Modern China", Frank Dikotter ed., *The Construction of Racial Identities in China and Japan*(Honolulu: University of Hawaii Press, 1997), pp.34~52.

Chung, Chai-sik, "Confucian tradition and nationalist ideology in Korea", Kenneth M. Wells ed., *South Korea's Minjung Movement: the culture and politics of dissidence*(Honolulu: University of Hawaii Press, 1995), pp.61~86.

Cumings, Bruce, "Colonial formations and deformations: Korea, Taiwan and Vietnam", Prasenjit Duara ed., *Decolonization: perspectives from now and then*(London: Routledge, 2004), pp.384~410.

Dikötter, Frank, *The Discourse of Race in Modern China*(Stanford: Stanford University Press, 1992).

Duara, Prasenjit. *Rescuing History from the Nation: questioning narratives of modern china*(Chicago: University of Chicago Press, 1995).

Duara, Prasenjit, *Sovereignty and Authenticity: Manchukuo and the East Asian modern*(Boulder, Co: Rowman and Littlefield, 2003).

Duara, Prasenjit, "Nationalism, imperialism, federalism and the Case of Manchukuo: a response to Anthony Pagden", *Common Knowledge* 12, 1 Winter, 2006, pp.47~65.

Duncan, John, "Proto—nationalism in Premodern Koryo", In Sang—oak Lee and Duk—soo Park eds., *Perspectives on Korea*(Honolulu: University of Hawaii Press, 1988), pp.198~221.

Em, Henry, "Universalizing Korea's Past: Paek Nam—un's critique of Colonialist and Nationalist Historiography"(unpubl. Ms, 2003).

Fairbank, John K., Reischauer, Edwin O. and Albert M. Craig, *East Asia: tradition and transformation*(Boston: Houghton Mifflin, 1973).

Fu, Sinian, "Zhongguo lishi fenqizhi yanjiu"(Researches in the periodization of Chinese history), *Beijing Daxue Rikan* April 17—23, 1928,(Re—printed in Fu Sinian quanji vol. 4, pp.176~85).

Garon, Sheldon, *Molding Japanese Minds: the state in everyday life*(Princeton: Princeton University Press, 1997).

Gayle, Curtis Anderson, "Progressive representations of the nation: early post—war Japan and beyond", *Social Science Japan Journal* 4:1, 2001, pp.1~19.

Gerth, Karl, *China made: consumer culture and the creation of the nation*(Cambridge: Harvard University Asia Center, 2003).

Giddens, Anthony, *The Nation—State and Violence*. Vol. 2 of a Contemporary Critique of Historical Materialism(Berkeley: University of California Press, 1987).

Gries, Peter Hay, "China's 'New Thinking' on Japan", *China Quarterly* 2005, pp.831~85.

Gu Jiegang, *An Autobiography of a Chinese Historian* trans. Arthur W. Hummel. Taipei, Ch'engwen 1966 reprint.

Guo, Yingjie, "Patriotic Villains and Patriotic Heroes: Chinese literary nationalism in the 1990s", William Safran eds., *Nationalism and Ethnoregional Identities in China*(London: Frank Cass, 1998), pp.163~88.

Hamashita, Takeshi, "The tribute trade system andmodern Asia", A. Latham and H.

Kawasatsu eds., *Japanese Industrialization and the Asian Economy*(London: Routledge, 1994), pp.91~103.

Hamashita, Takeshi, "Tribute and treaties: Maritime Asia and treaty port networks in the era of negotiation, 1800~900", Giovanni Arrighi et al. eds., *The Resurgence of East Asia: 500, 150 and 50 year perspectives*(London: Routledge, 2003), pp.17~50.

Hobsbawm, Eric, *Nations and Nationalism since 1780*(Cambridge: Cambridge University Press, 1990).

Hwang, Kyung Moon, "Country or state? Reconceptualizing kukka in the Korean enlightenment period, 1896-1910", *Korean Studies* 24, 2000, pp.1~24.

Karl, Rebecca E., *Staging the World: Chinese nationalism at the turn of the Twentieth century*(Durham: Duke University Press, 2002).

Karmel, Solomon M., "Ethnic nationalism in Mainland China", Michael Leifer ed., *Asian Nationalism: China, Taiwan, Japan, India, Pakistan, Indonesia, the Philippines*(New York: Routledge, 2000), pp.38~62.

Kirby, William C., *Germany and Republican China*(Stanford, CA: Stanford University Press, 1984).

Krasner, Stephen D., "Organized Hypocrisy in nineteenth century East Asia", *International Relations of the Asia-Pacific* 1, 2001, pp.199~226.

Liang, Qichao, 'Xinshixue' (New history) in Liang's Yinbingshiwenji, 1903, Lin Zhijun ed., 1970 reprint of 1932 edition(Taibei: Taiwan Zhonghua shuju 1970).

Liang, Qichao, "Zhongguo zhimin ba da weiren zhuan"(Eight great Chinese colonists), *Xinmin Congbao* 15, 1906, pp.81~8.

Liu, Lydia, "The female body and nationalist discourse: the field of life and death revisited", Inderpal Grewal and Caren Kaplan eds., *Scattered Hegemonies: postmodernity and transnational feminist practices*(Minneapolis: University of Minnesota Press, 1994), pp.37~62.

Liu, Lydia, ed., *Tokens of exchange: the problem of translation in global circulations*(Durham: Duke University Press, 1999).

Mackie, Vera, *Feminism in Modern Japan: citizenship, embodiment and sexuality*(Cambridge: Cambridge University Press, 2003).

Mao, Zedong, "On new democracy"(Jan 15, 1940), Timothy Cheek ed., *Mao Zedong and China's Revolution: a brief history with documents*(New York: St. Martin's Press, 2002).

Maruyama, Masao, *Studies in the intellectual history of Tokugawa Japan*(Princeton: Princeton University Press, 1974).

Meyer, John W., "The world polity and the authority of the nation state", Albert Bergesen ed., *Studies of the Modern World System*(New York: Academic Press, 1980), pp.109~37.

Nish, Ian, "Nationalism in Japan", Michael Leifer ed., *Asian Nationalism: China, Taiwan, Japan, India, Pakistan, Indonesia, the Philippines*(London: Routledge, 2000), pp.182~89.

Oguma, Eiji, *A Genealogy of 'Japanese' Self-Images*(Tr. of Tan'itsu Minzoku Shinwa no Kigen) Translated by David Askew(Melbourne: Trans Pacific Press, 2002).

Polanyi, Karl, George Dalton ed., *Primitive, Archaic, and Modern Economies: Essays of Karl Polanyi*(Garden City, NY: Anchor Books, 1968).

Pusey, James Reeve, *China and Charles Darwin*(Cambridge, MA: Council on East Asian Studies, Harvard University, 1983).

Reynolds, Douglas R., *China, 1898~912: the Xinzheng revolution and Japan*(Cambridge, MA: Council on East Asian Studies, Harvard University, 1993).

Robinson, Michael E., "National identity and the thought of Sin Ch'aeho: Sadaejuui and Chuch'e in history and politics", *Journal of Korean History* 5,

1984, pp.121~42.

Robinson, Michael E., "Colonial publication policy and the Korean nationalist movement", Ramon H Myers and Mark R Peattie eds., *The Japanese Colonial Empire, 1895?1945*(Princeton: Princeton University Press, 1984), pp.312~43.

Rozman, Gilbert, *The East Asian Region: Confucian heritage and its modern adaptation*(Princeton, NJ: Princeton University Press, 1991).

Saneto, Keishu, *Nihon bunka no Shina e no eikyo*(The influence of Japanese Culture on China)(Tokyo: Keisetsu shoin, 1940).

Sautman, Barry, "Preferential policies for ethnic minorities in China: the case of Xinjiang", William Safran ed., *Nationalism and Ethnoregional Identities in China*(London: Frank Cass, 1998), pp.86~118.

Schmid, Andre, *Korea Between Empires, 1895?1919*(NYC: Columbia University Press, 2002).

Seo, Jungmin, "Nationalism in the market: the Chinese publishing industry and commodification of nationalistic discourses in the 1990s", Ph D. thesis, University of Chicago, 2005.

Shimazono, Susumu, *From Salvation to Spirituality: popular religious movements in modern Japan*(Melbourne: Trans-Pacific Press, 2004).

Smith, S. A., *Like Cattle and Horses: nationalism and labor in Shanghai, 1895?1927*(Durham: Duke University Press, 2002).

Sun, Yat-sen, "Da Yaxiyazhuyi (Great Asianism)", *Xinyaxiya* 1, 1: 2-7.

Tanaka, Stefan, *Japan's Orient: rendering pasts into history*(Berkeley: University of California Press, 1993).

Tipton, Elise K., "In a house divided: the Japanese Christian socialist Abe Iso", Sandra Wilson ed., *Nation and Nationalism in Japan*(London: Routledge, 2002), Curzon, pp.81~96.

Trauzettel, Rolf, "Sung patriotism as a first step toward Chinese nationalism",

John W. Haeger ed., *Crisis and Prosperity in Sung China*(Tucson: University of Arizona Press, 1975), pp.199~214.

Wang, Shaoguang, "Changing Models of China' Policy Agenda—Setting", forthcoming in Modern China, 2008.

Weiner, Michael, "The invention of identity: race and nation in pre—war Japan", Frank Diköttered., *The Construction of Racial Identities in China and Japan*(Honolulu: University of Hawaii Press, 1997), pp.96~117.

Wells, Kenneth, ed., *South Korea's Minjung Movement: the culture and politics of dissidence*(Honolulu: University of Hawaii Press, 1995).

Zanasi, Margherita, *Saving the Nation: economic modernity in republican China*(Chicago: University of Chicago Press, 2006).

Zou Rong, translation in John Lust, *The Revolutionary Army: a Chinese nationalist tract of 1903*(Paris: Mouton, 1968).

2장

동아시아 고대사 인식상의 민족과 국가[*]

이성시李成市 | 류미나 옮김[**]

[*] 이 글은 2007년 10월 25일 개최된 동양학연구원 주관 단국대 개교 60주년 기념 국제학술회의(동아시아 삼국의 역사인식과 영토 문제)에서 〈동아시아 고대사 인식의 分岐와 連環〉이라는 제목으로 발표되었다.
[**] 국민대 일본학연구소 연구교수

이성시李成市

이성시李成市

일본의 대표적인 한국고대사학자. 1952년 일본 나고야에서 재일 한국인 2세로 태어나 와세다 대학과 같은 대학원에서 고대 동아시아사와 한국고대사를 전공했다. 한국과 일본의 민족주의적 고대사 연구를 비판하는 일련의 연구를 내놓고 있다. 요코하마 국립대학의 조교수 등을 거쳐 1997년부터 와세다 대학 문학부 교수로 재직하고 있다.

주요저작

《국사의 신화를 넘어서》(공저)(휴머니스트, 2004)

《만들어진 고대》(삼인, 2001)

《東アジア文化圈の形成》(山川出版社, 2000)

《古代東アジアの民族と國家》(岩波書店, 1998)

《東アジアの王權と交易》(靑木書店, 1997); 《동아시아의 왕권과 교역》(청년사, 1999)

서론

2003년 7월 중국의 동북공정이 한국에 처음 보도된 이래, 한국과 중국이 고구려사의 귀속을 놓고 논쟁하여 2004년 8월 정치적 결속을 이룬 것이 기억에 새롭다. 그 이전에도 이러한 사례가 없었던 것은 아니다. 예를 들어 발해사의 귀속을 둘러싼 문제는 오랫동안 국제적 규모의 논의 대상이었으며, 지금까지도 중국, 구 소련, 한국, 북한 각각의 학계에서는 발해사를 자국사의 범주에서 배타적으로 점유하는 것을 목표로 하고 있다.[1]

돌이켜보면 고대 한일 관계사와 관련하여 《일본서기》에 기록된 '임나일본부'의 해석을 둘러싼 긴 논쟁이 있었고, 근대 일본의 일부 역사 연구자들은 임나일본부에 대해 고대 한반도를 야마토 조정이 지배한 것이라고 해석함으로써 식민지 지배의 이데올로기로 선전했다. 또한 고대 일본이 한반도 남부를 지배했다는 주장의 근거로 내세워지는 광개토왕비문의 해석을 둘러싼 논쟁도 지금까지 계속되고 있다. 현재 동아시아에서 고대사 인식은 연구자의 영역을 아득하게 넘어 국가, 민족 사이의 분쟁을 부르는 위험한 대상이 되고 있다.

이 글은 동아시아의 나라들 사이에서 고대사가 현대의 영토 분쟁과 연관되어 나타나는 현상에 대해 해결 방안을 모색하려는 시도다. 원래 고대사는 인류 역사 과정에서 항상 새로운 정치 세력이 자기 정당화를 위한 투쟁의 장소로 이용해 왔다.[2] 고대사가 쓸데없는 '투쟁의 장소'로 치부되지 않도록 하기 위해서도 상호의존 관계가 깊은 동아시아 나라들 사이에서는 고대사에 대해 한층 더 신중하고 냉정한 논의가 요구된다.[3] 그러한 방법 중 하나로, 동아시아 규모에서 고대사 인식 형성 유래의 계보를 명백히 하는 것이야말로 현재의 상황을 타개하는 첩경이라 생각한다.[4]

따라서 이 글에서 필자는 동아시아 국가들 사이에 복잡하게 얽혀 있는 고대사 인식을 풀기 위해, 동아시아 제국諸國의 국민 규모의 고대사 인식 발생과 그 역사적 유래를 분명히 하고자 한다. 이를 통해 동아시아 고대사 인식의 성립 배경에는 동시대성, 이른바 상호의존적인 연환連環 구조가 실재함을 밝히고, 이러한 연환 구조를 바탕으로 하여 역사적 배경에 대한 재인식이 요구되고 있음을 논하고자 한다.

1. 광개토왕비에 보이는 민족과 국가

동아시아 제국 사이에 지금도 논쟁이 되고 있는 것이 광개토왕비문에 대한 해석이다.[5] 이 비문이 국민들을 논쟁에 끌어들이며 오늘날에 이르기까지 논란이 끊이지 않는 관심의 대상이 되게 한 중요한 계기인 청일·러일 전쟁기의 동아시아 정세는 경시할 수 없는 요소다. 안드레 슈미드Andre Schmid는 2007년 일본 및 한국에서 번역된 저서 《제국 그 사이의 한국Korea Between Empires, 1895~1919》에서, 조선인들이 광개토왕비의 존재를 처음으로 알게 된 계기가 러일 전쟁 이후 도쿄에 있는 조선유학생들이 보낸 정보에 의해서였고, 그것이 《황성신문》에 게재된 사실에 주목하고 있다. 요즘에야 한국인이면 모르는 사람이 없는 광개토왕비가 자국의 고대 '문명 수준과 국가의 강성함을 알리는' 사료로, 1905년 10월 도쿄 유학생을 통해 처음으로 조선에 소개된 경위에 주목하고 있는 것이다.

즉 광개토왕비의 〈탁본〉[6]은 당시 도쿄 우에노上野에 있는 제국박물관에 전시되었으며, 이전까지 광개토왕비의 존재를 몰랐던 유학생들이 이 사실과 함께 〈탁본〉 사본을 황성신문사에 보냈고, 그 전문이 6회에 걸쳐 보도됨으로써 본국 사람들이 알게 됐다고 한다.[7] 그 이후에도 광개토왕비가 식민지 시기의 조선에서 민족 문화의 위대함을 알리는 기념비로 소개되며, 민족 신문의 지면을 장식한 것은 당시 《동아일보》나 《조선일보》 등을 열람한 이라면 누구나 아는 사실이다.

여기에서 필자가 주목하는 부분은 1905년에 이르러서야 처음으로 조선인 유학생들의 눈에 띈 광개토왕비가 왜 광개토왕의 군사적 성공과 영역 확대를 상징하는 역사적 기념비로 인식될 수 있었는가 하는 것이다. 광개토대왕비의 존재는 이미 1905년보다 20년 이상 이전에 일본에 전해졌으며, 비문의 내용 역시 1889년에 이미 소책자 형태로 간행되었기 때문이다. 즉 이러한 시차는 광개토왕비가 존재한다는 사실과 조선인으로서 비문의 역사적 의의를 인식한 것이 처음에는 직접적으로 결합되지 않았음을 추측케 한다.

원래 광개토왕비가 세상에 알려지고 나아가 그 탁본의 사본(〈묵수곽전본墨水廓塡本〉)이 일본으로 건너간 경위는 다음과 같다.[8] 즉 1880년 당시, 성경장군盛京將軍이 회인현懷仁縣 지현知縣 장월章越에게 현재의 지안시集安市에 소재한 태왕릉의 기와를 채취하라고 명한 와중에, 현지에서 실무를 담당하던 관월산關月山이 비석을 확인했고,

그 다음해부터 본격적으로 광개토왕비 묵본墨本이 작성되기 시작했다. 그리고 1883년 일본 육군 참모본부의 밀정이었던 사코우 카게노부酒勾景信(포병대위)가 길림성吉林省 집안현集安縣을 탐사하던 중, 우연히 광개토왕비의 묵본(묵수곽전본)을 입수해 귀국했다.[9] 현지에서 비석이 '발견'된 지 3년 후의 일이었다.

사코우에 의해 일본으로 오게 된 묵본은 즉시 참모본부에 의해 해독이 진행되었고, 그 결과 1884년에 2편의 저작(青江秀, 《東夫餘永樂大王碑銘解》과 橫井忠直, 《高句麗古碑考》)으로 정리되었다.[10] 위에서 말한 소책자란 요코이 타다나오橫井忠直의 연구를 토대로 하여 사코우가 가져온 묵본의 축소판, 석문, 해석 등을 요코이의 논문과 함께 게재한 《회여록會余錄》 제5집(亞細亞協會, 1889)을 말한다.

결국 광개토왕비는 조선유학생들이 본국에 그 존재를 알리기 16년 전에 이미 일본에서 인쇄물로 출간되어 일본의 식자들 사이에 새로운 텍스트로 널리 읽혔던 것이다.[11]

그런데 《회여록》에 재록된 요코이의 〈고구려고비고高句麗古碑考〉 말미에는 광개토왕비문에 중국이나 조선의 사서에는 없는 사실로, 신라가 왜의 '신민臣民'이 되었다는 내용이 기록되어 있어 주의를 환기시켰고, 그 점에서 이 비의 공적이 우수하다고 강조되었다. 또한 같은 책에 실린 〈고구려고비석문高句麗古碑釋文〉에는 비문의 전체 석문이 게재되었는데, 그중에는 다음과 같은 구절이 있다.

百殘新羅舊是屬民, 由來朝貢, 而倭以辛卯年來渡海, 破百殘□□新羅以爲臣民

주지하는 바와 같이 그 후 비문 연구의 대부분은 요코이 등의 이와 같은 석문에 기초하게 되었고, 이 32자는 아무런 의문 없이 다음과 같이 훈독되어 왔다.

> 백잔·신라는 예부터 속민으로 지금에 이르기까지 조공했다. 이에 왜는 신묘년(391)에 바다를 건너와 백잔·ㅁㅁ·신라를 물리쳐 신민으로 삼았다.

이러한 훈독에 의한 해석은 이윽고 일본인 사이에 다음과 같은 부동의 역사적 평가를 정착시켰다. 즉 "이 비문에는 서기 391년(신묘의 해)에 야마토大和 조정의 군대=일본의 군대가 조선 남부를 공격해 백제나 신라를 정복·복속시켰을 뿐만 아니라 멀리 평양 근처까지 침공해 고구려와도 싸웠음이 기록되어 있어, 적어도 4세기 말부터 야마토 조정이 조선 남부를 예속시켰던 것을 증명하는 가장 유력한 제일등급의 사료다"[12]라는 것이다.

일찍이 나카츠카 아키라中塚明가 명확하게 지적한 것처럼, 이와 같은 인식은 최근까지 일본인들의 '국민적 상식'이었다. 광개토왕비는 일본 고대사상 불가결한 한 부분인 야마토 조정의 일본 열도 통일을 입증하는 증거가 되었다. 더욱이 많은 중고등학교의 역사 교과서에《회여록》중 해당부분의 사진이 '탁본'으로 게재되면서 대다수의 일본인들은 이를 야마토 조정이 통일한 일본 군대의 한반도 진출을 기록한 비석이라고 철석같이 믿게 되었다.[13]

이처럼 비문 중의 '왜倭'가 일본으로 해석되면서 오랜 시간에 걸쳐 일본 국민의 상식이 되어가는 가운데, 시라토리 구라키치白鳥庫

吉(1865~1942)의 비문에 대한 독자적 해석이 주목을 끈다. 시라토리는 1905년 도쿄 제국대학에 신설된 동양사학과 최초의 교수로, 연구와 교육에 공헌했을 뿐 아니라 '남만주 주식회사'의 총재인 고토 신페이後藤新平를 설득해 만주철도 도쿄지사 내부에 만주와 조선의 역사, 지리 조사실을 마련케 했다(1908)는 점에서 주목받아 왔다.[14] 즉 시라토리는 만주와 조선 경영에 맞춰, 이들에 대한 학술적 토대를 제공하기 위해 만주의 지리와 역사 연구 사업을 스스로 떠맡았는데, 그러한 시라토리가 1905년 광개토왕비문에 대해 다음과 같이 언급하고 있다.

이 비문은 당시에 관해 가장 신뢰할 수 있는 역사상의 유물이다. 비문에 의하면 일본의 조선 남부 지역 지배 사실이 확인된다. 이것은 우리나라(일본) 역사에 중요한 자료를 제공한 것이다. 나는 이 비문을 일본에 가지고 가 박물관이나 공원 등에 세울 수 있다면 실로 좋은 일이라 생각한다. 영국이나 독일, 그리고 프랑스라면 몇 만 엔이 든다 해도 반드시 자신들의 나라에 가지고 갈 것이다. 다만 이 비문에는 일본에 불리한 내용도 적혀 있다. 당시 일본은 삼한 반도의 남부를 지배했지만 북부의 고구려와는 상반되는 지위에 있었다. 고구려와는 마치 지금의 러시아와 같은 관계여서 일본이 반도 남부에 세력을 얻으려 하면 고구려가 이를 저지하고, (중략) 남부의 삼국을 지배하고 또한 그 세력을 지속하려면 역시 북부의 고구려를 물리치지 않으면 안 되었다. 그 관계는 마치 일본이 지금의 조선을 제압하기 위해서는 북쪽의 러시아를 물리치지 않으면 안 되는 상황과 조금도 다를 바 없다. 일본이 조선에 세력을 얻기 위해 먼저 지나支

那와 싸웠고, 지금은 러시아와 격돌하는 것 같이, 정치상의 관계로 당시 일본은 고구려와 싸웠던 것이다. 그런데 고구려에는 광개토왕이라는 유명한 왕이 있어, 이 비문에는 광개토왕이 두 번이나 일본을 무찔렀다고 찬양하고 있다. ……이 비문은 광개토왕, 즉 호태왕의 아들인 장수왕이 세운 것으로 물론 아버지의 업적을 칭송하기 위해 윤색한 면도 있겠지만, 이 시기 고구려가 사방으로 세력을 확장한 것을 생각하면, 광개토왕은 상당한 호걸임에 틀림없다. 그리고 일본의 역사를 봐도 이 시기 이후 일본이 반도에서 세력을 떨친 일이 없으므로 실제 일본은 고구려에게 패했던 것 같다. 일본이 고구려에 진 뒤 그 세력을 내세운 적이 없으니, 일본이 대륙의 전쟁에서 진다면 이후 다시 대륙에 진출하는 것은 쉽지 않을 것이다. 그렇기에 지금의 전쟁에서 러시아에게 반드시 이겨야 한다. 만약 이 전쟁에서 진다면 앞으로의 국세國勢상, 용이하지 않은 영향을 끼칠 것임을 오랜 역사가 이미 증명하고 있다.[15]

중요한 것은 위의 시라토리의 글을 통해, 조선유학생들이 제국박물관에서 목격했을 것으로 보이는 광개토왕비의 묵본이 1905년 당시 일본에서 어떤 문맥으로 읽혔는지 알 수 있다는 점이다. 비문 중 고구려와 왜의 전투를 1900년 전후 전쟁을 치른 지 얼마 되지 않은 청이나 러시아 그리고 일본과의 각축으로 견주듯, 시라토리는 철저히 자신이 살고 있는 시대의 국제 상황을 투영시켜 비문을 읽으려 했으며, 나아가 그것을 일본 국민의 텍스트로서 널리 공유할 것을 요구하고 있다. 흥미로운 점은 시라토리가 이 시기에 비석을 반출해 일본의 박물관이나 공원에 세우자고 제안한 것인데, 1907년경의 강연에서는 이에 대해 다음과 같이 구체적으로 언급하고 있다.

이런 내용이 적힌 비석을 내가 가지고 오자고 말씀드리면, 혹자는 불리한 일이라고 할지도 모른다. 그러나 난 이처럼 패한 사실을 그대로 후세에 알린다면, 자손들로 하여금 이에 대해 강렬한 인상을 받게 하고 분개심을 갖게 할 수 있다고 생각한다. 패한 결과를 알리는 것에 유익한 점이 있기 때문이다.[16]

비문에는 고구려와의 전투에서 왜가 두 차례에 걸쳐 패했다는 일본에 불리한 내용이 적혀 있다. 그렇기 때문에 비문을 제시하는 것은 당시 정세(러일 전쟁)에서, 일본 국민들이 승리에 자만하는 일이 없게끔 교훈으로 삼을 수 있다는 데 그 의미가 있다는 것이다. 이러한 의도로 시라토리가 발언한 광개토왕비 반출 계획은 실제 군부에 의해 실행될 예정이었다. 즉 1907년 5월 집안현 지사 오광국吳光國이 봉천 제학사奉天提學使 코우라小浦에게 보낸 문서에 의하면, 제57연대장 오자와 도쿠헤小澤德平가 비석을 구입해 일본박물원日本博物院에 진열할 의사가 있음을 청나라 측에도 전한 사실이 명백히 드러나 있다.[17]

이와 같이 1900년 전후에 나타난 광개토왕비를 둘러싼 군사 전략적 의의는 이미 1883년 육군 참모본부에서 비문을 해독했던 시기에 태동되었으며, 비문 해독에 관여한 사람들은 이를 시국에 이바지하는 것으로 암묵 중에 이해하고 있었음을 알 수 있다. 즉 광개토왕비문은 청일·러일 전쟁에 앞서 한반도를 둘러싼 긴장된 국제 정세를 짐작하고, 곧 닥쳐올 외국 원정 군대의 병참을 고민하던 집단에 의해 이미 새로운 의미로 창출된 것이다. 그러한 전제가 있었기 때문에 광개토왕비는 청일·러일 전쟁의 승리 이후 일본 정부가 국민적 의식을 한층 더 고양시키고 동원하기 위한 수단으로 활용할 수 있었다. 천수백 년이 지난 먼 과거의 사건은 이러한 경위를 거쳐 당대의 국민적 관심사로 공유되었다.

위에서 인용한 시라토리의 논문은 1905년 대중적인 월간지 《중앙공론中央公論》에 게재되었다. 여기서 특히 주목해야 할 것은 시라토리의 최대 관심사가 고대 일본의 한반도 지배보다 그 후의 고구려와 전쟁으로 인한 일본의 세력 부진이며, 이것을 국민적 교훈으로 살리는 것이 목표였다는 점이다. 원래 비문 그 자체에서 위와 같은 교훈을 끌어낼 수 있는 것은 상당한 수준의 역사적인 지견과 상상력이 없이는 불가능하다. 적어도 668년 고구려 멸망 후, 1880년에 광개토왕비가 '발견'될 때까지 비문은 독자가 전혀 없었음을 상기해야 한다. 또 비문의 내용은 원래 근대 일본인이나 조선인에게는 전혀 연고가 없는 고구려인이 당시의 고구려 사회 고유의 문제를 해결하기 위한 법령 포고의 매체였다.[18]

그러나 시라토리가 언급하듯 청일과 러일의 두 전쟁이 이 비문에 이전에는 있을 수 없던 새로운 현실성(리얼리티)을 부여한 것이다. 그것이야말로 고구려에 의한 왜의 패전을 20세기 초두, 청일·러일 전쟁 승리 이후의 일본 국민에 대한 교훈으로 삼은 이유였다.

일본의 조선유학생들이 광개토왕비의 존재를 본국에 전한 것은 바로 이러한 맥락으로 의미가 부여된 광개토왕비문이었다. 시라토리가 러일 전쟁 이후 고양될 일본인의 자만심을 경고하는 데 필요한 역사적 자료로 강조했다면, 조선의 유학생들은 이러한 일본인에 의한 광개토왕비문의 역사적 의의를 반전시켜 자국민의 자랑으로 받아들였던 것이다.

이러한 역사적 의의의 반전은 결코 어려운 것이 아니었다. 광개토왕의 위업에 대해서는 시라토리가 자신의 글에 "이 시기 고구려가 사방으로 그 세력을 확장한 것을 생각해보면 광개토왕은 상당한 호걸이었음이 틀림없다"라고 묘사하듯, 왜의 패전을 강적인 고구려와의 대비로 그리고 있기 때문이다. 고구려에 대한 시라토리의 이러한 평가가 고대에 왜의 실력이 컸다는 것을 고구려에 대비해 강조하기 위한 것이었음은 말할 필요도 없다.

요컨대, 시라토리가 목표로 한 일본 국민의 텍스트로서 광개토왕비문도, 조선유학생이 읽어낸 조선인의 텍스트로서 광개토왕비문도, 그것이 성립되기 위해서는 비문 중의 왜나 고구려에 자국민을 투영시키기에 충분한 1900년 전후의 국제 정세와 역사적 조건이 불가결했던 것이다. 조선인에게 광개토왕비문의 역사적 가치의 '발견'과 '수용'이란 시점에서 볼 때 당시 일본의 국민 의식, 그리고 비문 중의 왜나 고구려에 현재의 자국민을 투영하는 데 충분한 국제 정세와 역사적 조건이 불가분의 관계에 있었던 점은 결코 경시할 수 없다.

2. 동아시아 '민족'과 '국사'의 형성

광개토왕비문에 나타난 고구려와 왜의 대립에 대해 1900년 전후 동아시아의 국제 정세로 읽는 것이 가능해진 바탕에는 지금까지 없었던 새로운 국민 의식의 형성과, 그것을 표상하는 '민족'이란 어휘의 공유화가 존재한다. 그런데 근대 일본에 '민족'이란 어휘가 정착하는 과정에서 주목해야 할 것은 1900년을 전후해 일본과 열강간에 맺어진 불평등조약의 개정 조건이 갖추어질 무렵, '일본인'이라고 하는 법적 근거가 정비되거나 우리 '일본인'이란 의식이 고양된 점이다. 예를 들어, 19세기 말, 조약 개정을 담보로 서양 열강 제국이 일본에 대해 일본 내의 거류지 철폐와 외국인의 여행, 거주·영업의 자유 승인을 요구한 것이 계기가 되어 '내지잡거內地雜居'가 거국적인 관심사로 떠올랐다. 요컨대 '내지잡거'의 문제를 현실적인 국가 과제로 검토하는 과정에서, 우리(일본인)와 그들(외국인)을 구별할 필요성이 제기되어, 국적법이나 외국인의 재류 관리에 관한 법률이 1900년을 전후해 교부된 것이다.

이와 동시에 청이나 러시아와의 대외 전쟁을 거쳐 전승국으로서의 의식이 고양되는 가운데, 그 이전에는 거의 사용되지 않았던 '민족'이란 어휘가 'nation'의 번역어로 이용되어 동조同祖 동족同族을 함의한 용어로 급속히 보급되었다.[19] 그 후 그것은 동아시아 제국에서 공유하게 되는 '민족'이란 용어가 깊이 수용되는 단서가 되었다.

따라서 제국박물관에 광개토왕비의 묵본이 전시되고, 그 비문이 많은 일본인을 끌어당긴 까닭은 우선 '일본인,' '일본 민족' 의식의 급속한 보급 때문이라 할 수 있고, 그것을 가능하게 한 요인은 청일·러일 전쟁의 승리로 인한 일본 국민 의식의 고양이요, 일본이 국제사회에 대두한 것이라 할 수 있다. 앞서 본 것처럼 시라토리는 광개토왕비문에 그려진 고대 동아시아 제국의 국제 관계에 1900년 전후의 동아시아 정세를 투영시켜 '현재'를 이해시켰으며, 이를 통해 미래에 대한 대비를 호소했다. 물론 그에 선행해 이미 메이지유신 정부 성립 전후 시기부터 《일본서기》에 기록된 진구코고神功皇后의 신라 정벌을 들어 고대 일본이 한반도를 지배했다고 강조하여 민심을 동원한 경험이 있었다. 그러나 이는 청일·러일전쟁을 거치면서 생성된 민족 의식과는 차원이 다른 것으로 봐야 한다.

한편, 조선인에게 있어서도 '민족'이란 어휘는 일본과 거의 동시기에 같은 의미를 가지며 등장하게 된다. 첫머리에서 논한 것처럼 도쿄의 조선인유학생들이 광개토왕비의 존재를 본국에 전한 시기는 1905년 10월이었다. 그런데 근대 조선에서 '민족'이란 어휘는 1905년 보호조약 체결 전까지 10년간, 조선 민족주의 운동의 다양한 조류 가운데 거의 등장하지 않았다. 일본이나 중국의 지식인들과 마찬가지로 많은 조선의 지식인 역시 민족주의 운동의 초기 단계에서는 '민족'이란 말을 거의 사용하지 않았다.[20]

유길준조차도 《서유견문》에서 국가에 대해 한번도 '민족'이란 말을 언급하지 않은 채, 조선어와 외국어로 많은 기술을 했다. 그러나 10여 년 후, 자신의 저작 《대한문전大韓文典》의 서문에서 그는 문법을 바로잡는다고 한 자신의 계획을 '민족'의 '고유 언어'를 보존하기 위한 과업이었다고 정의했다. 1895년부터 1909년 사이, 유길준

은 "이 신조어에 대해 학습했고 그것을 채택해 잘 다루게 되었다"고 한다.[21]

안드레 슈미드는 "조선에서는 일반적으로 보호조약의 압박을 당한 후 간신히 '민족'이란 어구가 널리 사용되게 되었다"고 파악하면서, "국수國粹, 국성國性, 국혼國魂 등 국가에 정신적인 특성을 부여한 표현과 마찬가지로, '민족'은 외국 세력의 지배 하에서 더욱더 파고 들어가게 되어 독립국민을 위한 중심적 위치를 제시했다"라고 분석하고 있다.[22]

흥미로운 점은 이와 궤적을 같이하여 중국에서도 20세기 초두에 '중국인' 의식이 형성되었다는 사실이다. 다만 중국의 경우 그 계기가 동아시아의 국제 관계는 아니었다.

당시 중국에서는 미국의 이민 문제로 발단된 1905년 반미 운동이 이전까지 볼 수 없었던 단결과 저항의 운동으로 발동했다. 미국 제품의 보이콧 운동이 각 지역의 도시들에서 순식간에 전개되었으며 이는 중국의 단결이라는 정치적인 동원으로 확산되었다. '중국인'이란 한문어가 빈번히 이용되기 시작한 계기가 바로 이 시기의 반미 운동을 통해서고, 이러한 운동을 통해 '중국인'이란 말이 유행어로 널리 쓰여지게 되었다는 지적도 이미 제기되었다.[23]

물론 1905년의 단계에서 청조에는 국적법이 없었기 때문에 '중국인'이란 용어가 국적에 관련되는 개념은 아니라는 점은 자명하다. 그러나 1900년 전후로 불가분한 일체라고 하는 국토 관념이 주장되었고, 그 국토의 일체성을 하나의 영역으로 명시한 중국 판도의 지도가 잡지(《新民叢報》 3호, 1902) 표지를 장식하는 등, '어디까지나 청조의 정복 활동 과정에 단편적으로 지배 하에 편입되었을 뿐인'[24] 지역이 새롭게 태어난 '중국인'으로서의 귀속 의식을 환기시키는 표상이 된 점은 중국에서 '민족'의 성립을 고찰하는 데 참고가 된다.

이러한 애국 운동의 이음새로 량치차오梁啓超(1873~1929)가 목표로 한 것은 개별적 왕조를 초월한 중국의 '신사학新史學'이었다. 량치차오는 중국의 사학史學이 왕조에 초점을 맞추는 군주 중심의 서술이며, 그동안의 사학이 '조정朝廷은 알면서 국가가 있음을 모르는' 정통론에 사로잡혀 집단으로서의 국민 역사가 되지 못하고, '개인이 있는 것을 알면서 군체(사회 집단)가 있는 것은 모르는' 역사가 되었다고 지적했다. 그는 "사학은 학문 중에서 가장 광활하고 긴요한 것이다. 국민의 명경明鏡이며, 애국심의 원천이다. 오늘날 유럽에서 민족주의가 발달해 열국이 점점 문명을 진전시킬 수 있게 된 데에는 그 공적의 절반은 사학에 있다"[25]라고 말하면서, 중국의 사학이 유럽과 같은 역할을 하지 못했음을 개탄했다. 개별적인 왕조를 넘어 관통하는 중국사라고 하는 인식은 량치차오가 강하게 희구한 것이었다.

왕조를 초월한 역사가 목표라면 우선 중국 역사를 통사로 보는 기년법이 필요한데, 량치차오는 그 기점으로 '공자기년'과 함께 '황제기년黃帝紀年'을 생각해냈다.[26] 그러한 와중에 황제기년을 명확하게 주장한 리우스페이劉師培(1884~1919)는 자신의 저서 《황제혼黃帝魂》의 권두문 〈황제기년설黃帝紀年說〉에서 다음과 같이 언급했다.

민족이란 국민을 고유하게 존립케 하는 성질로, 대저 하나의 민족은 그 기원을 거슬러 올라가지 않으면 안 된다. 우리 4억 한종漢種의 시조는 누구인가. 황제 헌원씨軒轅氏다. 이 황제야말로 문명을 만들어낸 최초의 사람이며, 4,000년 역사를 시작한 교화자다. 그러므로 황제의 위업을 이어받으려는 사람은 황제의 탄생을 기년의 시작으로 해야 한다.[27]

중국에서 개별 왕조를 초월한 '민족'의 역사가 추구되면서 그 기원을 어디에 설정해야 하는지에 대한 문제가 생겼다. 이에 답한 것이 리우스페이가 제창한 '황제기원'이며, 실제로 이러한 사조 속에 1905년, 쑹쟈오런宋敎仁(1882~1913)이 중심이 되어 간행한《이십세기의 지나二十世紀之支那》는 발행연도를 '개국 기원 4603년'으로 하고 있다. 이러한 '황제기원'은《민보民報》등에 이어져 혁명 운동 중에 일반화된 것으로 보인다.[28]

한편, 조선에서도 시조 단군이 재발견되어 국가 창시를 지시하는 '단군시대 이래'라는 표현을 비롯해 단군 신화의 여러 특징이 논의 대상이 되었고, 단군 탄생을 축하하는 논설이 1905년 이후 급증한 점[29]을 상기할 때, 민족의 기원에 관심을 가지기 시작한 중국과 조선의 동시대성을 문제 삼지 않을 수 없다. 그런데 조선과 중국의 동시대적 연관성과 관련하여 주목해야 할 것은 량치차오가 1899년 〈일본글을 배우는 이익을 논하다〉[30]에서 공공연하게 일본의 글을 통해 서양 문명을 수용하는 것이 오늘날 최대의 급선무라고 주장한 점이다. 실제로 원저가 명시된 일본어 번역이 제시되어 있고, 1902년 12월, 〈삼십자술三十自述〉에서는 '일본에 와서 사상이 일변했다'라고 기술하고 있다.[31] 또 그의 중국사 시대구분론이 1900년 전후 일본인

의 역사서에 의거하고 있는 것도 흥미롭다.[32]

　량치차오가 일본에서 내놓은 이러한 저작은 동시대의 조선에도 수용되어, 그의 저작들이 대량으로 번역됨으로써 애국계몽운동에 큰 영향을 미친 것은 잘 알려진 사실이다. 한 가지 더 주목해야 할 사실은 신채호가 량치차오의 《의대리 건국삼걸전意大利建國三傑傳》(1902년에 잡지 연재)을 《이태리 건국삼걸전利太利建國三傑傳》이란 제목을 붙여 국한문으로 번역해 1907년에 단행본으로 간행한 것인데, 신채호의 《이순신전》(1908)과 《을지문덕전》(1908), 《최영전》(1909) 등의 영웅전이 《삼걸전》의 번역과 량치차오의 영향으로 이뤄진 것은 이미 논증된 바 있다.[33]

　'민족'의 성립과 함께 역대 왕조를 초월하여 일관된 '민족'의 역사와 그 기원을 요구하는 새로운 사상은 동아시아 삼국에서 거의 동시에, 더욱이 서로 영향을 끼치며 공명共鳴하고 있었던 것이다.

3. 고대사 인식과 인식 주체로서의 '민족'

　쓰다 소우키치津田左右吉(1873~1961)는 일본 사상사와 《일본서기》, 《고사기古事記》, 중국 고전 등의 분야에서 엄밀한 사료 비판에 의한 독창적이고 체계적인 연구를 전개한 인물로, 근대 일본의 대표적인 역사학자이다. 특히 《신대사의 연구神代史の研究》와 《고사기 및 일본서기의 연구古事記及日本書紀の研究》, 《일본상대사의 연구日本上代史の研究》, 《상대 일본의 사회 및 사상上代日本の社會及び思想》

의 4부작이 황실 존엄 모독죄로 1940년 출판법에 저촉되면서, 그는 불후의 역사학자로 남게 됐다. 쓰다는 위의 저작들에서 《고사기》와 《일본서기》의 신화는 황실의 기원 신화로 민족의 기원을 말하는 것이 아니며, 또한 황실의 기원 신화라고 해도 그것은 사실史實이 아니고, 어디까지나 관념상의 존재로 그 관념이 형성된 시대의 사람들의 사상이라고 주장했다.[34]

쓰다의 연구들에는 현재에도 계승해야 할 고대사 연구 성과가 있는 한편, 당시 일본의 동양사 연구자들이 공통적으로 지닌 독특한 역사관과 '민족' 관[35]이 보인다. 그러한 쓰다의 생각을 파악하기 위해 경시할 수 없는 저작이 바로 《지나 사상과 일본支那思想と日本》 (1937)이다. 이 책의 서두를 보면 "일본 문화는 일본 민족 생활의 독자적인 역사적 전개에 의해서 독자적으로 만들어진 것으로, 지나의 문명과는 완전히 다른 것이다"라고 기술되어 있으며, 고래의 일본이 중국에서 발달된 문화를 수용했다고 해도, 그것은 상층 계층만의 것이며, 민중의 생활 문화와는 교류가 없는 별개의 것임이 전편에 걸쳐 강조되어 있다. 아울러 쓰다는 유럽에서 기원하는 '현대의 세계 문화'를 일본인이 지금에서야 자신의 것으로 삼았다고 인식하고, 따라서 현대 문화 중에 일본이 자리매김했기에, "이런 점을 볼 때 오늘날 일본의 민족 생활은 지나의 것과 현격한 차이가 있다"고 역설했다. 그는 또한 "현재 일본과 지나 사이에 상이한 점이 생긴 것은 양 민족의 과거 생활과 과거의 문화가 완전히 방향을 달리한 것이기 때문이다"라고 단정했다.

이러한 주장에 이른 쓰다의 역사 연구는 시라토리가 추진한 만주철도의 만선지리역사조사실滿鮮地理歷史調査室 연구원(1908)이 되면서 본격적으로 시작된다. 그리고 이 시기 고대 조선의 역사, 지리와 관계되는 많은 연구 성과를 남긴다. 바로 그 당시(1911) 그가 쓴 일기[36]에는 쓰다의 내면에 자리한 조선과 중국관이 정직하게 토로되어 있는데, 이는 고대사에 대한 인식 주체로서 '민족'을 이해하는 데 참고가 된다.

오늘, 제국좌帝國座(일본 최초의 서양식 극장)를 앞에 두고 있으니 어제 무대의 그림자가 떠오른다. 또 보려고는 않겠지만, 시종 햄릿의 대사나 오필리어의 노래가 들리는 듯하다. 예술의 세상이 그립다. 그리 생각하니 백제가 어떻다, 신라가 어떻다고 하는 것과 같은, 그 어느 쪽도 내 자신의 내면 생inner life에는 아무런 영향을 끼치지 못하는 문제로 머리를 쓰는 것은 바보 같다는 기분이 든다(5월 23일).

그 (책꽂이가 있는 창고) 가운데 서 있으면 머리가 시시각각 부식되어 가는 것 같다. 그도 그럴 것이 이 책들 속에는 짱(중국에 대한 차별어－역자)과 여보(조선에 대한 차별어－역자)에 대한 과거가 기록되어 있지 않은가. 권모와 술수, 탐욕과 폭려暴戾, 그리고 허례에 둘러싸인 위험하고 고통스러운 행위와 교묘한 말로 장식된 혹독하고 각박한 마음들이 수천 권 책자에 한 장 한 장 배어 있지 않은가(8월 9일).

오늘은 공부를 많이 했다. 오후가 되어 한꺼번에 12, 3매를 써내려갔다. 여보(조선인의 역사－역자)쯤이야 날려버릴 정도로 쉽다고, 크게 뽐내본다.

그러나 실은 좀 힘들었다(8월 22일).

만철滿鐵(남만주철도주식회사)이든, 한철韓鐵(조선총독부철도)이든, 일을 하려면 확 해버려서 녀석들의 눈이 튀어나오게 하면 좋으련만, 결말이 나지 않는 말이다(9월 29일).

창문을 통해 비친 볕을 쬐고 있으니 어느새 졸음이 왔다. 한성도 평양도 뒤엉켜 백제도 고구려도 아득히 사라져 간다. 딱 조선에 걸맞는 기분이다(12월 5일).

　이러한 구절들을 통해 쓰다의 《지나 사상과 일본》에서 드러난 '일본 민족'의 역사나 문화의 연구가 어떠한 정신세계 속에서 형성되었는지 엿볼 수 있다. 앞서 소개한 일기에서도 알 수 있듯이 한편으로는 셰익스피어 극에 마음을 두면서, 중국·조선사 연구의 무의미함을 한탄하는 그의 사고에는 동일화된 대상으로의 서양과, 차별화된 대상으로의 조선·중국이 일본의 민족 문화나 역사를 구상하는 데 모두 불가결한 것이었다. 이러한 관점에서 '독자적인 일본 문화'나 '현대에 있어서 세계의 일본 문화'가 강조되고 있는 것이다.[37] 쓰다에게 조선과 중국은 일본 민족의 자기규정에 있어서, 말하자면 숨겨진 '타자'이며 이상화된 '서양'과 함께 없어서는 안 될 대칭점이었다.
　이 글의 주제인 고대사 연구의 '민족' 문제에 입각해 말하자면, 이렇게 형성된 '일본 민족'이라는 자기 인식은 현대뿐만 아니라 앞서 말한 쓰다의 '일본 민족'의 역사·문화에서도 나타나듯, 고대 이래 일관된 본질론적 민족관으로 결실을 맺게 된다. 그리고 이러한 민족의 문화나 역사에 대한 사고는 조선 식민지 통치 중 타자를 억압하는 과정에서 새롭게 전개된다.

이미 다른 논문에서 논한 것처럼 조선 총독부는 1916년 《조선반도사朝鮮半島史》와 조선 고적 조사 사업에 착수하는데,[38] 그러한 사업을 시작하게 된 중요한 요인으로 조선인에 의한 민족사학을 들 수 있다. 후에 조선사편수회에서 활약한 이나바 이와키치稻葉岩吉(1876~1940)는 총독부의 정책이 민족사학과의 대항 관계 속에서 진행되었음을 다음과 같이 회상하고 있다.

> 반도를 바라보면 단군 신앙이 현저하게 대두되어 왔다. …… 단군 신앙은 최근 몇몇의 제창에 의해 급속히 발전해, 과거 일고의 가치도 없던 조선사 연구는 형식도 갖추지 못한 수준이면서도 조선인 사이에서는 하나의 큰 조류를 이루었다. 지금 일한동원론日韓同原論 등으로는 해결할 수 없게 되자, 조선 총독부는 오히려 스스로 조선사 편찬을 계획해, 이러한 흐름을 정당하게 지도하여 (조선인들이) 착각에 빠지지 않도록 노력해 그 시기를 맞으니, 이에 조선사편수회의 칙령 공포를 보게 되었다. 이것이 다이쇼大正 14년 여름의 일이다.[39]

여기서 말하는 '일한동원론 등으로 해결할 수 없게 되자'란, 1916년에 편찬 사업이 시작된 《조선반도사》가 3·1운동 등으로 좌절된 것을 가리킨다.[40] 《조선반도사》가 총독부의 목표인 동화 정책 아래에서, '조선인과 일본인이 동족인 사실을 분명히 함'을 주안主眼으로 삼았다는 것은 〈조선반도사 편찬 요지〉에 다음과 같이 기술되어 있다.

만약 조선반도사의 편찬이 이루어지지 않는다면 조선인은 막연히 병합과 관계없는 고대사, 그리고 병합을 저주하는 서적을 읽는 것에 그치게 된다. 이렇게 시간이 경과하면 눈앞의 현상에 익숙해져, 오늘의 세상이 전적으로 병합의 은혜에 있음을 잊고 공연히 옛 일을 회상해 개진改進의 기력을 잃을 우려가 있다. 그렇다면 어떻게 조선인을 동화시킬 수 있을까. 조선반도사의 주목적은 대체로 다음과 같다. 첫째, 일본인과 조선인이 동족인 사실을 분명히 하는 것. 둘째, 상고上古부터 이조李朝에 이르는 군웅의 흥망성쇠와 역대 왕조 교체에 의해 민중이 점차 곤비困憊에 빠져 빈약하게 된 상황을 기술하여, 현재에 이르러서야 천황 통치의 혜택에 의해 처음으로 인생의 행복을 완수할 수 있게 된 사실을 상술하는 것.[41]

동화 정책이 핵심인 식민지 정책에서 조선 총독부가 특히 두려워한 것은 위의 〈요지〉에서도 말하듯, 조선인이 '막연히 병합과 관계없는 고대사, 그리고 병합을 저주하는 서적을 읽는' 것으로, '오늘의 세상이 전적으로 병합의 은혜에 있음을 잊고 공연히 옛 일을 회상해 개진의 기력을 잃는' 것이었다. 《조선반도사》 편찬 단계에서도 조선인이 맡아야 할 고대사는 일본이 경계해야 할 대상이었는데, 이나바의 말로도 알 수 있듯이 병합 이후 조선에서 단군 신앙이 급속히 발전해 조선인에 의한 조선사 연구가 대세를 이룬 현상에 대한 일본의 위기감이 나타나 있다. 그것이 1922년의 조선사편수회의 발족으로 연결되었다고 이나바는 술회하고 있는 것이다.

이와 같이 《조선반도사》 편찬은 단군 신앙의 고조와 그에 따른 조선인의 고대사 연구와 관련되어 있었으며, 《조선반도사》 편찬과 동시에 시작된 조선 고적 조사 사업 또한 단군 신앙과 깊게 연관되어 있었다. 당시 두 사업에 지도적 역할을 한 구로이타 카츠미黑板勝美(1874~1946)는 다음과 같이 말하고 있다.

대략 각국의 역사를 연구하는 경우에는 먼저 그 나라 역사의 출발점을 생각하지 않으면 안 된다. ⋯⋯ 단군에 관한 전설도 구월산 근처에 있는데 이 역시 극히 새로운 전설이며 새로운 국민의 신앙이다. 그러나 이 또한 평양 부근에서 이루어진 일이라는 점을 생각하면, 역시 조선 사람의 생각 속에 평양은 오래전부터 발달된 지방이란 생각이 있다고 보인다. ⋯⋯ 지난해부터 세키노關野貞 박사가 고적 조사를 하시고 평양 부근에서는 소위 낙랑군 시대의 많은 고분이 발견되었는데, 후한 시대의 거울이나 다른 유물이 발견된 것은 제군도 이미 주지하고 있는 바일 것이다. 총독부에서 후에 발행한 〈고적도감〉에는 이러한 결과가 게재되어 있기 때문에 평양 부근의 평원이 지나支那의 문명을 가장 빨리 받아들였다는 사실은 의심의 여지가 없다고 생각하고 있었다. 나 자신, 이번 여행에서 한편으로 연구하고 싶다는 생각이 든 것은 첫째, 지나 문명을 받아들인 대동강의 평원에서 오늘날 남아 있는 지나의 문명을 어느 정도 널리 수용했는지 살펴보고 싶은 것이었다.[42]

앞장에서 말한 것처럼 20세기 초두 동아시아 제국에서는 '민족'

의식의 형성과 함께 그러한 민족체의 역사적 기원이 중요한 관심사가 되었다. 인용문 서두에서 나온 구로이타의 말은 그 역시 그러한 관점에서 조선사 기원을 문제 삼고 있으며, 당시 조선의 지식인들이 단군을 추종해 세운 조선 기원의 역사를 '새로운 신앙'이라고 거두절미해버리고, 평양은 단군과 연고가 있는 땅이 아니라 중국 문명을 가장 빨리 받아들인 지역(낙랑군)인 것을 구명究明해야 한다고 주장하는 것이다. 조선 고적 조사 사업은 1916년에 착수되었는데, 구로이타의 지적대로 발굴 조사 사업은 평양에서부터 시작되었다. 그러한 사업은 일본인 연구자에게 지대한 '성과'를 확신시킨 것으로 보이는데, 그에 대해 이나바 이와키치稻葉岩吉는 다음과 같이 표현하고 있다.

우리들의 가장 유쾌하고 기쁜 일은 병합 이래 우리 일본인이 반도의 문화 유적을 수색 탐구하고 이를 표명하는 일이 아니면 안 된다. 그러나 반도인은 지금 이것조차도 망각해, 그 심경이 공허空虛하게 변하고 있는 것이 아닐까.[43]

이나바의 이 말을 증명하듯 고적 조사 사업은 조선인 지식인에게 헤아릴 수 없는 충격을 주었다. 최남선(1890~1957)은 이케우치 히로시池內宏(1879~1952)가 단군 신화를 몽골이 침략한 13세기 후반에 나타난 역사적 산물이라는 설을 전개할 때, 이케우치의 제설에 대항하는 논진을 펼쳤고, 조선사편수회의 위원회에 대해서도 단군의 취급을 둘러싼 편집 방침에 철저히 대항했다. 그러나 그러한 최남선도 조선총독부의 조선 고적 조사 사업에 대해서는 다음과 같이 언급하고 있다.

그러나 미운 일본인은 동시에 고마운 일본인이라고 생각하지 않을 수 없다. 분명 하나는 확실하게 일본인에게 고맙다고 할 일이 있다. 그것은 다름 아닌 고적 조사 사업이다. 모든 것이 마음에 안 드는 가운데 단지 하나만 칭찬해주고 싶은 것은 고적의 탐구와 유물의 보존에 대해 근대적·학술적인 노력을 쌓아 올린 것이다. 우리 자신으로서는 모양새가 나쁜 것이고 부끄러운 일로 창피해서 얼굴이 화끈거리는 일이지만, 조선인이 하지 않는 조선의 일을 일본인이 함으로써, 그 공로는 한층 더 빛난다. 문화에는 국경이 없다고 하고, 학술에는 피아가 없다고 하지만, 일본인의 손으로 처음 조선인 생명의 흔적이 천명된 것은 얼마나 큰 민족적 수치인지 더 이상 말할 필요도 없다. 일본인의 발견과 그에 따른 천명의 공탑이 한 척 높아질 때마다, 조선인의 파괴되는 치욕은 열자씩 더해지는 것을 생각하면, 몸으로부터 소름이 돋는 것을 금할 수 없다.

…… 우리는 지금 민족적 일대 각성을 가진 것이 사실이다. 그러나 그 각성은 아직도 혼돈 상태다. 명료한 자각은 당연히 그만큼 갖추어진 내용을 가질 것이다. 이름을 구하기 전에 실상을 만들어야 할 것이다. 이름도 찾아낼 수 있을 것이며 실상이 수반되도록 해야 할 것이다. 이름에 커다란 정신을 갖춘 후에는 한번 더 실상에 깊은 정신을 정돈해야 할 것이다. 정신으로부터 독립해야 할 것이다. 사상에서 독립해야 할 것이다. 학술로부터 독립해야 할 것이다. 특별히 자기를 수호하는 정신, 자기를 발휘하는 사상, 자기를 구명하는 학술 위에서 절대의 자주, 완전한 독립을 실

현해야 할 것이다. 조선인의 손으로 '조선학'을 세워야 할 것이다. 조선의 피가 체내에 돌아다녀 조선의 기가 밖으로 끓어 가득 차게 하고, 활발하게 대조선의 경전을 우리 쪽에서 우리 힘으로 만들어내야 할 것이다. 부끄럽다고 하는 것을 알아야 한다. 발분해야 할 것이다. 자신을 자신이 알아둬야 할 것이다. 우리 생명의 샘을 우리 손으로 맑게 해야 할 것이다. 우리 영광의 북을 우리 손으로 쳐야 할 것이다.[44]

최남선의 말에는 총독부에 의한 고적 조사 사업을 조선 지식인들이 얼마나 큰 충격으로 받아들였는지가 여지없이 드러나 있다. 이나바가 총독부의 유적 탐색이 초래한 조선인의 심경에 대해 '가장 유쾌하고 기쁜 일'이라고 한 것은 최남선과 같은 반응을 알았기 때문으로 추정된다. 그와 동시에 주목할 부분은 총독부가 조선인이 고대사에서 추구한 민족정신을 제거하기 위해 전개한 고적 조사로 말미암아 오히려 정반대로 조선인들이 강고한 정신성을 새롭게 터득했다는 것이다. 최남선이 발견한 민족정신의 근거로서 '조선학'은 식민지 고고학에 의해 촉진된 것이다. 따라서 무엇보다도 중요한 것은 조선인이 민족 기원의 근거로 신봉한 단군 신화를 부정하기 위해 마련된 고고학(고적조사)이 최남선에게는 민족정신의 원천('우리 생명의 샘')을 희구시켰다는 사실이다. 형성된 지 얼마 안 된 민족 의식은 그 기원을 둘러싸고 역사학이나 고고학이라고 하는 학술 형식을 취한 정치적 투쟁에 의해, 보다 강고한 확신으로 고조될 수 있었던 것이다.

그런데, 전술한 바와 같이 《조선반도사》의 편찬을 시작으로 조선사편수회의 설립, 조선 고적 조사 사업의 실시 등 총독부의 문화 전략을 지휘한 이는 구로이타 카츠미黑板勝美였다. 그는 도쿄 제국대학 총장의 명으로 조선 각지의 고적 답사를 실시한 1915년부터 조선사편수회 고문 자리에서 물러나는 1943년까지, 약 28년간에 걸쳐서 매년 끊임없이 조선을 방문해 총독부의 문화 정책을 학술적인 면에서 적극적으로 지원했다.[45] 그 정책의 배후에는 1908년부터 1910년까지 2년간 유럽 각국에서 배운 역사학과 고고학이 있었다.

구로이타는 한편으로 열강 제국의 식민지 고고학을 냉철하게 배우면서도, 다른 한편으로는 국민 의식 형성을 위한 국민적 화해와 애국주의적 동원의 수단으로서 역사학을 배웠고, 귀국 후에는 이를 실천하기 위해 여러 가지 제언을 했다.[46] 구로이타는 2년간의 유학 생활을 기술한 자신의 여행기에 전편에 걸쳐 현실적인 국제 정치나 국민 의식의 형성을 향한 시책에 맞춰 역사나 문화재를 이용해야 한다고 거침없이 언급하고 있다.[47]

예를 들어 이집트의 발굴 현장에서는 고고학자의 배치만으로 프랑스에서 영국으로 지배권이 이동된 상황을 간파했고, 영국 식민지 정책의 실정失政을 지배 측의 관점에서 관찰하기도 했다. 또한 독일의 카이저 프리드리히 박물관(현재 보데 박물관)에서는 프러시아 왕의 역대 보물을 열람하면서, 박물관이 관람자에 대해 왕실을 존경하는 마음을 기르게 하고 국가관을 왕성하게 하는 것에 주목했다. 사적 보존 사상을 논할 때는 향토의 산수나 고대의 사적 유물이 얼마나 자국을 사랑하게 하고, 오래된 역사적 기억을 환기시키는지에 대해 지적하고 있다.[48]

특히 흥미로운 것은 구스노키 마사시게楠木正成(?~1336)의 사적이나 빌헬름 텔Wilhelm Tell의 유적을 예로 들어, 비록 역사학적인 가치가 없어도 국민들 사이에 위대한 감화력을 행사하는 사적이라면 그 영향은 역사의 발전에 더할 바 없이 큰 관련성을 지니기 때문에 국민의 교화와 도덕 방면의 연구 사료로서 일종의 사적으로 인정해야 할 것이라고 지적한 점이다.[49]

이것들은 모두 구로이타가 국민의 자각을 환기시키고, 국민 의식을 어떤 식으로든 육성하려는 관점에서 역사학이나 문화재를 보고 있었다는 사실을 여실히 드러내주는 사례다.

요컨대 구로이타는 식민지 조선에서 총독부에 의한 조선인의 민족주의 방지에 적극적으로 노력하는 한편, 일본 국민 의식의 육성에 대해 누구보다 부심하고 있었던 것이다.[*] 그 모델은 구로이타가 견문한 20세기 초 유럽 제국諸國의 역사학이며 고고학이었다. 그러한 모델들 자체가 식민지와의 관계 속에서 제도화되어간 것처럼, 구로이타는 식민지 조선에 국민 교화의 역사학을 들여와 이민족 지배와 교화를 위해 이용했다.

---

[*] 구로이타 카츠미黑板勝美의 〈皇室と神祇〉(《皇室の研究》, 東伏見宮藏版, 1935)에는, "생각하건대 민족으로서의 결합에 가장 중요한 것은 첫째, 같은 피를 나눈 것, 둘째, 같은 언어를 사용하는 것이다. 그러나 공통된 신앙이 그 사이에 존재하지 않으면 훌륭하고 강한 민족으로 국가를 만들 수도, 국민을 이룰 수도 없다. ……우리 나라가 국가로서 국민으로서 저력이 강한 것을 갖고 있는 것은 ……고래 일관된 신지숭배神祇崇拜이며, 그 신지숭배는 황조신皇朝神 이세신궁伊勢神宮을 중심으로 야오요로즈노가미八百萬神를 경신敬神하는 민속 신앙을 계승하고 있음이요, 그것이 국민적 자각과 함께 드디어 힘을 받는 경향을 피고 있음은 현저한 사실이라 아니할 수 없다. 이것이야말로 우리 일본 황국이 오늘 여기에 있는 근거이며, 그것이 황실의 나라가 시작된 이래 신지 제사를 지속적으로 중시함으로 이어진 것이다"고 말하고 있는데, 이를 통해 구로이타가 조선인의 단군 신앙을 '공명 적확한' 역사학에 의해 빼앗는 한편, 다른 쪽으로는 일본의 민족주의를 한층 더 신비화했음을 엿볼 수 있다.

더욱이 구로이타는 당시 일본 내지에서는 불가능한 학문적인 신념을 식민지 조선에서 시행했다. 이미 고적보존법이나 박물관 설립에 입각해서 밝힌 것처럼, 그것들은 일본에서 실현되지 못했으나, 결국 일본에서 전개된 것도 있었다.[50] 조선 총독부 박물관의 낙랑군 유적 출토 유물 전시에 특별한 의의가 부여된 것에서 알 수 있듯이 근대 일본의 역사학은 식민지 지배라는 상황과의 관계를 통해 국민 교화를 위한 역사학으로 기능했고, 이에 따라 고대사는 첨예화되었다고 할 수 있다. 쓰다 소우키치나 구로이타 카츠미의 근대 역사학 구상을 검토해 보면 오늘날 동아시아 제국의 고대사 연구가 배태하고 있는 문제들이 재현되면서, 20세기 초에 전개되었던 고대사 연구가 현재화되어 다가오는 것처럼 보인다. 이러한 고대사 문제는 일본판 오리엔탈리즘과 식민지주의를 내포하면서 강화되었다. 그렇기 때문에 문제를 내포한 제 요소들을 여러 역사적 경위經緯에서 대항하면서도 서로 내면화시킨 동아시아 제국의 고대사 연구는, 각국에서 정치적으로 근대국가의 정체성 확립에 이용되고 당대 국민들에게 큰 영향력을 행사했던 만큼 타국과는 격렬한 갈등을 일으켰던 것이 아닐까 생각하게 된다.

결론

오늘날 동아시아 제국에서 분출하고 있는 고대사 인식을 둘러싼 갈등을 극복하는 방법으로, 동아시아 제국의 국민적 규모의 고대사 인식의 발생과 그 역사적 유래를 검토해 봤다. 수천 수백 년 이전의 역사에 대해 국민적 규모의 관심이 가능하게 된 것은 1900년을 전후한 국민 의식의 형성과 그것을 표상하는 '민족'이란 어휘의 공유화에서 기인한 것이었다. 일본에서는 1900년을 전후해서 '민족'이란 말이 nation의 번역어로 이용되어, 동조동족을 의미하는 용어로서 급속히 보급됐는데, 이와 동시기에 조선에서도 계몽사상가들이 '민족'이란 말을 사용하기 시작했고, '민족'의 고대사를 이야기하기 시작했다.

그러한 배경에는 동아시아 제국의 지식인들 사이에 상호의존적인 밀접한 연관 관계가 보이는데, 동시기에 서로 참조하면서 민족의 고대사가 이야기되고 있었다. 또 중요한 것은 민족의 근원을 말하는 고대사가 민족정신의 근원으로서 중시되어 고무되거나, 또는 정치 투쟁의 도구로 원용되면서 민족 형성을 촉진시키는 역할을 담당했다는 점이다.

그러한 과정을 자세히 보면, 동아시아 제국의 고대사에는 동아시아 제국 지식인에 의한 상호의존적이고, 밀접한 연관 관계가 보일 뿐 아니라, 그러한 과정 속에서 무의식적으로 오리엔탈리즘이나 식민지주의가 내포되지 않을 수 없었다. 동아시아 제국의 고대사 연구는 그 형성 과정 자체에 갈등을 일으키는 여러 요인이 내재화되어 있다고 보지 않으면 안 된다. 그렇기 때문에 그 갈등을 극복하려면 그것들이 일어난 역사적 과정에 대해 냉정한 해부적 진단이 필요하다고 생각하지 않을 수 없다.

3장

근현대 한국의 신분 의식과 역사의 주체성: 전문직 중인 및 후손들의 선대 인식을 중심으로[*]

유진 Y. 박Eugene Y. Park | 심재훈 옮김

[*] 이 글은 2007년 12월 6일 동양학연구원 주관 발표회에서 〈한국 근현대 족보담론과 중인층의 동향〉이라는 제목으로 발표되었다.

유진 Y. 박Eugene Y. Park

구미의 중견 한국 근세 및 근대 사회사 연구자. 1968년 서울 출생. 미국 UCLA에서 학부
를 마치고 하버드 대학에서 석사, 박사학위를 받았다. 캘리포니아 대학−어바인UC Irvine
사학과 교수를 거쳐 현재 펜실베니아 대학UPenn 사학과 교수 및 같은 대학 한국학연구
소 소장으로 있다. 직함은 한국국제교류재단 석좌 역사학 부교수Korea Foundation
Associate Professor of History.

주요저작
*Between Dreams and Reality: The Military Examination in Late Chos n Korea, 1600~
1894*(Harvard University Asia Center, 2007) 및 논문 다수.

들어가는 말

세계의 다른 어느 지역 사람들과 마찬가지로, 한국인들도 현재의 필요성에 따라 과거에 대한 설명을 수정하거나 새롭게 구성하기도 한다. 20세기 초에 이르면 모든 한국인들은 성姓을 가지고 부계 혈통 집단descent groups의 구성원임을 주장하게 되었다. 오늘날 대부분의 한국인들은 직계조상의 1세기 전 행방에 대해 무지하면서도, 성과 본관으로 명시되는 혈통 집단의 구성원으로서 왕족이나 양반 신분의 선조들을 내세운다. 에릭 홉스봄Eric Hobsbawm의 저명한 연구는 인간이 새로운 상황에 대응하면서 허구일지도 모르는 과거와의 연속성을 가정하며 반복을 통해 일련의 관행들을 창출해냄을 보여주었다.[1] 근세(대략 1500~1880) 한국의 경우, 17세기 오랑캐 만주족의 중원 정복으로 인해 큰 상처를 받은 양반 사대부층은 스스로를 도道의 수호자로 자처했다. 족보에 기록된 친족 집단의 유지는 양반 사대부층만의 필수요건이 되었을 뿐만 아니라, 이러한 성격을 지닌 기록으로서 족보는 신분을 막론하고 새로운 전통을 창출하는 강력한 매체로 발전했다.

한국사 연구자들은 한국인들 사이에서 성과 본관이 보편적으로 사용된 것은 한국이 근세에 겪은 사회적 격변을 반영하는 것으로 본다. 여러 세대를 거치는 가족사 기록 자료가 귀족층의 전유물이었던 중세(대략 800~1500)와 달리, 근세에는 하층민들도 점점 성과 본관뿐만 아니라 족보까지도 취득하게 되었다.[2] 《조선왕조실록》에 기록된 위조 족보 처벌 사례의 빈도 변화를 통해, 늦어도 19세기 초에 이르면 그러한 국가 차원의 노력이 일반화된 현상을 통제하기에는 역부족이었음을 알 수 있다.

그럼에도 불구하고, 신분적 열등감을 지니고 있던 사회 집단 구성원들 사이에서 신분에 따라 족보가 어떻게 다르게 취급되었는지에 대한 심층적인 논의는 아직까지 진행되지 않고 있다. 에드워드 와그너Edward W. Wagner나 송준호 같은 학자들의 한국 족보에 관한 연구는 족보의 정확성을 강조했는데,[3] 그들이 사료로서도 높게 평가한 족보들은 대개 확실한 양반 사대부 신분의 혈통 집단들이 편찬한 것이다. 이와 대조적으로, 향리, 양인, 천민뿐만 아니라 양반의 족보 조작도 분석한 백승종 등의 연구는 원래는 상호 혈연관계가 입증되지 않았던 가계들이 근세에 다양한 신분을 포괄하는 '통합 리니지united lineage'의 구성원으로 변모하는 현상에 주목했다.[4]

이 글은 그동안 학계에서 간과되어 온 중인中人 집단을 검토함으로써 이와 같은 기존의 논의에 한층 심도를 더하고자 한다. 광의의 근세 한국 중인은 역관譯官, 의관醫官, 음양관陰陽官, 율관律官, 산원算員, 화원畵員, 사자관寫字官, 악인樂人 등과 같은 중앙정부의 전문직 관원과 하급 장교, 상층 서리와 향리, 양반의 서얼, 북도北道의 상층민을 포괄한다. 반면 협의의 중인은 서울의 전문직 관원 및 그 친인척만을 지칭한다.[5] 양반도 양인도 아닌 신분의 다양한 집단들이 서로를 동류로 인식한 범위에 대해서는 더 많은 연구가 필요하므로, 이 글에서 필자는 협의의 중인에 초점을 맞추고자 한다. 전반적으로 근세 중인은 양반이 독점하던 중앙정부의 권력 구조에서 소외되었음에도 불구하고 상당한 문화적, 경제적 자산을 축적할 수 있었다.[6]

이 연구에서 필자는 근대에 엄격한 신분제도가 무너지면서, 족보 편찬에 대한 전문직 중인들의 반응이 신분의식과 역사의 주체성에 대한 한국 사회 내 인식의 변화를 반영할 정도로 다양했음을 논하려고 한다. 근세에 중인은 자신들의 선대 기록을 보존했지만, 근대 들어 그들 중 일부는 족보를 위조함으로써 전통을 창출해 후대에까지 이를 전승시켰다. 그렇지만, 대부분의 중인들은 족보 편찬에 참여하기를 중단함으로써 혈통에 대한 구래의 양반 위주 패권적 담론을 거부했다. 또 다른 일부는 족보 그 자체만을 위해, 즉 가족사에 대한 객관적인 기록으로서 족보를 유지해 왔다. 이러한 일련의 태도는, 비록 오늘날 한국의 보학 담론이 근세에 완성된 지배 담론의 틀을 벗어나지 못하고 있음에도 불구하고, 역사의 주체에 대한 대중들의 인식이 양반 위주에서 보다 신분 중립적인 능력 위주로 전이되고 있음을 반영한다. 따라서 이 글은 중세와 근세를 통해 그 전이의 연원

〈표 1〉 남한의 성 분포(2000)

성	인구	백분율
김金	9,925,949	21.6
이李	6,794,637	14.8
박朴	3,895,121	8.5
최崔	2,169,704	4.7
정鄭	2,010,117	4.4
281 기타	21,189,761	46.1
총계	45,985,289	100.1

* 출처 : 통계청, 《총조사인구(2000)》, 국가통계포털(http://www.kosis.kr/).

을 추적하기 전에 우선 작금의 현상부터 개관하고자 한다. 이어서 근대 중인과 그 후예들의 족보 편찬에 대한 다양한 반응을 분석함으로써, 그들에 대한 근대 족보의 기재 양식뿐만 아니라 족보 편찬에 대한 한국 사회의 인식을 엿볼 수 있을 것이다. 필자는 창출된 전통이라는 개념을 한국의 중인과 그 후예들에게 적용하려 하지만, 이러한 접근은 그 개념 자체에 대한 비판으로도 작용할 것이다.

〈표 2〉 남한 본관 분포(2000)

성관	인구	백분율
김해金海 김金	4,124,934	9.0
밀양密陽 박朴	3,031,478	6.6
전주全州 이李	2,609,890	5.7
경주慶州 김金	1,736,798	3.8
경주慶州 이李	1,424,866	3.1
경주慶州 최崔	976,820	2.1
4,173 기타	32,080,503	69.8
총계	45,985,289	100.1

* 출처 : 통계청, 《총조사인구(2000)》.

1. 신성화된 전통: 현대 한국의 가계

자료의 객관적인 연구를 통한 가족사는 현대 한국에서 사실상 존재하지 않는 개념이다. 모든 한국인은 자신의 가계에 대한 지식의 분량에 상관없이, 근세부터 전해 내려오는 특정 성관姓貫과 관련된 지배 담론적 서술을 종친회나 보학 관련 자료들을 통해 접할 수 있다. 자신의 성과 본관을 아는 한(남한에서는 정보가 호적에 등재되어 있고, 북한의 경우 연로한 친척들의 지식에 의존하는 듯하다), 특정 부계 혈족 집단에 대한 기존의 서술을 통해 시조와 파派, 파조派祖, 돌림자 등에 관한 정보를 어렵지 않게 얻을 수 있다.

흥미롭게도, 한국인들의 성씨 분포는 가장 흔한 성에 지나치게 편중되어 있다. 남한의 경우 전체 국민(귀화인 제외)의 절반 이상이 286개의 성 중 가장 흔한 다섯 성 중의 하나를 사용한다. 가장 최근의 통계인 2000년 당시 정부 통계에 의하면 가장 흔한 다섯 성은 전체 인구 4천 5백 만 중 절반 이상을 차지했다(〈표 1〉).

따라서 많은 한국 성씨의 경우 본관을 앞에 명시하지 않은 성 그 자체는 큰 의미를 지니지 않는다. 2000년 당시 남한의 4,179개의 성관 중 가장 인구가 많은 세 개를 합치면 전체 인구의 5분의 1이 넘는다(〈표 2〉). 이는 흔한 성씨의 경우 본관조차도 어느 특정 성관이 실제로 생물학적 부계 혈통 집단을 지칭하는지를 의심케 한다.

사실 오늘날 한국인들 사이의 이렇듯 흔한 성관의 분포는 적어도 19세기까지 거슬러 올라간다. 대한제국기의 광무호적에 기록된 경기도 지역 가구 분석은 호주 수에서 김해 김씨와 밀양 박씨가 각각 첫 번째와 세 번째를 차지했음을 보여준다.[7] 또한 1965년, 1985년, 그리고 2000년의 남한 인구조사 통계는 김해 김씨, 밀양 박씨, 전주 이씨가 수십 년 동안 가장 많은 '친족 집단'이었음을 보여준다.[8]

만약 각 성관 집단의 시조와 계파 관련 주장들을 액면 그대로 받아들인다면, 현재 남한 인구의 약 4분의 1이 10세기 당시 고려의 남성 인구(아마 50만에서 100만 명) 중 단지 네 명만의 친직계 후손이라는 어처구니 없는 결론에 도달할 수밖에 없다. 성씨와 본관으로 대표되는 각 문중의 선대 관련 주장이 사실이라면, 오늘날 남한의 박씨 대부분과 신라 계통 김씨 대부분, 가야 계통 김씨 대부분, 모든 전주 이씨는 각각 경명왕景明王(박승영朴昇英, 917~923년 재위)과 경순왕敬順王(김부金傅, 927~935년 재위), 김상좌金商佐(10세기?), 이긍휴李兢休(10세기?)의 후예가 되어야 한다.[9] 그렇지만 어떤 신뢰할 만한 1차자료도 역사적으로 알려진 10세기 당시의 박씨, 김씨, 이씨 성을 가진 인물들을 이들 네 명 중 누구와도 연계시키지 않고 있다.

실제로, 남한 사람들 중 족보에서 자신이나 근래 조상의 기록을 찾을 수 있는 사람은 4분의 1에도 못 미치는데, 이는 보다 흔한 성과 본관을 쓰는 사람들에게는 특히 일반적인 현상이다. 예를 들면, 남한에서 두 번째로 흔한 성관인 밀양 박씨의 경우, 불과 13퍼센트 정도가 알려진 밀양 박씨의 족보에 기록되어 있는 반면, 2000년 인구조사에서 42,000명 정도인 문씨의 경우 약 17,000명(42퍼센트)만이 온라인 검색용 문씨 족보 데이터베이스에 나온다.[10] 따라서 남한에서 자신과 같은 성관 사용자들을 기록한 족보에서 자신이나 근래의 조상을 찾을 수 있는 확률은 10퍼센트에서 50퍼센트 사이 정도다. 수년 동안 계보 관련 상담을 받아온 필자 자신의 경험에 따르면, 최근 편찬된 족보에 기록된 대략 절반의 한국인들이나 그 친척들은 사실상 거기에 속하지 않는 것으로 보인다. 적어도 다른 문중 구성원들과의 혈연 관계가 족보에 명시되어 있는 것과는 실제로 달랐을 것이다.

더욱이, 표본 남성 두 명의 공통 친직계 조상이 몇 세대 전에 어디에서 살았는지를 추정케 해주는 Y염색체 DNA 돌연변이 분석은 한국인의 족보상 혈족 집단 정체성과 생물학적 혈연 관계 사이에 거의 상관성이 없음을 보여준다. 예컨대 유대인들 중 전통적으로 제사장 집단의 후예로 간주되는 코헨Cohen 성姓을 가진 남성들의 경우 80퍼센트 이상이 구약성서 〈출애굽기〉 시대에 실제로 생존했던 어느 남성의 친직계 후손으로 추정된다.[11] 이와 대조적으로, 현대 한국인 남성 인구의 경우, 수만 년 전에 생성된 복수의 단상형haplotype이 확인된다. 특히 약 1~2만 년 전 중국의 남방 또는 서남방에서 발생한 돌연변이를 나타내는 O3-M122 단상형haplotype은 현대 중국 한족漢族 남성 인구의 55~65퍼센트에서 확인될 뿐만 아니라, 한국인 남성 인구의 25~40퍼센트, 일본인 남성의 15~25퍼센트 등에서도 발견된다.[12]

그럼에도 불구하고, 남한에서는 성씨와 본관이 한 개인의 진정한 가계를 반영한다는 인식이 제도화되기까지 했는데, 최근까지도 민법상 동성동본의 혼인이 금지된 것은 좋은 사례다. 그렇지만 사실상 적지 않은 수의 부부가 그 법을 어기며 탄생했고, 정부는 몇 년에 한 번씩 이러한 비운의 부부들이 혼인신고를 하고 자녀들의 출생신고를 할 수 있도록 사면기간을 허용했다. 헌법재판소는 1997년 7월 이러한 법에 대해 '불합치' 판결을 내렸지만, 사회적 혼란을 우려하여, 현행법이 수정되지 않으면 1999년 1월 1일 폐기될 것으로 명시했다.[13] 이후 그 판결의 지지자들과 비판자들 사이에서 일어난 격한 논쟁의 와중에 당연히 지역구 표를 의식할 수밖에 없는 국회는 민법안 개정을 유보하다가 구 민법이 효력을 상실하자, 2005년 3월에야 비로소 개정된 민법안을 통과시켰다(2008년 1월 시행).[14]

남한의 사정이 이러하다면 북한은 선대에 관한 인식에 있어서 양식상 흥미로운 변이를 보여준다. 많은 북한 사람들은 본관을 아예 모르는 듯 하고, 심지어 구세대 북한 사람들도 일반적으로 본관만 알 뿐 자신들의 성씨와 본관과 관련된 상세한 지식은 가지고 있지 않다. 하지만 남한 사람들과 마찬가지로 이들은 동일한 성관으로 알려진 역사적으로 유명한 인물들과의 연관성이나 이들로부터 유래한 혈통을 내세우기도 한다.[15] 특히 1990년대에 들어 북한 정부가 전시성 고고학과 역사 유물에 많은 노력을 투여한 이래로, 보다 많은 북한 사람들이 본관에 대한 개념도 인지하게 되었다. 예를 들어, 족보 상으로 고려 왕실의 후손이라는 왕지성 씨는 가족이 수십 년 동안 보존해온 1905년 간행본 족보를 고려의 도읍인 개성이 발굴되기 시작한 1992년에야 비로소 자녀들에게 보여주었다고 한다. 그때까지 자신의 가계에 대해 거의 아는 것이 없었던 아들은 사회주의 체제에서 아버지가 '봉건적' 유산을 내세울 필요성을 전혀 느끼지 못했을 것이라고 생각한다. 그는 아버지가 세상을 뜨기 2년 전 자신과 나머지 가족들에게 조상에 대한 많은 것을 얘기해주어 자신들의 뿌리에 대한 자부심을 불어넣어 주었음을 회상한다.[16] 비록 수십 년 동안 억압되었지만, 가계에 대한 이러한 관심은 북한 역시 족보에 대한 인식이 남한과 본질적으로 다르지 않음을 보여준다. 이러한 남북한 간 인식의 공유는 한국의 중세 및 근세 사회사를 가족사의 측면에서 개관할 필요성을 제기한다.

2. 한국의 혈통과 신분(800~1800)

중세와 근세에 신분을 막론하고 한국인들은 혈통과 신분에 대한 의식을 표명했다. 중세 귀족은 혈연과 혈통을 개념화하는 데 있어서 부계를 강조하며, 비귀족 인사나 집단이 그 계층으로 들어오는 것을 사실상 봉쇄함으로써, 폐쇄된 신분 집단으로서 자신들의 입지를 점차 강화했다. 더욱이 성리학의 보급과 더불어 근세에 들어오면 족보 편찬은 양반 신분을 구현하는 치장물로서도 널리 보편화되었다. 이러한 상황에서 선대 기록이 미비한 혈연 집단들은 오늘날 한국 족보 담론의 범주를 규정하는 보학 전통을 창출하기 시작했다. 근세에 들어 한국의 경제가 보다 자유화되고 상업화되면서 양인과 노비 계층민은 성씨뿐만 아니라 역사적으로 그 성과 관련된 저명한 본관도 사용하게 되었다. 이들과 처지는 달랐지만 상당한 문화적, 경제적 자산을 가진 전문직 중인들도 애당초 족보를 가지고 있었다. 하지만 근대 들어 엄격한 신분질서가 붕괴됨에 따라 그들과 그 후예들은 족보에 대해 다양한 태도를 보이게 된다.

신분상의 경계가 눈에 띌 정도로 모호해지기 오래전 중세 한국에서, 부계 위주 친족제도는 귀족이 혈연과 혈통을 개념화하는 데 더욱 중요한 역할을 담당하게 되었다. 10세기 당시 고려는 한반도의 대략 3분의 2를 그 통치 하에 두면서 전국 각처의 호족에게 성씨를 하사했는데, 점차 세습적 향리로 변모해간 이들은 새로 제정된 중국식 과거제(958년 실시)를 통해 중앙 관직에 들어갈 자격을 모색하게 되었다.[17] 중앙 관리 친인척들의 음서蔭敍 특권보다 더 존숭받기 시작한 과거 합격 이외에도, 향리들은 그다지 높게 여겨지지 않던 서리직을 통해서도 지속적으로 중앙 관료군에 합류했다.

그런데 고려시대에는 출신에 관계없이 수세대에 걸쳐 중앙 관직을 배출한 가족들이 귀족층을 형성했는데,[18] 그들은 개성으로 이주한 이후에도 조상들이 향리직을 수행했던 지역을 본관으로 내세웠다.[19] 비록 모계의 중요성이 유산 분배와 거주지 결정에 영향을 끼쳤지만, 강화된 본관 의식은 특히 귀족들 사이에서 혈연과 혈통에 대한 보다 엄격한 부계 개념의 확립에 일조했다.[20]

중세가 막을 내릴 무렵 귀족, 즉 양반 사대부계층은 향리들이 중앙 관계에 진출하는 것을 엄격히 제한함으로써, 폐쇄된 신분 집단으로서 자신의 입지를 강화했다. 예를 들어, 1383년에서 1390년 사이 정부는 어떤 식으로든 중앙 관직을 획득한 향리들에게 출신지로 돌아가 본래의 업무를 재개하도록 명령하기까지 했다. 이뿐만 아니라, 보다 엄격한 품계 및 증빙 자료 기준을 확립함으로써, 비귀족층의 과거 응시를 실질적으로 제한했다.[21]

양반 사대부계층은 자신들의 신분을 더욱 좁게 정의하고자 성리학적 이상을 친족제도 개념에 적용시키기 시작했다. 1392년 조선왕조의 개창 이후, 양반은 딸과 적장자가 아닌 아들, 모든 서얼을 주변화시키는 조처를 취했다. 딸들과 적장자 이외의 아들들이 자신들 유산의 몫이 줄어드는 것을 목도하는 동안, 서얼은 양반 사대부층의 구성원으로서의 자격을 상실했다.[22] 이러한 변화가 보다 일반적으로 반영되기 시작하는 16세기 들어, 양반 신분 및 가문 의식이 뚜렷한 남성은 적장자가 없으면 친조카를 비롯한 계보상 다음 세대의 친

족 구성원들 중 한 명을 양자로 삼기 시작했다.[23]

신분 증명을 위한 행위가 촉진됨에 따라, 근세 들어 족보 편찬은 양반 사대부 친족 집단들 사이에서 점차 광범위하게 보급되었는데, 창출된 전통 개념을 통해 이러한 현상의 의미를 생각해볼 수 있다. 에릭 홉스봄은 창출된 전통은 특히 사회 변혁기에 보다 흔하게 나타난다고 주장하면서, 다음과 같은 세 가지 유형의 창출된 전통을 제시했다. (1) 사회적 응집과 집합적 정체성을 확인하는 것, (2) 제도와 사회적 위계를 정당화하는 것, (3) 사람들을 일정한 사회적 문맥에서 사회 구성원화시키는 것.[24]

이러한 관찰은 근세 한국의 총체적 경험과 변화를 상당히 잘 설명해준다. 17세기 만주족의 중국 정복은 성리학적 소양을 갖춘 조선의 양반 사대부층으로 하여금 자신들의 나라를 '소중화小中華'로 인식하도록 자극했다. 스스로를 도道(즉 문명)의 보존자로 간주한 양반들의 친족과 혈통 개념에 대한 이해는 보다 엄격하게 부계 위주가 되었음은 물론, 정확한 의례까지 강조하다보니 극도로 정치화된 예송논쟁에 불을 붙이기도 했다.[25] 일본(1592~1598) 및 만주족(1626~1627, 1637)과의 전쟁으로 인한 친족의 분산과 상당한 타격을 입은 친족 조직 자체의 재구성도 보다 협소하게 정의된 개념인 친족으로서의 문중, 대형 계파, 또는 심지어 같은 성관을 공유하는 본관 씨족 구성원 모두를 기록하는 족보 편찬을 장려했던 것으로 보인다.[26] 보다 많은 분량의 족보를 편찬해내면서, 편찬자들은 중세에는 일반적으로 개별 가정에서 보존하던 가계 기록, 즉 가승보家乘譜들을 수합했다.[27]

이러한 분위기 속에서 조선의 가문들은 오늘날 한국의 족보 담론의 범주를 구성하는 전통을 창출해내기 시작했던 것이다. 17세기에 편찬된 현존하는 가장 오래된 종합보인 《씨족원류氏族原流》와 19세기 족보들과의 내용상 비교는 상당히 의미심장하다. 전자는 동성동본의 다양한 혈통 집단의 분파들을 상호연관시키려는 노력을 전혀 기울이지 않을 뿐만 아니라 양반 사대부 가계 선대의 향리 출자나 신분도 명시한다. 예를 들어, 어느 의성 김씨와 창령 조씨 계파의 경우, 저자가 각각의 중세 가계에 대한 두 가지 다른 설을 제시하면서 대부분의 인물들이 지방 향리로 나타나는 전승이 필시 보다 정확할 것임을 적절하게 지적하고 있다.[28] 이와 대조적으로 19세기 족보들은 성씨와 본관이 같은 계파들을 대체로 공통 조상에 연결시키고, 심지어는 그 가계를 훨씬 뒤로 소급해 중국으로부터의 기원까지 주장하는 경향이 있다. 경우에 따라서 국왕도 이러한 인식을 공유한 것으로 보인다. 예컨대, 1794년 정조(1776~1800 재위)는 공자孔子의 성과 같은 공씨孔氏 두 사람이 각각 문과와 무과에 급제했다는 소식을 듣고 기뻐하며, 공자의 후예들이 조선에서 과거에 합격했다고 단언했다.[29] 이렇게 드러난 정조의 인식이 진실한 믿음을 반영하는 것인지 아니면 정치적 수사에 불과한지는 불확실하다. 어쨌든, 15세기 편찬된 《세종실록지리지世宗實錄地理志》에는 공씨까지 포함한 당시 알려진 모든 한국의 성을 한국의 토착 성으로 수록하고 있다.[30]

19세기에 이르면 한국의 족보는 다음과 같은 다양한 문제들을 내포하게 되었다. (1) 연대상의 모순, (2) 시대착오적 정보, (3) 어느 특정 인물의 가계에 대한 상충된 복수 전승, (4) 어느 개인의 이력에 있어서 보다 신뢰할만한 사료에서 확인되지 않는 고위 관직, (5) 특정 조상들을 누락시키거나 위조함으로써, 혹은 가문 전체를 잘 알려지지 않은 계보에 이식함으로써 비양반 사대부 선대의 미화.[31] 이러한 문제들은 정치적 위상이 낮고 인구상 수적으로도 열세인 친족 집단에 속하는 양반들이 보다 잘 알려진 본관으로 바꾸며 그것을 이미 사용 중인 가문들과 공통의 계보를 주장함으로써 족보 기록을 조작한 흔적이다.[32]

근세 한국의 보다 자유화, 그리고 상업화된 경제체제 아래에서 양인과 노비들도 대거 성을 사용하게 되었고, 이미 성을 가진 자는 역사적으로 그와 관련된 본관까지 병용하게 되었다.[33] 물론 다양한 사회 구성원들 중에서 피지배층민들의 신분 상승에 대한 보다 강한 의지 표출과 노력의 증대는 어찌보면 근대성의 중요한 측면 중의 하나일 것이다. 이러한 현상은 근세, 즉 에도시대 일본에서도 명확히 드러나는데, 주지하다시피 무사계급 집권층과 평민 사이의 문화적 장벽이 흐려지며, 전자가 일부 지방 부농들과 도시 상인들에게 성을 가지고, 휘장을 새긴 기모노를 입으며, 검劍까지 지닐 수 있도록 허용했을 정도였다.[34] 근세 한국의 호구 대장과 방목榜目 등과 같은 자료들에는 성씨와 본관을 지니면서도 정작 해당 문중의 족보에서 찾을 수 없는 사람들도 물론 기록되어 있다.[35] 성을 갖지 않았을 가능성이 가장 큰 노비 인구도 1894년 갑오경장으로 인한 노비제의 공식적 철폐 훨씬 이전인 18세기부터 감소하기 시작했고, 이러한 큰 폭의 사회 변화는 1896년에서 1907년 사이의 호구 장적 기록에 성이 없는 호주가 드물 정도라는 사실에서도 드러난다.[36]

신분 상승을 추구한 친족 집단은 사회적으로 인정받는 집단의 정체성을 취득하는 과정에서 몇 단계를 거쳐야 했다. 대체로 우선 성부터 채택하되, 본관은 일단 거주지 명을 사용했다. 이러한 본관은 2~3세대를 거치면서, 사용하는 성씨와 역사적으로 관련된 저명한 본관으로 대체되었던 것 같다. 이렇게 신분 상승을 추구한 가계들은 가족 구성원들 중 생존자는 물론이고 이미 사망한 조상들의 이름과 직역職役 표시도 그럴싸하게 변경했다. 물론 이러한 과정의 최종 목표는 자신이 사용하게 된 성과 본관이 명시하는 본관 씨족의 족보, 즉 전체 구성원을 기록하는 대동보나 특정 계파만 기록하는 파보에 포함되는 것이었다.[37] 이는 오늘날에도 남한에서 많은 사람들이 거치고 있는 과정인데, 특히 지방의 소규모 문중 상당수는 성과 본관이 자신들과 같으면서도 족보가 없는 집안들을 족보 편찬비용의 일부를 지불하거나 지역 문중 행사를 금전적으로 지원하는 대가로 족보에 이미 나오지만 자손이 알려지지 않은 계파에 끼워 넣어준다.[38]

근세 서울의 전문직 중인층은 양반 사대부층 못지않게 족보, 가승보, 그리고 잡과 입격자의 팔세보八世譜 등과 같이 다양한 계보 자료들을 지니고 있었다. 그런데 19세기 후반에 편찬된 전문직 중인 종합보인《성원록姓原錄》에 기재된 대다수의 가계는 15세기 이전의 선대는 기록되어 있지 않다. 이러한 가문들은 대개 처음 몇 세대는 관품이나 관직 기록이 없는데, 이는 해당 가문들이 한미한 신분에서 상승했음을 암시하는 듯하다. 이와 대조적으로 양반 사대부가의 후손으로 기록된 중인 가계들 중 15세기 또는 16세기에 생존한 서얼의 후예들도 있지만, 그렇지 않은 경우도 많다.[39]

이처럼 다양한 배경의 전문직 중인층은 근세 들어 부상하는 사회

집단을 이루었다.[40] 중국과 일본으로의 여행, 상업화된 경제로부터의 이윤, 양반 사대부층 인사들과의 지적 교류, 경관이 뛰어난 명소들을 유람한 시사詩社 모임 등을 통해 상당한 문화적, 경제적 자산을 축적하면서,[41] 향리와 서얼과 함께 전문직 중인은 양반 사대부 가문 인사가 독점해오던 청요직에 임명될 권리도 원칙적으로나마 인정받을 수 있게 되었다.[42] 이러한 변화는 개항 이후 고종(1864~1907 재위)과 그를 지지하던 관료들이 열강의 세계에서 경쟁력을 갖추고자 추진한 근대화 개혁과 함께 가속화되었다.[43] 대한제국기에 들어오면 전문직 중인층은 중앙 관료체제 내에서 중요한 직책을 맡게 되었을 뿐만 아니라, 적어도 그들의 능력을 인정한 양반 사대부층 인사들과 함께 재계, 문화계의 지도자가 되기도 했다.[44] 이러한 사회 변혁기에 양반 사대부층 인사들과 점점 더 어깨를 나란히 하게 된 전문직 중인들은 구래 신분제의 상징물이요 산물인 족보에 있어서 양인들보다 더욱더 다양한 태도를 보이게 되었다.

3. 편승의 심리: 전통의 창출

많은 한국사 연구자들은, 이미 사용하고 있던 성에 맞추어 역사적으로 연관성이 있는 본관을 채택하고, 위조 족보를 획득하는 데 있어서 근세 전문직 중인의 태도는 양인이나 천민과 크게 다르지 않을 것으로 가정한다. 그들 중 황경문Kyung Moon Hwang은 특히 중인과 그 후손들이 자신들의 가계에 대해 그다지 솔직하지 않은 것 같다고 주장했다.[45] 이러한 지적은 특히 전문직 중인 신분을 확실히 드러내는 성관을 사용하던 일부 중인과 후손들의 경우에 잘 들어맞는다. 근대 들어 이들은 자신들의 성과 함께 통상적으로 사용되어 오던 본관이 있다면, 그러한 본관으로 바꾸려는 경향이 있었다. 이와 달리 특정 신분을 드러내지 않는 성관을 이미 사용하고 있던 경우라면, 어떤 식으로든 자신들을 동성동본인 양반의 족보에 편입시켰다. 이와 같이 날조된 가족사는 그 내막의 인지 여부를 떠나 근현대의 후손들에 의해 유지됨으로써 결국은 창출된 전통으로 자리 잡은 셈이다.

이러한 창출된 전통이라는 족보의 성격을 살펴보기 위해 우선 본래 자신들의 신분을 드러내는 성관을 사용하던 전문직 중인 가문들에 대한 심도 있는 검토가 요망된다. 19세기 편찬된 《성원록》의 목차에 수록된 200여 전문직 중인 가계 중 50개 가계는 20세기 초에 편찬된 저명한 양반 사대부 가문들을 기록한 《만성대동보萬姓大同譜》에는 수록되지 않은 성관을 사용하고 있다.[46] 또한 19세기 당시 주로 전문직 중인가계로 알려진 성관들 대부분의 경우는 15세기에 편찬된 《세종실록지리지》의 각 지역 토착 성씨 기록에 보이지 않는다.[47] 따라서 근세에 서울에 세거하던 전문직 중인 가문들은 고려 전기의 군현별 토성土姓 제도 확립 훨씬 뒤에 그들의 조상이 실제로 거주했던 지명을 본관으로 사용한 것 같다. 이미 앞에서 언급했듯이, 향촌 질서가 불안정했던 13세기에는 본거지를 이탈한 토성 향리들이 새로운 기회를 찾아 수도인 개성으로 모여들기 시작했는데, 그 유입의 규모가 상당한 탓에 중앙정부는 그들로 하여금 본거지로 돌아가 원래의 직무를 재개하도록 촉구했다.[48] 필시 이들 중 일부는 개성에 남았다가 왕조 변천 후 서울로 이주했을 것이고, 여말선초 타 지역에서 서울로 직접 유입된 경우도 있었을 것이다.

　더욱 흥미로운 사실은, 전문직 중인 가문들 중 일부는 근대 들어 자신들의 원래 본관을 보다 일반적으로 사용되던 본관으로 변경했 다는 점이다. 위에서 언급된 《성원록》에 수록된 50개 성관들 중 최 소한 31개(62퍼센트)는 남한의 1985년 인구조사에서 더 이상 확인되 지 않는다.[49] 나머지의 경우 각 성관 사용자의 1985년 인구수가 수십 에서 수천에 달하고, 대개 서울이나 경기 지역에 집중되어 있었다. 19세기 서울의 중인 가문은 전형적으로 16세기 후반이나 17세기 초 반 생존했던 중시조로부터 내려왔기 때문에, 20세기까지 10~15세 대의 직계 남성 후손을 배출하여, 그 수가 수천 명에 달했던 것이다. 근현대에 들어 그들이 대거 남한을 떠나지 않았다고 가정한다면, 현 존하는 족보에 이들 상당수의 부재는 19세기 《성원록》 편찬 이래로 많은 전문직 중인과 후손들이 자신들의 신분을 바로 드러내는 본관 을 보다 보편적으로 사용되는 본관으로 바꾸었으리라는 결론에 이 르게 된다.

　이러한 전형적인 사례들 중 하나가 전문직 중인 해주海州 김씨金 氏 가계다. 1885년에서 1907년 사이 그 가문의 구성원들은 본관을 해주에서 청풍淸風으로 바꾸었을 뿐만 아니라, 자신들의 기록을 청 풍 김씨 족보에도 올리게 되었다.[50] 모든 현대의 인명사전류에서 청 풍 김씨로 나타나는 유명한 독립운동가이자 정치인인 우사尤史 김규 식金奎植(1881~1950)을 배출한 해주 김씨는 적어도 족보상으로는 17 세기에 왕후까지도 배출한 명문 노론 양반 사대부가의 친척이나 후손으로 행세하게 된 것이다.[51] 오늘날 아직도 해주를 본관으로 하는 소수의 김씨가 남한에 남아 있지만 대부분 근세에 관북, 관서, 호남 지역 등에 세거했던 분파들의 후손들이고, 각기 내세우는 시조도 다르기 때문에 전문직 중인 해주 김씨와는 무관한 가계들인 것 같다. 또한 이들은 조선시대를 통틀어 잡과 대신 소수이지만 문과, 무과, 생원진사시 합격자들도 배출했다.[52]

  신분을 막론하고 통용되는 성관을 이미 사용하고 있던 전문직 중인 가문들의 경우, 일부는 기존의 본관씨족 족보에 자신들의 기록을 올리는 방법도 동원했다. 근세 들어, 본래 성씨조차 없던 사람들까지 모두 오늘날은 성은 물론이요 본관까지 내세우며 성관으로 대표되는 혈통 집단의 구성원으로 행세할 수 있게 된 것이다. 14세기 말 이래로 양반 사대부층은 향리들이 중앙 관직에 들어오는 것을 사실상 차단했기 때문에, 조선시대 향리들은 자신들의 향리 신분이라도 유지할 수 없으면 결국 낮은 신분으로 전락할 수밖에 없었다.[53] 향리와 마찬가지로 서얼의 후손들도 성관을 가지고 있었다. 하지만 양반들이 편찬한 족보에 기재된 서얼 계통 인물들의 정보는 양반 동족들의 그것보다 소략한 경향이 있었다. 또한 서얼 계통은 양반의 서얼로부터 몇 세대 이후 족보에서 기록이 끊기는 경우도 허다했다. 예컨대, 문반 사대부의 서얼이었던 실학자 박제가朴齊家(1750~1805)를 기록한 밀양 박씨 족보에서는 후손이 끊어졌는지 여부에 대한 언급 없이 그로부터 두 세대 이후 기록이 중단된다.[54]

  《성원록》에는 선대 기록이 조선 전기까지만 소급되는 전문직 중인 밀양 박씨 계파가 16개인데, 이들 중 일부는 19세기 중엽 이후 편찬된 밀양 박씨 족보들에서는 양반가의 후손으로 등장한다. 예컨대, 《성원록》에서는 박중산朴仲山(1460년경 출생)이라는 인물까지만 계보가 소급되는 중인 밀양 박씨 가계의 경우, 처음 4대 동안은 문반 실직 소유자가 없고, 최초의 과거시험 합격자로 잡과 입격자(1590년경)를 배출했다.[55] 그런데 이 가문은 문반 사대부인 청재淸齋 박심문朴審問(1408~1455)의 후손들을 기록한 13권 분량의 밀양 박씨 파보(1873년 간행)에 보이는데, 박중산은 박심문의 아들 중 하나인 사마시 입격자 박원준朴元俊으로 대체되었다.[56]

19세기 이래로 많은 중인과 그 후예들은, 실제 그들이 그렇게 믿고 있었는지 여부와 상관없이, 양반의 후예를 자처했다. 그들은 무엇보다 양반들이 독점하던 정부의 청요직들이 자신들에게도 개방되도록 이미 전부터 통청운동을 벌이면서, 17세기 이전 자신들의 선조가 양반이었음을 강조했다.[57] 또한 자신들의 본관을 보다 잘 알려진 본관으로 변경하거나 가문을 기존의 양반 계보에 편입시키는 경우, 자신들이 이전의 양반 족보에서 누락되었다고 주장했다. 앞에서 언급한 해주 김씨의 경우, 이들을 포함시킨 1907년의 청풍 김씨 족보에, 해주 김씨 분파의 기록을 제출한 '일가'에 의거하여, 그의 조상이 청풍에서 해주로 이주한 이후 성관을 바꿨다는 설명도 제공했다.[58]

이러한 주장 이면의 논리나 확신에 관계없이, 근현대 일부 전문직 중인 가문의 가공된 역사는 가계에 대한 담론 영역의 외곽을 규정하는 창출된 전통으로 자리 잡았다. 그 후손들은 시간이라는 안개 속에 묻힌 먼 조상을 동원해 상당한 전문적 역사 지식과 비판적 사고 없이는 지적해내기 어려운, 견고한 가족 전통을 구축하여 보존했던 것이다. 이와는 달리 많은 전문직 중인 가문들이 어떻게, 왜 족보 편찬에 참여하기를 스스로 거부했는지도 검토해 볼 필요가 있다.

4. '봉건적' 인습 탈피: 지배 담론을 거부하며

사회적으로 영향력 있는 인사들의 귀족 혈통 내세우기와 같은 자신의 과대 포장 방식과 그러한 문화에 편승하는 비기득권층은 전자가 장악한 기존의 권력 구조를 재생산하는 데 일조한다. 이처럼 지배 담론은 기득권층에 유리하게 작용하는데,[59] 근세 한국에서 신분이나 가격家格을 막론한 족보 편찬의 활성화는 신분 의식에 있어서 족보의 절대적 중요성을 입증해준다. 19세기 초에 이르면 양반 사대부층에서도 소수의 경화거족京華巨族 가문들만이 중앙 권력을 장악했지만,[60] 여기서 소외된 전국 각처 양반 사대부 문중들의 신분을 보장해준 것은 근본적으로 출생, 즉 혈통이었다. 이러한 사회적 현실은 근세 들어 점차 부유해지고 문화적으로 세련된 상당수의 전문직 중인들에게는 특히 불만스러운 일이었는데, 이들은 당시 국가를 위해 중요한 특별 기능을 수행하면서도 양반 사대부층으로부터는 천시당하고 있었다.

연구자들은 19세기 한국에서 가속화된 기존 신분 질서의 붕괴가 많은 중인들로 하여금 족보 편찬과 같은 관습을 거부케 한 현상에 대해서는 충분한 관심을 기울이지 않아 왔다. 그러나 근현대에 편찬된 족보들의 경우, 많은 전문직 중인 가계들의 기록이 19세기에서 중단되는 점은 흥미롭다. 지난 수년 동안 필자는《성원록》에 수록된 200여 서울 중인 가계들 중 80개의 근대 족보에 기재 여부를 확인할 수 있었고, 나머지 120개 가계는 아직 연구를 기다리고 있다. 필자가 조사한 80개의 가계들 중 24개는 자신들이 사용한 성과 본관이 같은 문중에서 편찬한 대동보나 그러한 성격의 범 본관씨족 족보에 나오지 않는다. 나머지 56개의 가계들 중 기록이 19세기에 멈춘 경우가 31개인데, 이들에 대한 그 이전의 기록도 매우 불완전한 상태다.

　이들이 근현대 족보에 기록되어 있는 비율이 이렇게 낮은 현상은 역사적으로 유명한 인사를 배출한 저명한 전문직 중인 가문들도 마찬가지인데, 그중에서도 한양漢陽 유씨劉氏의 경우는 의미심장하다. 한양 유씨를 포함한 다수의 유씨劉氏 계파들을 기록한 1975년판과 1994년판 대동보는 선각자로서 젊은 개화파 정치인들의 스승이었던 대치大致 유홍기劉鴻基(1831~?)를 이름과 생년만 기록할 뿐, 너무도 잘 알려진 그의 업적에 대해서는 전혀 언급하지 않고 있다.[61] 뿐만 아니라 다른 계파들과는 달리 유홍기를 배출한 전문직 중인 계파 기록은 19세기 중반에서 중단되어 있다.[62] 즉 1800년에서 1864년 사이에 태어난 129명의 중인 유씨들 중 110명(85퍼센트)은 20세기 이후 후손 기록이 전혀 없는 것이다. 본인들 기록에는 주로 출생연도만 나와 있는 사실만 보더라도 계파가 절손絕孫된 것이 아니라 후손들이 근현대에 들어와 유씨 족보 편찬 시 단자單子를 제출하지 않았음을 알 수 있다.[63]

　전문직 중인 천녕川寧 현씨玄氏 가문의 경우처럼 근세 구성원들의 기록이 풍부하고 상세한 경우조차도 근현대판 족보의 후손기록은 빈약하다. 천녕 현씨 가계를 기록하는 현대판 《연주현씨팔수대동보延州玄氏八修大同譜》는 근세 천녕 현씨 가문 인사의 경우 생년, 졸년, 묘지 위치와 같은 기본 정보뿐만 아니라 잡과 입격, 전문직 역임 등과 같이 중인의 신분을 곧바로 드러내는 이력까지 비교적 상세하게 제공한다.[64] 그렇지만 앞서 논의된 중인 한양 유씨 가문과 마찬가지로 중인 천녕 현씨의 경우도, 1800년에서 1864년 사이에 출생한 117명의 인물들 중 53명(45퍼센트)은 20세기 이후 후손 기록이 없다.[65] 한양 유씨에 비해 천녕 현씨는 19세기 후반과 20세기 초에 역사적으로 두드러진 역할을 한 인물들을 훨씬 많이 배출했지만,[66] 그 후손들의 족보에 대한 관심은 그다지 크지 않았음이 분명해 보인다.

이러한 양상은 특히 일제시대에 족보 편찬이 유행했음을 감안하면 놀랄만한 일이다. 《경무휘보警務彙報》1930년 4월자에 대한 천정환의 연구에 따르면, 1920년에서 1929년 사이에 나온 조선 총독부로부터 허가인증을 받은 출판물들 중에서 족보가 단연 1위였다. 이는 《경무휘보》로부터 얻은 통계자료를 정리한 것으로, 1920년대 당국이 개별 출판물에 부여한 허가인증 수치를 토대로 얻은 각 장르별 순위에 따른 것이다.[67] 1930년대에도 족보는 다른 어느 출판물 장르보다 많은 출간 허가인증을 받았다.[68]

물론 이러한 현상은 당시 족보 편찬에 대한 사회적 관심을 반영한다고 할 수 있다. 일부 허가 신청자들은 그 허가를 실제로 사용하지 않았을 수도 있고, 또한 상당수 문중들은 특히 작은 지역 내 문중 구성원들에게 유포할 것을 목표로 한 경우라면 총독부의 허가 없이 족보를 간행했을지도 모른다. 그럼에도 출판물 허가에 대한 통계는 구래 신분 의식을 기반으로 한 족보가 상당한 호소력을 지니고 있었음을 보여준다. 1949년 당시에도 《동아일보》는 〈아직도 족보타령〉이라는 기사를 통해, 막 첫발을 내딛은 탈식민 민주주의 국가인 대한민국에서 아직도 족보 간행이 유행이라며 한탄하고 있다.[69]

사실, 이미 식민 시기에도 상대적으로 서구화된 지식인, 개신교도, 서북인, 전문직 중인 등의 영향력이 강했던 인쇄매체는 일관되게 족보에 대한 부정적인 견해를 표출했다. 예를 들어, 도시 지식인을 겨냥한 《개벽》의 1921년 사설은 한국인들의 족보에 대한 경쟁적 열정을 비판하면서, 그러한 현상을 자신의 능력이 아닌 조상의 명성에 기생하는 것, 그리고 궁극적으로는 변화하는 세계에서 근대식 교육의 결핍에 비유했다.[70] 1925년 《개벽》 신년호는 전년도의 주목할 만한 사건들을 되돌아보면서, 1924년 전라남도 완주군의 한 농촌에서 노농회勞農會 회원들이 구래의 미신을 타파하고 문벌 의식을 없애기 위하여 족보와 신주를 불사른 사건을 매우 긍정적으로 보도했다.[71] 그 후 1926년 《동아일보》의 〈폐습루관弊習陋慣부터 개혁改革하자 4四: 족보열族譜熱과 양반심兩班心〉이라는 제목의 사설에서는, 서울이라는 근대적 환경에서조차 양반이 모든 다른 사람들의 위에 서는 봉건적 관습의 잔재인 족보가 인기를 끌고 있음을 비판했다.[72] 이 사설은 나라를 잃은 상황에서 양반 조상 자랑이 무슨 의미가 있는지를 수사학적으로 반문하고 있다.[73] 많은 중인들을 비롯한 다양한 배경의 지식인 33인이 1918년 결성한 사회개혁 조직인 계명구락부는 1928년 당시 족보 편찬을 봉건 잔재로 치부하며, 이러한 관습에 국가적 에너지가 낭비되지 않도록 촉구했다.[74]

20세기 초부터 이렇게 표출된 족보 편찬에 대한 비판적인 인식은 족보를 가지거나 위조할 수 있는 수단을 충분히 갖추고 있었으면서도 왜 많은 전문직 중인들과 그 후손들이 근현대 족보에서 누락되어 있는지를 잘 설명해준다. 우선, 19세기 말부터 전문직 중인들은 어느 누구보다도 서양식 세계관과 교육, 사업, 종교(개신교), 유행 등을 적극적으로 수용했다는 점도 충분히 고려할 필요가 있다.[75] 적어도 이러한 관점에서, 한국사 연구자들은 전문직 중인과 같은 피지배층민에게 역사적 주체로서의 중요성을 부여하여, 중인들이 단지 자신들의 비양반 신분을 숨기기 위한 계보 조작 이외에도 다양한 방식으로 사회변화에 대응했음을 인식할 필요가 있을 것이다.

근현대 족보에 많은 중인의 후손들이 나오지 않는다는 사실은 신분에 대한 수치심보다는 구래의 사고방식과 관습에 대한 부정적인 태도와 연관성이 있어 보인다. 교육 받은 독자층에 영향을 끼치면서 동시에 그들의 정서를 반영하던 인쇄매체들은 전문직 중인의 후손들이 족보의 질곡에서 벗어나는 데 이념적인 후원을 제공했음에 틀림없다. 지속적인 신분 의식과 족보에 대한 관심을 비판한 수많은 신문, 잡지 기사들은 적어도 근현대 한국 사회의 일부는 족보 편찬에 대해 긍정적이지 않았음을 강력하게 시사한다. 20세기 초 당시 서울 중인과 후손들의 상대적으로 높은 교육 수준과 도시적 문화, 친서구 지향 등을 감안할 때, 후손들이 오늘날 조상의 중인 신분 그 자체에 무지하거나(조상이 이전에 족보에 기록되어 있었어도, 많은 후손들은 가정에 더 이상 족보를 지니고 있지 않다), 설사 안다 하더라도 크게 개의치 않은 경향을 보이는 점이 그다지 놀랄만한 일은 아님이 분명하다. 족보나 신분 의식 대신 그들은 19세기 후반과 20세기 초 선조들의 선각자적 근대 지향과 성취를 강조하며 자부심을 느끼는 것 같다.[76] 사실 전문직 중인의 일부 후손들은, 다음 장에서 살펴보 듯, 근현대 들어 보다 객관적인 족보 기록을 통해 실제로 가문의 자 부심을 표현하려 하기도 했다.

5. 정치성으로부터 탈피: 객관적인 가족사를 위한 족보

개화기 당시 한국의 지식인들 사이에서 역사 서술은 신뢰할만한 증거를 기반으로 해야 한다는 인식이 새로운 것은 아니었다. 18~19 세기의 실학자들은 결론을 지음에 있어서 공자나 맹자와 같은 고대 성현들로부터 기원한 가르침은 비판 없이 수용했지만, 나름대로 전 거의 인용과 비판이 충실한 고증학적 연구물들을 내놓았다.[77] 오늘 날까지도 남한에서는 비록 양반 선대를 강조하는 지배 담론적 서술 이 모순투성이임에도 불구하고 족보 담론 영역의 외곽을 이루고 있 지만, 일부 전문직 중인의 후손들은 지속적으로 족보 편찬에 참여하 면서 상세하고 정확한 정보를 기본으로 한 가족사를 추구하고 있다.

그런데 여기서 가장 큰 문제는 이러한 태도를 가지고 족보 편찬에 대한 관심을 유지해온 전문직 중인의 후손들이 그다지 많지 않다는 점이다. 앞에서 언급한 대로, 80개 중인 가계에서 단지 25개 가계들 의 경우만 후손들이나마 20세기 이후 편찬된 족보에도 나오는데, 역 시 앞에서 살펴본 전문직 서울 중인 가계 기록들 중에서 조선 말기의 하한 무렵 족보에 기록되었던 해주 김씨의 21명 중 10명, 한양 유씨의 129명 중 10명, 천녕 현씨의 117명 중 64명만이 그 이후 편찬된 근현대 족보에 후손들이 기록되어 있다.[78]

천녕 현씨의 경우, 2001년판 현씨 족보에는 전문직 중인 성원들의 이력이 비교적 상세하게 포함되어 있는데, 그중 한 인물과 그의 후손들을 기록한 방식이 주목된다. 문제의 인물인 현순玄楯(1878~1968)은 감리교 목사이자 독립운동가로 그 가문의 미국 분파를 세운 이민 1세다.[79] 그의 자녀 중 하나인 데이비드 현David Hyun(1917년생)은 로스앤젤레스 한미연합Korean-American Coalition의 창립자였을 뿐만 아니라 로스앤젤레스 소재 일본계 상가인 '리틀 도쿄Little Tokyo' 등의 건축가로도 유명하다.[80] 현씨의 근현대 족보는 여느 다른 족보들에 통상 나타나지 않는 성원들의 이력을 미국 소재 성원들의 경우도 상세하게 기록하고 있다. 그들의 학력과 경력 이외에도 미국식 이름까지 한자 대신 한글로 표기하고 있다. 거기에는 비한국계 배우자들의 이름까지 포함되어 있다.[81]

그럼에도 불구하고, 재미교포 천녕 현씨의 지속적인 족보 편찬에 대한 관심이 서구화된, 즉 신분중립적 가족사 기록으로서의 족보에 대한 인식을 반영하는지 여부는 더 검토될 필요가 있다. 이들이 한국에 계속 거주했더라면 족보에 대해 같은 생각을 가질 수 있었을까? 더욱 중요하게는, 적어도 족보에 묘사된 것과는 달리 그다지 '성공하지 못한' 후손들의 경우는 어떠했을까?

근대 들어 특별한 조상의 명성이 일부 중인과 그 후손들로 하여금 지속적으로 족보 편찬에 관심을 가지도록 장려한 듯한데, 김범우金

範禹(1751~1786) 가문이 그러한 좋은 사례를 제공한다. 대대로 많은 역관을 배출한 중인 경주 김씨 출신으로 천주교 세례자인 그는 1785년 정부의 천주교 박해 와중 취조 중에 고문을 받았다. 그때의 부상으로 1년 후 사망했고, 오늘날 교회는 그를 한국 최초의 천주교 순교자로 공인하고 있다.[82] 그가 한국의 천주교사에서 차지하는 독특한 위치는 그 후손들의 족보에 대한 지속적인 관심에 일조했을 것임이 분명하다. 그의 가계가 기재된 1989년판 어느 경주 김씨 족보는 사회적으로 인정받는 사람들만 아니라 가문 구성원들 대부분에 대해 대체적으로 기록하고 있다.[83]

족보 편찬에 관심을 가지고 자신들의 근거를 제출해온 전문직 중인과 그 후손들은 족보를 양반 사대부층 위주의 신분적 편견이 제거된 객관적인 가족사 기록으로 보고 있다. 구래의 신분 차별 대신 가문 구성원의 능력이라는 요소에 대한 자신감이 그들의 중인 조상들뿐만 아니라 자신들의 업적까지도 기념하도록 이끌었을 것이다. 정말 그렇다면, 족보에 대한 이러한 태도는 역사의 주체성과 다양한 인간상을 인정하는 데 있어서 보다 큰 공간을 제공한다.

맺음말

창출된 전통은 역사 연구에 유용한 개념이겠지만, 한국의 전문직 중인과 그 후손들의 사례는 그 자체가 역사학자들이 여러 가능성을 염두에 둔 분석을 추구해야 할 것임을 보여준다. 다양한 사회 집단들이 전통을 창출하고 재창출해내는 것과 같이, 한국에서도 족보 편찬과 같이 전통의 창출과 연관된 관습은 지배층으로부터 좀 더 다양한 피지배층에 이르기까지 활성화되었다. 근대 들어 전문직 중인과 그 후손들이 보여준 족보 편찬에 대한 다양한 태도—전통의 창출, 지배 담론의 거부, 신분 중립적 가족사 기록의 보존—는 보다 거대한 사회적 함의를 지니고 있음이 분명하다.

이러한 함의는 근대 들어 신분과 역사의 주체성에 대한 공공의 인식이 바뀌고, 증폭되는 과정을 보여준다. 우선, 지배적인 공적 담론이 신분을 초월하며 개인의 성취를 인정하기 시작한다. 그 이후, 이러한 인식상의 발전은 비양반 계층 후손들로 하여금 현재 인정받는 저명한 조상들에 대한 자부심을 가지거나 공공연하게 표출하도록 고무한다. 시간이 경과할수록 이러한 자신감은 족보를 양반 중심적 신분 과시용품에서 더 이상 양반에게 특권을 부여하지 않는, 보다 객관적인 가족사 기록으로 변모시킨다.

아직까지 가족사란 대다수의 한국인들에게 객관적인 연구 대상이 아니다. 우선, 지배적인 족보 담론은 비양반 혈통을 계보적으로 고려하지도 않기 때문이다. 남한에서 양반의 실제 직계 후손들과 자신의 조상이 양반이었다고 주장하는 사람들이 담론에의 적극적인 참여자라면, 대부분의 전문직 중인 후손들은 담론에서 비켜 서 있다. 족보에 있어서 왕가와 양반 사대부가를 강조하는 근세 지배 담론 서술들이 현대 한국 족보 담론의 영역의 틀을 이루고 있는 현실을 감안한다면, 서점이나 인터넷에서 가족사 연구 관련 지침을 찾는 것은 헛된 수고일 뿐이다. 어린 시절부터 족보에 관심을 지닌 필자는 이런 문제점들에 관한 한 어떤 고무적인 조짐도 아직 발견하지 못하고 있다. 1장에서 논의한 바와 같이, 현재 북한 사람들조차도 남한의 주류 족보 담론을 답습하는 듯하다. 당연히 일반 한국인들이 창출된 전통을 뛰어넘어 무언가를 찾기 위해 근세의 호구 대장, 양안, 군적 등과 같이 오늘날 외국에서는 개인의 가족사 연구에 있어서 보편적으로 활용되는 자료들을 검토하기란 현실적으로 불가능하다.

한국사 연구자들조차도, 다른 역사 분야에서 발견할 수 있는, 예컨대 다세대에 걸친 평민 가족사 서술과는 달리, 주로 한국 사회의 중세나 근세 둘 중 한 시기에 국한된 주제와 관련하여 이러한 자료들을 제한적으로 활용하고 있는 듯하다. 1970년대 민중사관은 역사의 진정한 주체로서 지배층이 아닌 피지배층을 강조하기 시작했다. 그러나 존 던컨John B. Duncan이 주목한 바와 같이, 민중사상가들은 한국 전근대 권력 주체들이 민중을 통제함에 있어서 유교의 주요 덕목을 활용한 것은 인지했지만 전근대의 사회 관계, 혈연 관계 등에 대해서는 충분한 비판을 기울이지 않았다.[84] 다양한 사회 구성원들을 중시하는 역사의 필요성에 대한 인식이 고조된 듯한 상황에서도, 인간적 관심을 유발하는 이야기로서 근세와 근대의 경계를 초월하는 어느 피지배층 가문의 역사 서술은 아직까지 한국사학계에서 찾기 어렵다. 어느 때보다 많은 1차 자료가 지속적으로 번역, 영인되고 있을 뿐 아니라 검색 가능한 정보의 데이터베이스화가 이루어지고 있지만, 가족사 연구에 있어서 가장 기초적인 자료라 할 수 있는 근세 호구 대장 자료의 상당한 분량이 아직도 일본에 있고,[85] 자료 디지털화와 분석을 향한 체계적 노력을 기다리고 있는 상황이다.

더욱이 많은 한국의 역대 인물에 관한 현재 자료에서도 근세 한국의 표준적 인간형을 양반 사대부층으로 그리고 있다는 인상을 지울수 없다. 유명 인사들(특히 지식인)이 연구 주제로서 학자들 사이에서인기를 누릴 뿐만 아니라, 인명사전이나 인명 정보 데이터베이스도그들을 피지배층민들과 다르게 취급하고 있다.[86] 예컨대, 현재 보편적으로 사용되는 한국 인명 정보 자료인 《한국역대인물종합정보시스템》은 유명한 전문직 중인인 역매亦梅 오경석吳慶錫(1831~1879)에대해, 전문직 관련 이력 정보는 거의 제공하지 않고,[87] 오직 초기 근대화 개혁의 주도적인 옹호자로서 그의 중요성에 대해서만 주목하고 있다. 이와 대조적으로 거의 동시기 인물이요 관찬 《증보동국문헌비고增補東國文獻備考》의 편찬 책임자로도 잘 알려진 문반 사대부박용대朴容大(1849~미상)에 대해서는 그가 합격한 과종科種으로부터관직 경력까지 상세히 제공하고 있다.[88] 더욱 가관인 것은 역관의 아들이요, 저명한 한학자로 명성을 떨친 최세진崔世珍(1465?~1552)을소개하는 어느 웹사이트는 다 좋은데 그를 '한미'한 출신으로 묘사하고 있다는 점이다.[89] 이는 당시 양반 사관史官이 서술한 최세진의졸기卒記 내용을 무비판적으로 복제한 설명에 불과하다.[90]

오늘날 한국 사회에서 과거의 인물들에 대해 알게 모르게 양반 사대부 신분 여부를 잣대로 접근하는 방식은 역사상 다양한 인간의 경험을 제대로 이해하고 평가하는 데 장애물로 작용한다. 흥미롭게도,일부 일반 한국인들과 한국사 연구자들은 족보가 현대사회에서 차지할 자리가 없다고 보는데,[91] 이러한 입장은 족보를 본질적으로 엘리트주의나 전근대 관습의 유산이라는 인식을 전제로 하기 때문인 듯하다.[92] 한국사 연구자들은 목욕물과 함께 아이까지 버리는 오류를 범하기보다, 대중들과 보다 활발하게 대화를 나누면서 보다 신분이나 지위 중립적인 가족사 논의를 활성화시켜야 할 것이다. 한 가지 가능한 접근방법은 인간적 관심을 유발하는 더욱 많은 피지배층 가문이나 인사의 이야기를 서술함으로써, 한국사상의 피지배층 주체들과 오늘날 그들의 후손들 사이에 보다 견고한 사적 연결고리와 지속성이 있음을 보여주는 것일지도 모른다. 전문직 중인들의 경우, 그들의 후예들은 왜 선조들이 근대 이행기의 급격한 변화를 반겼는지 되돌아보면서 상당한 자부심을 느낌이 분명하다. 결국, 새로운 가족사에 대해 떠오르는 이러한 발상은 대다수 한국인들로 하여금 근대 국가의 출현을 위해 다양한 분야에서 선조들이 수행한 역할의 진가를 제대로 평가할 수 있도록 이끌 수 있을 것이다.

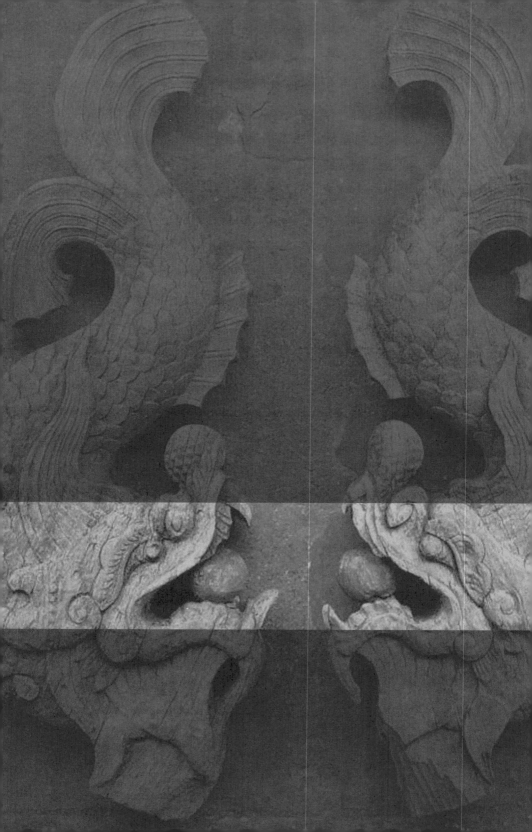

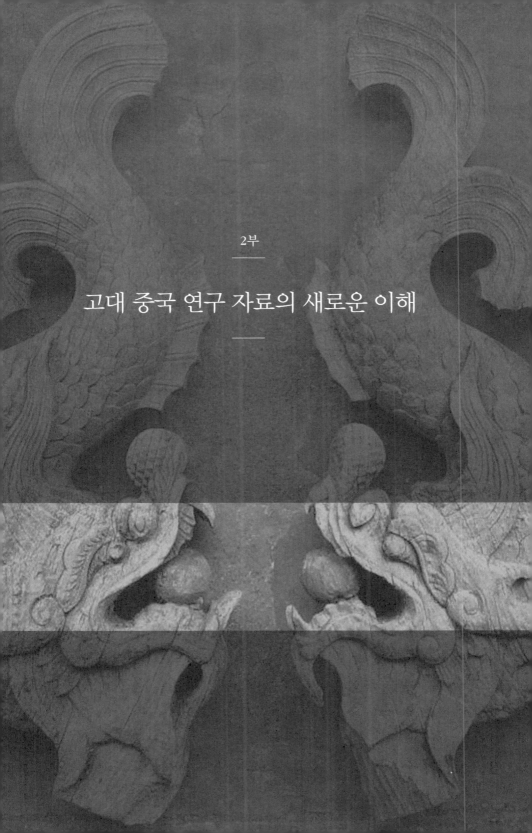

2부

고대 중국 연구 자료의 새로운 이해

4장

이미지 불러일으키기[興]: 고대 중국 역易과 시詩의 상관성[*]

에드워드 L. 쇼우네시Edward L. Shaughnessy(夏含夷)ㅣ심재훈 옮김

[*] 이 글은 2009년 6월 23일 동양학연구원 주관 해외석학 초빙강연에서 "Arousing Images: the Poetry of Divination and the Divination of Poetry"라는 제목으로 발표되었다. 그리고 위와 같은 제목으로 Amar Annus ed., *Divination and Interpretation of Signs in the Ancient World*(Chicago: The Oriental Institute of the University of Chicago, 2010), pp.61~75에 수록되었다.

에드워드 L. 쇼우네시Edward L. Shaughnessy(夏含夷)

미국의 대표적 고대 중국 연구자. 1952년 미국 피츠버그 출생. 노틀대임Notre Dame 대학에서 신학Theology을 전공하고, 스탠퍼드Stanford 대학에서 《주역》 연구로 박사학위를 받았다. 출토문헌과 전래문헌에 대한 해박한 지식을 토대로 주대 문헌사와 문화사 방면에 뛰어난 업적을 내고 있다. 시카고 대학 동아시아언어문명학과 교수이자 크릴고문자 연구소The Creel Center for Chinese Paleography 소장. 직함은 Lorraine J. and Herrlee G. Creel Distinguished Service Professor in Early Chinese Studies.

주요저작
Rewriting Early Chinese Texts(SUNY Press, 2006).
《古史異觀》(上海古籍出版社, 2005).
The Cambridge History of Ancient China: From the Origins of Civilization to 221 B.C., edited with Michael Loewe(Cambridge University Press, 1999).
Before Confucius: Studies in the Creation of the Chinese Classics(SUNY Press, 1997).
《溫故知新錄: 商周文化史管見》(稻禾出版社, 1997).
I Ching, The Classic of Changes: The First English Translation of the Newly Discovered Second-Century B.C. Mawangdui Texts(Ballantine Press, 1997).
Sources of Western Zhou History: Inscribed Bronze Vessels(University of California Press, 1991).

고대 중국은 점복의 양상(현재나 미래의 일들에 대해 결정력 있는 언어로 이해하거나 혹은 영향을 미치도록 자연적이든 인공적이든 표상을 이용하려는 시도)과 관련된 무수한 행위 유형의 증거를 보여준다. 중국의 점복을 철저히 조사하면 다음과 같은 다양한 유형이 언급되지 않을 수 없다. 불점pyromancy, 시초점, 해몽, 역점, 많은 특색을 지니는 토점(지형과 거기서 발산되는 기氣의 성격에서 자라나는 식물의 생장과 동물의 움직임에 이르기까지), 별점, 관상(동물이나 인간의), 한자의 분석 등이 바로 그것이다. 이러한 관습들 중 어떤 하나라도 제대로 이해하기 위해서 최소한 책 한 권 분량 정도는 분명 소요되어야 할 것이다.[1] 필자는 이 글에서 이들을 주마간산 격으로 살펴보기보다 이들 중 두 가지, 즉 불점과 시초점만을 다루려고 하는데, 이들에 대해서도 체계적 소개와 같은 일반적 서술은 지양하려고 한다.[2] 이보다 이들이 어떻게 공통적인 표현 언어를 공유했는지 살펴볼 것이다. 이러한 표현 언어는 고대 중국의 시詩라는 보다 일반적인 언어를 통해 공유되었다. 이 글을 통해 필자는 복인卜人과 시인詩人이 세상을 어떻게 보았고, 세상을 어떻게 통제하려고 했는지 살펴볼 수 있길 희망한다.

뼈나 껍질에 표상으로 읽힐 수 있는 균열을 내기 위해 이들을 그을리거나 지지는 불점은 늦어도 기원전 3500년부터 청대淸代(1644~1911)까지 때로는 광범위하게 때로는 간헐적으로 북유라시아의 광활한 지역에서 행해졌다.[3] 중국에서 불점이 가장 잘 구현되어 나타난 경우로 상商 왕조 후기(대략 기원전 1200~1050)로 편년되는 거북 껍데기[龜甲]와 소 어깨뼈[牛肩骨]를 들 수 있다. 이러한 갑골들에는 통상 점친 내용이 새겨져 있었는데(그래서 중국어로는 갑골문甲骨文으로 알려져 있다), 이는 현재까지 중국 최고最古의 문자 증거다.●
19세기 말엽 최초로 알려진 이래, 문자를 동반하는 불점 갑골은—불점 그 자체는 아니더라도—상 왕조의 멸망과 함께 사라진 것으로 여겨졌었다. 그렇지만 지난 30년 간 서주西周(기원전 1045~771) 왕조 갑골의 많은 사례가 북중국 전역(특히 주周의 근거지인 산시성陝西省)에서 발견되었고, 주 왕조의 남은 기간(즉 기원전 256년까지)에 걸쳐 귀갑 점복이 지속적으로 시행된 다른 근거들도 많다.[4]

고고학적으로 발견된 이러한 점복 기록이 당대 역사가들의 최대 관심을 끄는 것은 당연하지만, 필자는 귀갑 점복에 관한 약간 후대의 기술인《사기史記》(대략 기원전 100년)에 기록된 내용으로 논의를 시작해볼까 한다.[5] 이는 한漢 왕조의 개창자인 유방劉邦(기원전 247~195)의 아들 중 한 명인 유항劉恒(기원전 157년 사망)을 위해 거행된 점복에 관한 것이다. 유방 사후 한나라 황실은 유씨 일족과 유방의 부인 여태후呂太后 일족 사이의 15년에 걸친 내란에 휩싸였다. 기원전 180년 여태후가 사망하고 그녀의 일족이 제거되자, 황실의 사자가 당시 대국代國의 왕으로 있던 유항에게 당도해 그를 새로운 황제로 모시

● 이러한 명문들에 대한 서양 언어로 된 연구가 최근 들어 줄어들고 있는 반면에, 중국 문자의 형성에서 이러한 명문들이 차지하는 위치에 대한 활발한 토론이 전개되고 있다. 상반되는 두 견해로는 갑골문을 최초의 문자로 주장하는 William G. Boltz, *The Origin and Early Development of the Chinese Writing System*, American Oriental Series 78(New Haven: American Oriental Society, 1994), 특히 31~52쪽과 갑골문보다 앞선 문자가 존재했다고 주장하는 Robert W. Bagley, "Anyang Writing and the Origin of the of the Chinese Writing System", S. D. Houston ed., *The First Writing: Script Invention as History and Process*(Cambridge: Cambridge University Press, 2004), pp.190~249 참고.

려고 했다. 황제 직위의 위험성을 잘 알고 있던 유항은 처음에 그 제
안을 거절했지만 결국 설득되어 수용하였다. 《사기》의 서술에 따르
면, 그가 결심하게 된 요인 중 하나는 황제직 수용 여부를 위하여 거
행한 귀갑 점복이었다. 《사기》는 다음과 같이 기술하고 있다.

> 대왕代王은 (황제위를 수용할지 여부에 대해) 태후와 의논했지만 아직 그에
> 대해 결정하지 못하고 있었다. 그는 거북으로 점을 쳐서 대횡大橫(웅대한
> 가로지름)이라는 괘조卦兆를 얻었다.
> (복인卜人이) 점하여 이르기를,
>
> 大橫庚庚, 余爲天王, 夏啓以光.
> 웅대한 가로지름 경경geng-geng(경庚: geng/*kəng[6]):
> 나는 천왕天王이 될 것이다(왕王: wang/*jwang),
> 하夏나라의 계啓가 이로써 빛날 것이다(광光: guang/*kwâng).
>
> 대왕代王이 이르기를 "과인은 이미 왕인데 어찌 또 왕이란 말인가?" 복인
> 卜人이 이르기를 "천왕이라는 것은 천자를 이르는 것입니다."[7]

이 점복이 의도된 행위를 처음으로 고한 거북에 대한 "명命"에서
시작하여 성공적 결과를 구하는 상투적인 기원으로 끝났을 것임을
보여주는 다른 고고학적, 전통적 점복 관련 근거가 있다. 비록 위 인
용문에 명사命辭가 기록되어 있지 않지만, 그것은 의심할 여지없이
"내가 황제가 될 것이다; 그것이 성공적일까" 정도였을 것이다. 이

명사가 고해진 후 붉게 익은 인두로 귀갑의 뒷면을 지져서 그 앞 표면에 균열이 나타나도록 했을 것이다. "점사占辭"라는 용어로 적절히 번역될 수 있는 "요繇"를 선언하는 방식으로 복인이 해석을 내린 것은 바로 이 균열, 즉 "조兆"였다. 이는 상투적인 형태를 취했는데, 보통 귀갑에 나타난 균열(혹은 다른 형태의 점복에서는 자연계의 몇몇 징조)을 묘사한 4자로 이루어진 도입 어구로 시작하여, 황제가 되고자 하는 유항의 경우처럼 점복의 주제와 관련된 그 균열의 의미를 언급한 4자로 이루어진 운율을 갖춘 두 행이 뒤를 이었다. 위의 점복에서 균열을 묘사한 "웅대한 가로지름 경경*geng-geng*"(大橫庚庚)은 확실히 다차원적이다. 즉, "대황大橫"은 균열의 다른 형태들과 함께 다양한 주제와 연관된 이들에 대한 의미 설명 부분을 담고 있는 《사기》〈귀책열전龜策列傳〉에 나타나는 용어인데, 확실히 점복 균열의 수직선을 축으로 수평으로 갈라진 균열을 이른 것으로, 복卜의 형태이지만 수평선이 더 길었을 것이다.[8] "경경*geng-geng*"은 귀갑에 균열이 생길 때 나는 소리로 추정된다. 여기서 음을 쓰는 데 사용된 글자 경庚(geng)은 별 의미가 없지만, 일부 《사기》의 주석은 이를 "계승하다"의 의미를 지니는 다른 글자 갱更(geng)의 동음어라고 지적하기도 한다. 어떻게 이러한 두 복조卜兆가 유항이 그의 부친 유방을 계승하여 유씨 일족의 황실 계보를 이어야 함을 의미하는 것으로 해석될 수 있는지 판단하기란 어렵지 않다. 이는 확실히 이 점복

복卜자는 중국에서 불점의 균열이 항상 취하는 일반적 모양을 나타내는 상형자로 잘 알려져 있지만, *puk과 같은 그 고음古音은 균열이 나타날 때 귀갑에서 나는 소리의 의성어일 수도 있다. Keightley, *Sources of Shang History*, p.21 n.93.

을 주관한 복인이 해석한 방식과 일치한다. 그 복인이 아마도 즉흥적으로 언급했을 "余爲天王, 夏啓以光"(나는 천왕天王이 될 것이다. 하夏나라의 계啓가 이로써 빛날 것이다)이라고 이어지는 두 행은 계가 부친우禹를 계승하여 하 왕조가 시작된, 중국 역사상 저명한 부자 계승의 최초 사례를 나타내는 것임에 틀림없다. 그의 계승이 한 예리한 고대 중국 시 전문가에 의해 "왕의 열쇠the key of 'wang'"라고 지칭된 일부 용어들 중의 하나인 광光("빛나다")으로[9] 명명되어야만 했던 사실은 복인이 이 점사를 아주 고무적인 것으로 의도했음을 보여준다. 그럼에도 불구하고 유항은 계속 황위의 수용을 주저했고, 점사의 의미를 이해하지 못한 척하며 복인으로 하여금 그에 대해 더 설명하라고 재촉했다. 그 점사에 담겨 있는 "천왕"이 확실히 보통 왕과는 다른 "천자天子"의 다른 용어라는 것을 복인으로부터 확인하고, 그 이후에도 부친의 측근들과 상의를 거친 후, 유항은 결국 황제가 되기로 동의했고, 역사상 한문제漢文帝(기원전 180~157 재위)로 알려져 있다.

이보다 거의 400년 이전에 행해진 것으로 전해지는 귀갑 점복에 대한 다른 서술은 여러 측면에서 이와 유사하다. 이는 어떤 측면에서 《춘추春秋》의 주석으로 간주되는 긴 역사 서사인 《좌전左傳》 노魯 양공襄公 10년(기원전 563)에 나타난다. 이는 위衛의 통치자인 손문자孫文子가 정鄭 황이皇耳의 침략을 받고 반격할지 여부에 대한 점복을 다음과 묘사하고 있다.

손문자孫文子가 그들을 추격할지에 대해 귀갑점을 쳤다.
그는 그 균열(兆)을 정강定姜에게 바쳤다.

강씨姜氏가 점사[繇]에 대해 물었다. (점을 바친 이들이) 이르기를,

兆如山陵, 有夫出征, 而喪其雄.

그 균열[兆]은 산 정상과 같다(릉陵: *ling*/*lǐəng*):

출정하는 사내가 있다(정征: *zheng*/*tsäng*),

그러나 그의 장수를 잃게 된다(웅雄: *xiong*/*jumg*)

강씨가 이르기를,

"출정자가 자신의 장수를 잃음은 도적 방어의 이로움이다[禦寇之利也].

대부大夫는 그에 대한 계획을 세워야 한다." 위인衛人들이 추격했고,

손괴孫蒯가 견구犬丘에서 황이皇耳를 사로잡았다.[10]

앞의 《사기》의 경우와 마찬가지로 역시 귀갑에 고한 명사命辭는 "우리는 정鄭을 반격할 것이다. 우리가 그들을 무찌를 수 있을까" 정도였을 것으로 추측할 수 있다. 이 명사에 뒤이어 귀갑에 균열을 냈을 것이고, 그 균열의 형태가 점사에 확실히 묘사되어 있다. 이 점사에 대해서는 복인이 아닌 다른 누군가가 그 균열을 해석하도록 요청했을 때야 알게 된 것으로 보인다. 이는 혹시 그 점사가 애매하게 나타났기 때문일지도 모른다. 이 점사 역시 그 균열을 "조여산릉兆如山陵"으로 묘사한 4자로 이루어진 구절의 형태를 취하고 있다. 그 균열은 ∧ 혹은 ∧ 같은 산과 비슷한 모양이었을 것이다. 여기에 점복의 주제와 관련된 4자로 이루어진 두 행의 구절이 뒤따른다. 그 두 행, 즉 "출정하는 사내가 있다. 그러나 그의 장수를 잃게 된다"는 애매한 구

석이 있음을 쉽게 알 수 있다. 정과 위의 참전자들 중 누구의 장수를 잃게 된다는 말인가? 이 때문에 손문자는 정강定姜이라는 여성에게 최종 해석, 곧 "출정자가 그 장수를 잃음은 도적 방어의(도적을 방어하는 측의) 이로움이다"[征者喪雄, 禦寇之利也]를 부탁했던 것이다.

이 점사는 《주역周易》에 상투적으로 나타나는 한 구절인 "이어구利禦寇"(도적을 방어하기에 이롭다)를 약간 변형한 것이다. 서양에서 《역경》으로 더 잘 알려진 《주역》은 원래 시초점(즉 셈counting에 따른 점복으로, 《주역》의 경우는 원래 시초의 대를 사용하여 셈함)과 연계되어 산출되고 활용된 고대 중국 최초의 점복서다. 주지하는 바와 같이 《주역》은 ▦과 ▦의 형태로 연결되고 끊어진 6개의 선으로 구성된 64괘卦로 이루어져 있다. 각 괘는 통상 상당히 상투적 형태를 취하는 괘사卦辭를 지니고 있는 반면에, 각 선에도 효사爻辭(효爻는 위의 《좌전》에 나타나는 요繇와 다른 글자지만 확실히 거의 같은 용어)로 지칭되는 점사가 달려 있는데, 통상 자연계의 징조들을 묘사하고 있다. 《주역》 효사의 좋은 한 예는 "도적을 방어하기에 이롭다"는 점사를 담고 있는 것으로, 다음과 같이 "점漸"이라는 괘(전통적 순서로 53에 해당)의 세 번째 효로 나타난다.

九三: 鴻漸于陸, 夫征不復, 婦孕不育. 凶. 利御寇.

구삼: 기러기가 육지로 나아가네(육陸: lu/*ljuk):

남편이 출정했지만 돌아오지 않네(복復: lu/*bjuk),

부인이 임신했지만 낳지 못하네(육育: yu/*jiuk).

흉하다(해롭다). 도적을 방어하기에 이롭다.

이 효사 혹은 점사의 주요 부분이 위에서 살펴본 두 귀갑 점복에서 기술된 점사와 유사한 형태를 취하고 있음을 쉽게 파악할 수 있다. 즉 징조[兆]를 묘사하는 4자 구절(이 경우는 귀갑의 균열 형태가 아닌 자연계의 한 모습)과 이에 뒤이어 인간 세계의 일부 주제를 언급한 역시 4자로 이루어진 운율을 지킨 두 행이 나타난다. 이러한 점사를 고취시킨 점복은 군사 원정이나 출산(혹은 부부간의 정절이라는 일반적 주제일 수도)과 관련 있을 것이라고 추측할 수 있다. 여기서 기러기(혹은 기러기떼)의 이동은 특정한(불길한) 의미를 지녔다.[11] 또한 위에서 살펴본 귀갑 점복의 사례로부터 효사에서 추가된 부분, 즉 예언적 문구인 "흉[凶]"과 "이어구利御寇"가 그 다음 예언자가 추가한 듯한 이차적 문구임을 추론할 수 있다.

《주역》의 많은 효사는 이러한 점사의 형태를 취한다. 아래에 제시된 효사들은 보다 예시적인 사례의 일부일 뿐이다.

泰上六: 城復于隍, 勿用師, 自邑告命. 貞吝.

태 상육: 성벽이 해자로 돌아간다: 군사를 사용하지 말라, 읍에서 명을 고한다. 점치기를: 애석하다.

習坎上六: 繫用徽纆, 寘于叢棘束, 三歲不得. 凶.

습감 상육: 끈과 실을 사용하여 묶는다: 그것을 가시덤불에 두라, 삼년 동안 그것을 얻지 못 할 것이다. 흉하다.

困初六: 臀困于株木, 入于幽谷, 三歲不覿.

곤 초육: 둔부가 몽특한 나무에 끼었다: 깊은 계곡으로 들어간다, 삼년 동안 그를 못 볼 것이다.

鼎九二: 鼎有實, 我仇有疾, 不我能卽. 吉.
정 구이: 정鼎에 내용물이 있다: 나의 적에게 병이 생겼다, 그것이 우리에게는 미치지 않을 것이다. 길하다.

鼎九三: 鼎耳革, 其行塞, 雉膏不食. 方雨虧. 悔, 終吉.
정 구삼: 정의 귀(손잡이)가 벗겨졌다: 그 움직임이 막힌다. 꿩의 비계는 먹을 수 없다. 변방의 비가 줄어든다. 후회스럽다. 결국 길하다.

鼎九四: 鼎折足, 覆公餗, 其形渥. 凶.
정 구사: 부러진 정의 다리: 공公의 죽을 뒤집어엎는다, 그 형태가 광이 난다. 흉하다.

豊九三: 豊其沛, 日中見昧, 折其右肱, 無咎.
풍 구삼: 그 거품이 풍부하다: 암흑을 보는 날, 그의 오른팔이 부러진다. 허물은 없다.

豊九四: 豊其蔀, 日中見斗, 遇其夷主. 吉.
풍 구사: 그 덮개가 풍부하다: 북두칠성을 보는 날, 그의 오랑캐 군주를 만난다. 길하다.

비록 이 효사들은 전형적 형태를 취하고 있고, 필자는 이들이《주역》이라는 문헌을 창출케 한 점복들의 표준 형태라고 믿고 있지만, 대부분의 효사가 이들처럼 온전하지 않음을 주목할 필요가 있다. 많은 효사들은 아래의 사례들과 같이 단순한데, 이들은 책(《주역》) 전체에 걸쳐 거의 임의로 고른 것들이다.

乾上九: 亢龍. 有悔.
건 상구: 차오르는 용. 후회가 있다.

蒙六四: 困蒙. 吝.
몽 육사: 속박된 젊음. 애석하다.

蠱九二: 干母之蠱. 不可貞.
고 구이: 간stem모의 역병. 점칠 수 없다.

噬嗑六二: 噬膚滅鼻. 無咎.
서합 육이: 살을 물어뜯고 코를 자른다. 허물이 없다.

賁六二: 賁其須.
분 육이: 수염을 다듬는다.

復六二: 休復. 吉.
복 육이: 성공적인 귀환. 길하다.

復六三: 頻復. 厲. 無咎.

복 육삼: 반복되는 귀환. 위험. 허물이 없다.

大過九三: 棟橈. 凶.

대과 구삼: 굽어진 서까래. 흉하다.

이들은 모두 각종의 징조로, 결코 이들의 의미를 즉각적으로 파악해낼 수는 없다. 그렇지만 "동인同人"이라는 단일한 괘(13)에 나타나는 효사들을 서로 비교함으로써 이들이 생성된 과정을 재구성할 수 있으리라 믿는다. 동인괘는 다음과 같이 읽을 수 있다.

同人于野. 亨. 利涉大川. 利君子貞.

사람들과 함께 광야에 있다. 받아들여짐Receipt. 큰 강을 건너기에 이롭다. 군주the lord가 점을 치기에 이롭다.

初九: 同人于門. 無咎.

초구: 사람들과 함께 문 앞에 있다. 허물이 없다.

六二: 同人于宗. 吝.

육이: 사람들과 함께 종묘에 있다. 애석하다.

九三: 伏戎于莽, 升其高陵, 三歲不興.

구삼: 풀 더미에 엎드린 적: 그 높은 언덕에 오른다, 삼년 동안 일어서지

못 할 것이다.

九四: 乘其墉, 弗克攻. 吉.
구사: 담에 걸터앉아 있다, 공격당할 수 없을 것이다. 길하다.

九五: 同人, 先號咷而后笑. 大師克相遇.
구오: 사람들과 함께 한다, 먼저 울고 나중에 웃는다. 큰 군대가 서로 마주칠 수 있다.

上九: 同人于郊. 無悔.
상구: 사람들과 교외에 있다. 후회가 없다.

구삼九三은 다른 효사들과 상이한 이미지를 취하고 있지만, 그것이 앞에서 살펴본 두 부분으로 구성된 점사의 형태를 이루고 있음을 쉽게 파악할 수 있다. "풀 더미에 엎드린 적"[伏戎于莽]은 그 징조[兆]를 묘사한 것이고, "그 높은 언덕에 오른다, 삼년 동안 일어서지 못할 것이다"[升其高陵, 三歲不興]의 두 행은 그 점복의 주제와 관련된 이 조兆의 의미를 해석한 것임에 틀림없다. 다른 효사들은 모두 완결성이 떨어진다. 그럼에도 불구하고 필자는 다양한 "동인"의 구절들도 확실히 그 점사에 대한 조 부분으로 볼 만한 여지가 있다고 생각한다. 어떤 주어진 점복의 주제에 따라 "사람들과 함께 광야에 있다"[同人于野]나 "사람들과 함께 문 앞에 있다"[同人于門]와 같은 조가 복인으로 하여금 구사九四의 효사에 보이는 "담에 걸터앉아 있다,

공격당할 수 없을 것이다"[乘其墉, 弗克攻]와 같은 두 행의 어구를 짓게 했을 수 있다. 확실히 이 두 행의 운율(*yong*/*jiwong 墉塘과 *gong*/*kung 攻攻) 역시 이들이 원래 육이六二의 효사 "사람들과 함께 종묘에 있다"[同人于宗; 즉 *zong*/*tsung 宗]라는 이미지를 뒤이었을 가능성을 암시한다. 마찬가지로 운율은 다섯 번째[九五]와 여섯 번째[上九] 효사가 원래 아래와 같은 하나의 완전한 점사에서 갈라졌음을 보여준다.

同人于郊. 先號咷而后笑. 大師克相遇. 無悔.
사람들과 함께 교외에 있다(*jiao*/*kau 郊): 먼저 울고(*tao*/*dâu 咷) 나중에 웃는다(*xiao*/*sjäu 笑). 큰 군대가 서로 마주칠 수 있다(*yu*/*ngju 遇). 후회가 없다.

"대사극상우大師克相遇"(큰 군대가 서로 마주칠 수 있다)라는 구절은 이 점사에 속한 부분이 아닌 듯하고, 위에서 살펴본 점괘漸卦(53)의 구삼에 보이는 "이어구利御寇(도적의 방어에 이롭다)" 형식과 같은 종류의 예언사로 이해해야 하겠지만, 운율상의 유사성(*yu*/*ngju 遇) 때문에 여기에 삽입되었을 가능성이 크다.

《주역》이 관심을 끄는 여러 가지 요소 중 하나는 의심의 여지없이 그것이 현재 우리에게 전래된 불완전한 상태다. 이는 《주역》의 의미심장한 일부가 유실되었거나, 많은 효사들이 분리되지 않았으면 변형되었을 것이라는 얘기가 아니다. 그보다는 오히려 단순하게 그 문헌이 결코 그 모든 공백을 매울 만한 체계적인 편집 과정을 거치지 않았음을 의미한다. 포스트모던 문헌비평가들이 독자의 권위에 대해 논하기 훨씬 전에, 《주역》을 읽던 독자들과 특히 점복을 행하기 위해 그 문헌을 활용해온 사람들은 하나의 이해 가능한 텍스트 창출을 위한 책임의 큰 몫을 떠안아 왔다. 이러한 이해가능성intelligibility 은 의심의 여지없이 그 문헌이 읽힌 수세기의 과정 동안 변천을 겪어 왔고, 이에 따라 그 원초적인 상징적 의미의 많은 부분이 유실된 채로 오늘날 우리들에게 전래되었다. 예를 들어 우리는 《주역》에 나타나는 다양한 조兆들이 어떻게 다른 괘들과 연관되었는지 도저히 확신할 수 없다. 그렇지만 자연과 관련된 조들이 《주역》이 창출된 그 시점에 어떻게 간주되었는지 최대한 파악함으로써, 특정 점복의 주제와 관련된 조를 설명한 이어지는 두 구절을 어떻게 이해할 수 있을지, 최소한 어느 정도의 판단에는 도달할 수 있다.

이러한 조들에 대해 보다 잘 알기 위해 당대의 시, 특히 《시경》보다 더 좋은 자료는 없다. 다름 아닌 공자와 같은 인물이 《시》를 공부함으로써 그의 제자들이 조수鳥獸와 초목草木의 이름에 대해 배울 수 있다고 말했을 때,[12] 그가 말한 것이 동물학적이나 식물학적인 관심은 아니었음은 거의 확실하다. 공자가 그의 제자들에게 촉구한 것은 오히려 그들 주변 세계의 상징적 의미를 이해하라는 것으로, 이는 기러기와 찌르레기, 물수리와 꾀꼬리, 소나무와 삼나무의 다른 성격에서 거의 즉각적으로 나타난다. 이 연구의 나머지 부분에서 필자는 이러한 시적 이미지로 주의를 전환함으로써 점복이 시의 언어를 취할 수 있었던 것과 마찬가지로 시도 역시 점복의 양상을 띨 수 있었음을 제시하려고 한다.

《시경》 그 자체를 검토하기 전에 《좌전》에 기록된 '어린이 점사', 즉 "동요童謠"에서 시작해보기로 하자. 이는 예언적이라고 간주된 상당히 광범위한 민요 장르의 한 사례다. 이 특별한 노래는 《춘추》 연대기가 나온, 노나라에서 기원전 517년 발생한 두 사건이 원인을 제공한 것으로 전해진다. 그해 가을 노 소공昭公(기원전 541~510 재위)은 사실상 권력을 휘두르고 있던 대족에 도전하다 실패한 후 망명을 떠났다. 그해 초 그때까지 북중국에서 알려지지 않았던 찌르레기류의 새[鸜鵒]가 그 나라에 둥지를 틀었다. 악사가 그것을 기이하게 여기면서 그보다 1세기 정도 앞선 시기에 나온 아래의 민요를 상기시킨다. 필자는 여기서 유교 경전의 번역을 통해 우리들의 고대 중국에 대한 이해에 엄청나게 기여한 스코틀랜드 출신 선교사 제임스 레그James Legge(1815~1897)가 이 동요를 독특하게 번역한 것을 제시하려고 한다.

鸜之鵒之, 公出辱之.

鸜鵒之羽, 公在外野, 往饋之馬.

鸜鵒趽趽, 公在乾侯, 征褰與襦.

鸜鵒之巢, 遠哉遙遙.

稠父喪勞, 宋父以驕.

鸜鵒鸜鵒, 往歌來哭.

여기 찌르레기들이 급하구나! 공公이 굴욕적으로 날아가누나.

찌르레기들의 날개를 보라!

공공이 내던져진 광야로, 말 한 마리가 음식을 가지고 가네.

찌르레기가 어떻게 가는지 보라!

건후乾侯(Kan-how)에게서 그[公]가 낮은 자세로.

저고리와 바지를 원하네.

찌르레기의 둥지를 지켜보라! 공의 안식처가 아득하도다.

조부稠父(Chow-fu)가 그의 나라를 잃고,

송부宋父(Sung-foo)는 크게 자만하게 되었네.

아! 그 찌르레기들이 기이하도다! 울부짖는 노래가 바뀌었네.[13]

중국어 발음에 대한 레그의 빅토리아 시대 로마자 표기까지 그대로 인용했지만, 운율을 더 잘 보여주기 위해서 구절의 끊어 읽기는 재조정했다. 위의 인용문에서 강조된 두 연은 《주역》의 효사와 그 형태가 유사하다. 즉 *quyu zhi yu*(*ju), *gong zai wai ye*(*jia), *wang kui zhi ma*(*ma) 鸜鵒之羽, 公在外野, 往饋之馬(보다 자구에 충실한 해석은 "찌르레기의 날개. 공공은 바깥 광야에 있다. 음식을 올리려는 말이 간다"—역자)나 *quyu zhuzhu*(*tju), *gong zai Ganhou*(*yəu), *zheng qian yu ru*(*nzju) 鸜鵒跦跦, 公在乾侯, 征褰與襦(보다 자구에 충실한 해석은 "찌르레기가 깡충깡충 뛰어간다, 공은 건후에게 있다, 겉옷과 저고리를 구한다")는 자연의 징조로 시작하여 운율을 갖춘 인간사와 관련된 두 구절이 뒤따른다. 이 시를 중국의 문학 전통에서 표현된 바와 같은 예언으로 봐야 할지, 혹은 보다 까다로운 독법이 제시하듯 역사적 논평(그 사건 뒤에 작성된)으로 봐야 할지는 별도의 문제이다. 인간사가 징조의 뒤에 오든 앞에 오든 최소한 고대 중국에서 이들 사이의 불가피한 관련성은 감지되었음이 분명하다.

　보다 전통적인 고대 중국의 시에 나타나는 이미지들을 바라볼 때 필자는 자연의 징조[兆]와 인간 사회의 동일한 연관성을 간파해낼 수 있으리라 생각한다. 《주역》의 점사와 대체로 동시대인 《시경》 시들의 가장 놀랄만한 특징은 중국어의 "흥興"으로 알려진 것으로, "불러일으키다to raise up" 혹은 "일어나게 하다to cause to arise"는 의미를 지니는데 필자는 이를 명사화해서 "불러일으키기arousal"로 번역하고 있다. 이러한 흥은 보통 4행(한 행이 4자 혹은 8자로 구성된 두 행)으로 구성된 한 연의 첫머리에 나타난다. 이는 통상 동물이나 식물계(별자리나 토양의 이미지도 나타나지만)에서 따온 일부 자연의 이미지를 묘사하는 대구로 구성된 도입 구절의 형태를 취하고, 인간계의 사건을 묘사하는 운율을 지키는 다른 대구로 이어진다. 비록 일부 학자들이 이러한 불러일으키기를 단순히 운율을 맞추기 위해 고안된 무의미한 것으로 무시하고 있지만,[14] 필자는 보다 깊은 교감을 나누는 읽기를 통해 자연계와 인간계 사이의 관련성을 쉽게 발견할 수 있고, 더욱 중요하게는 그 시대의 사람들이 그 둘 사이의 연관성을 어떻게 감지할 수 있었는지도 파악할 수 있으리라 생각한다. 《시경》의 앞 부분에 수록된 시 몇 수를 거의 임의로 선택해서 읽어보면 이러한 불러일으키기가 어떻게 작용했는지 살펴볼 수 있다.

　그 첫 번째 예는 역시 새의 둥지 짓기인데 이 경우는 두 가지 다른 종류의 새, 즉 까치[鵲]와 비둘기[鳩]다. 알서 웰리Arthur Waley(1889~1966)는 자신의 《시경》 번역에서, 비둘기는 다른 새의 둥지에 사는 것으로 알려졌고, 중국의 전통은 다른 새들이 이를 영광으로 여긴다고 주장해 왔음을 지적했다.[15] 여기서 까치둥지로 비둘기가 도착하는 것과 "소녀"의 혼인 사이의 상관 관계가 유럽의 전통에서 흔히 경멸적인 의미로 받아들이는 것과 같아 보이지는 않는다. 이는 단순히 모든 신부가 그렇게 되어야만 했듯이 다른 가족인 한 여성이 그녀 남편의 집에 살러 오는 것을 예시했을 뿐이다. 그 시를 살펴보자.

鵲巢 까치둥지(毛詩 12)

維鵲有巢, 까치가 둥지를 가지고 있네,

維鳩居之. 비둘기 한 마리가 거기에 둥지를 트네(거居 *ju*/*kjwo).

之子于歸, 이 소녀가 시집가네,

百兩御之. 백 대의 수레가 그녀를 데려가네(어御 *yu*/*njwo).

維鵲有巢, 까치가 둥지를 가지고 있네,

維鳩方之. 비둘기 한 마리가 그것을 이어받네(방方 *fang*/*pjwang).

之子于歸, 이 소녀가 시집가네,

百兩將之. 백 대의 수레가 그녀를 인도하네(장將 *jiang*/*tsjang).

維鵲有巢, 까치가 둥지를 가지고 있네,

維鳩盈之. 비둘기 한 마리가 거기를 채우네(영盈 *ying*/*jiäng).

之子于歸, 이 소녀가 시집가네,

百兩成之. 백 대의 수레가 그녀를 자리 잡게 하네(성成 *cheng*/*zjäng).

다른 결혼식 노래는 문화적으로 덜 명확해 보이는 다른 종류의 자연 이미지, 즉 복숭아의 다양한 속성과 함께 도입되고 있다.

桃夭(毛詩 6)

桃之夭夭, 복숭아는 정말 맛있네,
灼灼其華. 홍조를 띤 붉은 그 꽃(화華 hua/*xwa).
之子于歸, 이 소녀가 시집가네,
宜其室家. 그녀의 방과 집을 꾸미네(가家 jia/*ka).

桃之夭夭, 복숭아는 정말 맛있네,
有蕡其實. 아주 볼록한 그 과실(실實 shi/*dzjet).
之子于歸, 이 소녀가 시집가네,
宜其家室. 그녀의 집과 방을 꾸미네(실室 shi/*sjet).

桃之夭夭, 복숭아는 정말 맛있네,
其葉蓁蓁. 그 잎은 정말 반짝 빛나네(진蓁 zhen/*sjɛn).
之子于歸, 이 소녀가 시집가네,
宜其家人. 그녀의 집과 남자를 꾸미네(인人 ren/*nzjen).

딸 수 있을 만큼 익은 과실이 젊은 남성의 생각을 용솟음치는 기운spring으로 돌렸을 지도 모르지만, 덩굴에서 떨어지는 다른 과실은 젊은 여성에게 그녀가 자신에게 주어진 기회를 놓쳤음을 암시했을 수 있다.

摽有梅(毛詩 20)

摽有梅, 떨어지는 것은 매실이라네,
其實七兮. 오, 그 과실 일곱 개(실實 qi/*dzjet).
求我庶士, 나를 찾는 그 많은 도련님들,
迨其吉兮. 오, 그 한 사람이면 좋을까(길吉 ji/*kjiet).

摽有梅, 떨어지는 것은 매실이라네,
其實三兮. 오, 그 과실 세 개(삼三 san/*sâm).
求我庶士, 나를 찾는 그 많은 도련님들,
迨其今兮. 오, 그것이 지금일까(jin/*kjəm).

摽有梅, 떨어지는 것은 매실이라네,
頃筐墍之. 비스듬한 바구니가 이를 담네(기墍 xi/*kjei).
求我庶士, 나를 찾는 그 많은 도련님들,
迨其謂之. 오, 그 사람이 그것을 이를까(위謂 wei/*jwei).

후대 중국의 방술문헌에서 경광頃筐(비스듬한 바구니)이 여성 음부를 완곡하게 표현한 것임을 모른다고 해도,[16] 이 시에서 무도회 중 선택을 기다리는 마지막 여성의 절망적인 기도―이 기도라는 표현은 신중하게 사용한다―를 읽어내기란 어렵지 않다. 필자는 이 시를 서양의 어린이들이 수세대에 걸쳐 행해온 한 주술의 일종과 비교해 볼 수 있으리라 보는데, 그 주술은 국화꽃잎을 하나씩 떼어내며 "그녀는 나를 사랑한다, 그녀는 나를 사랑하지 않는다, 그녀는 나를 사랑한다"를 노래하는 것이다. 확실히 이는 노래나 시이지만, 그 노래를 부르는 사람은 또한 이러한 특정한 자연 이미지를 채용함으로써—매실을 그녀의 바구니에 담아 넣으면서—적당한 남성이 그녀에게로 다가오도록 유도할 수 있기를 기원하고 있는 것이다.

말이든 행동이든 유사한 마법이 아래의 〈부이芣苢〉라는 시에도 나타난다.

芣苢(毛詩 8)

采采芣苢, 캐네, 캐네 질경이를,
薄言采之. 밖으로 나가 그것을 캐네.
采采芣苢, 캐네, 캐네 질경이를,
薄言有之. 밖으로 나가 그것을 뜯네.

采采芣苢, 캐네, 캐네 질경이를,
薄言掇之. 밖으로 나가 그것을 모으네.
采采芣苢, 캐네, 캐네 질경이를,
薄言捋之. 밖으로 나가 그것을 집어 담네.

采采芣苢, 캐네, 캐네 질경이를,

薄言袺之. 밖으로 나가 그것을 가슴에 안아드네(breasting).

采采芣苢, 캐네, 캐네 질경이를,

薄言襭之. 밖으로 나가 그것을 거들에 싸네(girdling).

어느 누구도 이를 훌륭한 시라고 주장하지는 않겠지만, 이 역시 어떻게 시적인 이미지가 갈망하는 반응을 자극하고 불러일으킬 수 있는지 확실히 보여준다. 이 시의 초점인 부이芣苢에 대해서는 두 가지 다른 해석이 있다. 즉 《시경》의 최초 주석인 《모시毛詩》에서는 이를 차전자車前子, 즉 질경이와 일치시키는 반면에, 다른 문헌들에서는 배의 일종으로 파악한다.[17] 그러나 이 두 해석 모두 그것을 먹으면 임신으로 유도된다는 데는 일치하고 있다. 《시경》에 대한 근대 중국의 가장 통찰력 있는 독자로 인정받는 원이둬聞一多(1899~1946)가 주목한 바와 같이, 이러한 일치된 해석은 의심의 여지없이 그 열매의 이름 부이芣苢(buyi)가 고대 중국어에서 잉태를 의미하는 말인 배태胚胎(peitai)와 아주 가까운 동음인 데서 기인한다(정말 두 단어의 최초 글자는 본래는 같았다). 이 단순한 시에서 임신을 갈구하는 여성이 필자가 편의상 질경이로 번역한 부이를 모으기 위해서 밖으로 나갔다. 처음 두 연에서 그녀는 나무나 덤불에서 그것을 땄고, 다음 두 연에서 그것들을 모았고, 마지막 두 연에서는 모은 것을 옷으로 감쌌는데, 처음에는 가슴 근처의 블라우스에, 뒤에는 허리의 거들로 감싸 안았다. 그녀는 질경이를 모을 때 이 노래를 부름으로써 질경이가 가지고 있을지 모르는 어떤 의학적 특성을 활성화시켜 점점 더 그것을 자신의 것으로 만들 수 있으리라 이해했음에 틀림없다. 복인 卜人이 미래에 일어날 사건의 향방에 영향을 미치기 위해 귀갑이나 자연계의 이미지를 활용하려 했던 것처럼, 이 시를 노래한 여성도 마찬가지로 그녀가 갈망하던 결과를 얻어내기 위해 자연을 이용하려했던 것이다.

이 짧은 글에서 고대 중국의 자연 이미지의 목록 같은 것을 제공하기란 불가능하다. 그렇지만 《시경》에서 이들이 어떻게 작용했는지에 대한 최종적 사례를 제시하기 위해 《시경》의 첫 번째 시인 〈관저關雎〉라는 가장 잘 알려진 사례를 검토하며 이 글을 마치고자 한다. 이 역시 혼인의 노래로, 마찬가지로 다른 새의 이미지로 시작하여, 마지막 두 연에서 남성 주인공이 이 시 전체를 통해 그가 갈구한 여성을 위해 음악 향연을 제공하는 결말로 이루어져 있다. 그 음악 연주의 처음은 현악기가 이후에는 타악기가 사용되었는데, 이는 각각 구애와 혼인 피로연에 해당하는 것으로 이해되고 있다. 그 시를 살펴보자.

關雎 결합하는 물수리(毛詩 1)

關關雎鳩, "결합하자, 결합하자." 물수리가 외치네,
在河之洲. 강 속의 섬에서.
窈窕淑女, 매력적인 그 아가씨,
君子好逑. 군주 아들이 사랑하는 배필.

參差荇菜, 위로 아래로 (춤추는) 물풀,

左右流之. 좌우로 그것을 쫓네.

窈窕淑女, 매력적인 그 아가씨,

寤寐求之. 자나 깨나 그녀를 찾네.

求之不得, 원하지만 그녀를 가질 수 없어,

寤寐思服. 자나 깨나 생각하네.

悠哉悠哉! 아 그립도다, 아 그립도다!

輾轉反側. 이리저리 몸을 뒤척이네.

參差荇菜, 위로 아래로 (춤추는) 물풀,

左右采之. 좌우로 그것을 뜯네.

窈窕淑女, 매력적인 그 아가씨,

琴瑟友之. 거문고와 큰 거문고를 연주하며 그녀와 벗하네.

參差荇菜, 위로 아래로 (춤추는) 물풀,

左右芼之. 좌우로 그것을 모으네.

窈窕淑女, 매력적인 그 아가씨,

鍾鼓樂之. 종과 북으로 그녀를 기쁘게 하네.

필자는 간결한 설명을 위하여 전통적인 해석들은 제쳐두고 단순히 이 시가 한 남성의 한 여성에 대한 동경을 노래한 것으로 가정할 것이다.[18] 마찬가지로 자연적이든 그 이외의 것이든 이 시의 다른 이미지들도 모두 제쳐두고 시의 초입에 나타나는 물수리의 외침에만 초점을 맞출 것이다. 그렇지만 이 외침의 의미를 온전히 이해하기 위해 먼저 물수리의 성격에 대해 고찰할 필요가 있다.

이 도입부의 이미지에 대한 해석은 새의 성격이라는 문제에 초점을 맞추어 왔다. 세부적인 면에서 차이점이 있지만 사실상 모든 주석가들은 새가 물고기를 잡아먹는 포식자임에 동의하고 있다. 비록 물수리가 다양한 미덕과 특성을 가지는 것으로 언급되고 있지만, 필자는 "새가 물고기를 잡아먹는다"는 이 한 가지 이견 없는 측면만 주목하고자 한다. 이미 앞에서 근대 학자 원이둬에 대해 언급한 바 있다. 〈설어說魚〉라는 고전적인 논문에서,[19] 그는 《시경》에 나오는 어魚는 일관되게 성적인 관계를 불러일으키고, 물고기를 먹는 것 역시 그러한 관계가 최종적으로 완성됨을 상기시키는 것임을 보여주었다. 예를 들어 그는 이러한 양상을 〈형문衡門〉이라는 시를 통해 예증했는데, 이 시의 제목은 '동문東門'을 의미하는 것으로, 이는 고대 중국의 도시에서 이른바 '홍등가'로 이어지는 문이었다. 그 시를 살펴보자.

衡門 가로지르는 문(毛詩 128)

衡門之下, 형문 아래에서,

可以棲遲. 유유자적하며 머무를 수 있네.

泌之洋洋, 봄의 풍성함 곁에서,

可以樂飢. 허기를 채울 수 있네.

豈其食魚, 먹을 것이 물고기일지 모르는데,

必河之魴 반드시 강의 방어여야만 하겠는가?

豈其娶妻, 취할 것이 아내인지도 모르는데,

必齊之姜 반드시 제齊의 강씨姜氏여야만 하겠는가?

豈其食魚, 먹을 것이 물고기일지 모르는데,

必河之鯉 반드시 강의 잉어여야만 하겠는가?

豈其娶妻, 취할 것이 아내인지도 모르는데,

必宋之子 반드시 송宋의 자씨子氏여야만 하겠는가?

　이러한 물고기를 통한 이미지 불러일으키기에 대한 몇몇 다른 논의에서 원이뒤는 어魚를 명백히 언급하지 않고도 유사한 이미지를 전해주는 시들도 주목했다. 아래의 〈후인侯人〉("기다리는 남자" 혹은 "누군가를 기다림")이 바로 그러한 시다.

侯人(毛詩 151)

彼侯人兮, 오, 그 기다리는 남성이여,

何戈與祋. 단검과 창을 지니고 있네.

彼其之子, 거기의 그 젊은이,

三百赤芾. 붉은 슬갑 삼백 개.

維鵜在梁, 다리 위에 두견새가 있네,

不濡其翼. 그 날개가 젖지 않은 채로.

彼其之子, 거기의 그 젊은이,

不稱其服. 그 옷이 맞지 않네.

維鵜在梁, 다리 위에 두견새가 있네,

不濡其咮. 그 부리가 젖지 않은 채로.

彼其之子, 거기의 그 젊은이,

不遂其媾. 연애하려 하지 않네.

薈兮蔚兮, 오, 얼마나 무성한가. 오 얼마나 짙은가,

南山朝隮. 남산의 아침 안개여.

婉兮變兮, 오, 얼마나 귀여운가. 오, 얼마나 매력적인가,

季女斯飢. 아가씨의 굶주림이여.

이 시의 중간 두 연은 모두 두견새의 이미지로 도입되는데, 원이
돼는 이를 물고기를 잡아먹는 새로 주목했다. 그렇지만 이 시에서
두견새는 머리를 물에 쳐박고 물고기를 잡지 않는다. 마찬가지로 근
위병의 복장으로 치장한 젊은이 역시 그를 갈망하는 아가씨에 대해
무관심하다. 실제로 필자가 "연애하려 하지 않네"라고 번역한 부분
은 문자 그대로는 "성교를 하지 않다"는 의미를 지니고 있다.

물고기 이미지가 불러일으키는 이러한 특질은 너무도 분명한 사
례들 중의 하나이므로, 그것은 분명 지적되어야 할 필요가 있다. 그
러나 원이돼 자신이 '후인'의 두견새와 '관저'의 물수리 사이에 나
타나는 명백한 동질성을 간과했음은 의아스럽다. 비록 '관저'에서

물고기가 언급되어 있지 않지만, 성적인 갈망을 암시하는 물고기의 표상은 그 시의 표면 아래 그다지 멀지 않은 곳에 있다.

《시경》에 대한 구래의 주석가들이 '관저'에 나타나는 새 이미지의 정체성과 본질에 대해 관심을 가졌음에도 불구하고, 그 행위, 즉 그 외침인 *guan-guan* 관관關關에 대해서는 거의 주의를 기울이지 않았다. 《모시》에서 이를 "암수가 서로 감응하는 조화로운 소리"로 보았고, 대부분의 후대 학자들 역시 이를 수용했다.[*] 그렇지만 필자가 파악하기에 이 해석은 그 시의 많은 부분에서 되풀이되는 짝사랑의 분위기를 불러일으키기에 잘 맞지 않은 측면이 있다. 오히려 필자는 그 시의 남성 주인공인 시인이 물수리 소리, 즉 단지 수컷 물수리가 그 짝과 결합[關]을 추구하는 소리를 들었을 것으로 제안하고 싶다. 이러한 소리를 쓴 "관關"이라는 글자는 일반적으로 문을 "닫다"는 의미로, 원래 두 짝의 여닫이문을 잠그는 빗장[卅]을 지칭하는 것이었다. 남근의 표상으로서 이 글자의 의미가 확실히 충분치 않다면, 이 글자는 또한 관貫(원래는 관串으로 쓰임)이라는 글자와도 완벽한 동음어로, 일반적으로 "중심을 뚫다"라는 의미를 지니지만, 고대 중국에서는 성적인 삽입의 표준적인 완곡어법이기도 했다. 그 물수리가 실상 어떤 소리를 냈든지, 우리들은 최소한 그 시인이 듣고자 했

---

[*] 필자가 지금까지 발견한 유일한 다른 견해는 《통지通志》에 언급된 정초鄭樵(1108~1166)의 다음과 같은 해석이다. "모든 기러기와 오리의 종류는 그 부리가 평평하기 때문에 *guan-guan*이라는 소리를 낸다. 닭이나 꿩 종류는 그 부리가 돌출해 있기 때문에, *yao-yao*라는 소리를 낸다. 이는 자연스런 소리다. 물수리의 부리는 오리나 기러기와 비슷해서 이 같은 소리를 내며, 강의 가장자리라는 의미도 지닌다." 向熹 編, 《詩經詞典》, 成都: 四川人民出版社, 1986, 144쪽에서 재인용.

던 것을 얘기할 수 있다.

위에서 인용한 ‘동요’에서처럼 물수리의 이러한 외침은 인간 세계에서 어떤 일이 일어날지를 예언하거나, 혹은 최소한 그 젊은 남성이 갈망하며 기대하던 아가씨가 나타나기를 원하는 마음을 표현한 것이다. 또한 찌르레기의 ‘날개’가 공公의 곤궁한 처지를 암시하거나 그 깡충거림이 공의 이례적인 모습을 나타내는 것과 마찬가지로, 필자는 〈관저〉라는 시에서 ‘아가씨’와 ‘군주 아들’의 결합을 예기하는 물수리의 외침(“가까이하다” 혹은 “결합하다”의 의미를 지닌 중국어로 쓰인)을 확실히 들을 수 있다고 주장하고 싶다. 그 결합은 시의 말미에서 종과 북 소리와 함께 완성되었다. 물론 가치중립적인 소리를 적는 알파벳이 없는 중국어 같은 언어에서 자연의 소리는 중국어 낱말들로 전달될 수 있을 뿐이다. 고대 중국의 시인을 위해서든 복인을 위해서든 물수리는 중국어를 말할 수 있을 뿐이었고, 그 언어를 사용하는 누구라도 그것을 이해할 수 있었다. 그렇지만 자연에 주의 깊은 이들이라면 자연이 말할 때까지 기다릴 필요가 없었을 것이다. 자연은 기러기의 이동이나 찌르레기의 깡충거림, 복숭아의 모양, 매실의 떨어짐에서 역시 그 스스로를 드러내었다. 그러나 이들 못지않게 정鼎의 복부와 서까래의 상승, 살 깨물기, 귀갑의 균열에서도 자연이 나타날 수 있었던 것이다. 이러한 이미지들은 확실히 혼란스러웠다. 따라서 그 이미지들을 듣고, 보고, 해석하고 마침내 그것이 무엇을 의미하는지 얘기해주는 것이 복인과 시인의 역할이었던 이유가 바로 여기에 있는 것이다.

5장

서주시대 독사讀寫능력과 서사의 사회적 맥락[*]

리 펑Li Feng(李峰) | 심재훈 옮김

[*] 이 글은 동양학연구원과 청동기금문연구회 주관으로 2008년 6월 20일 단국대에서 "Managing the World through Writing: The Inscribed and Uninscribed Commitments in the Western Zhou Administration" 라는 제목으로 발표되었다. 원문은 "Literacy and the Social Contexts of Writing in the Western Zhou" 라는 제목으로 Li Feng and David Prager Branner ed., *Writing and Literacy in Early China*(Seattle: University of Washington Press, 2011)에 수록되었다.

리 펑Li Feng(李峰)

중국 청동기시대 연구의 차세대 주자. 1962년 산시성陝西省 바오지寶鷄 출생. 시베이 대학西北大學에서 역사학과 고고학을 전공하고, 중국사회과학원 고고연구소와 도쿄 대학을 거쳐, 시카고 대학에서 《서주의 멸망》으로 박사학위를 취득했다. 중국 고고학과 청동기 금문의 권위자로 서주사 방면의 뛰어난 연구성과를 내고 있다. 현재 컬럼비아 대학 Columbia University 동아시아언어문화학과 부교수로 있다.

주요저작

Writing and Literacy in Early China, edited with David Prager
(University of Washington Press, 2011).

Bureaucracy and the State in Early China: Governing the Western Zhou(Cambridge University Press, 2008); 《西周的政體: 中國早期的官僚制度和國家》(三聯書店, 2010).

Landscape and Power in Early China: The Crisis and Fall of the Western Zhou(1045−771 B.C.)(Cambridge University Press, 2006); 《西周的滅亡: 中國早期國家的地理和政治危機》(上海古籍出版社, 2007).

머리말

고고학 증거는 서주西周(기원전 1045~771)가 중국 혹은 더 넓게는 동아시아 독사능력讀寫能力(literacy)*의 확산에 결정적인 시기였음을 암시한다. 이러한 과정을 잘 보여주는 것이 바로 북중국 전역과 남중국의 일부 지역에 걸쳐 분포한 명문이 새겨진 청동 용기와 무기의 발견이다.[1] 이는 독사능력의 증거가 도읍인 안양安陽을 벗어난 지역에서는 아주 드물게 발견될 뿐인 이전의 상商 시대와는 큰 대조를 이룬다.** 서주의 붕괴에 뒤이은 3세기 동안에는 동남부 연안 지역 신흥 국가들의 귀족들까지도 글을 쓰고 새기는 주周의 문화에 완벽하게 적응했다.[2] 그렇지만 독사능력은 단지 지리적 범위를 가로질러 확산된 것 못지않게 서주 사회의 다른 영역들에까지도 침투되었다. 비록 독사능력이 그 구성원의 규모가 제한적일 수밖에 없는 사회 귀족의 전유물로 남아 있었을 것이기는 해도, 읽기와 쓰기의 예술을

---

* literacy는 한국어로 의미 전환이 참 어려운 용어다. 사전적인 번역은 "서사능력" 혹은 "식자능력"이나, 이 글에서는 "읽고 쓰는 능력" 모두를 의미한다. 저자와 상의를 거쳐 한국어에서는 조금 생소한 용어지만 "독사능력"이라는 표현을 차용하기로 한다(역자).

** Kenichi Takashima, "Literacy to the South and East of Anyang in Shang China: Zhengzhou and Daxinzhuang", *Writing and Literacy in Early China* 참고. 상시대의 명문이 새겨진 청동기는 그러한 갑골이나 복골卜骨보다 훨씬 많은 유적지에서 발견되었지만, 그 명문들은 조상의 칭호나 족휘族徽에 한정되어, (예컨대 안양의 1713호 묘 출토 청동기들의 긴 명문과는 대조적으로) 문법이나 구문을 보여주지는 않는다. 다시 말해 상대의 청동기 명문에서 지방 독사능력의 흔적은 사실상 나타나지 않는다. 산시성山西省의 링스靈石와 허난성河南省 남부의 뤄산羅山에서 출토된 명문이 있는 청동기들이 이러한 좋은 사례다. 山西省考古研究所, 〈靈石旌介村商墓〉, 《文物》 1986~11, 7쪽; 河南省信陽地區文管會 등, 〈羅山天湖商周墓地〉, 《考古學報》 1986~2, 173쪽. 1713호 묘에 대해서는 中國社會科學院考古研究所安陽工作隊, 〈安陽殷墟西區1713號墓的發掘〉, 《考古》 1986~8, 703~16쪽 참고.

필요로 하고 또 향유할 수 있었던 귀족층의 역할과 관련된 다양한 사회적 맥락이 존재했을 것이다.[3]

이 글은 현재 이용 가능한 서주시대 서사書寫(writing)의 증거, 즉 청동기 명문을 직접적 증거로 고찰할 것인데, 주로 행정적 목적으로 사용된 문서에 초점을 맞춤으로써 이를 통해 당시 서사의 광범위한 사회적 배경을 명확히 하는 데 일조할 수 있으리라 기대한다. 필자는 우선 서주시대의 특정한 상황에서 필시 부식 가능한 매체를 통해 산출되거나 전승되었을 문서의 존재를 보여주는 청동기 명문 증거를 검토할 것이다. 이러한 문서들 중 일부가 청동기에 전사轉寫되어 명문의 부분들을 이룬 반면, 다른 많은 문서들은 부식 가능한 목간이나 죽간의 형태로 남아있었을 것이다.[4] 이어서 유명한 산씨반散氏盤(集成 10176)에 담긴 장문의 난해한 명문을 새롭게 해석함으로써, 그 문헌이 작성, 날인되어 결국 청동기로 전이된 정황에 대한 중요한 통찰력을 제시할 수 있을 것이다. 이 글의 말미에는 주의 귀족들에 의해 그 '금속문헌'이 제시되고 전시되며 이해된 다양한 사회적 맥락 속에서의 독사능력의 증거로서 청동기 명문 자체의 의미를 논할 것이다.

필자의 주된 논지는 다음과 같다. 귀족층 위주였다고는 해도, 서주 사회에서 서사는 사소하거나 지엽적이 아닌 매우 중심적 역할을 담당했다. 특히 행정의 영역에서 서사는 불가결한 수단이었는데, 이를 통해 주周 정부가 운영되었고, 서기書記 활동 자체가 정치적·행정적 권위를 향한 일정한 통로 구실까지 할 수 있게 되었다. 사회적 측면에서 문서는 사회적 관계를 매개했을 뿐만 아니라 계약된 경제 관련 업무를 보증하기도 했다. 그 자체가 '귀족 독사noble literacy'의 성격을 지녔던 청동기 명문들은 거기에 새겨진 내용들이 '비교의 맥락'에서 제시될 수 있도록 적절한 장도 제공했는데, 이를 통해 그 내용들이 청동기 소유자들만의 손아귀를 벗어나 서주의 귀족 사회에서 보다 광범위하게 유통될 수 있었다. 따라서 서주 사회에서 '귀족 독사'의 범위는 단순히 '서기 독사scribal literacy'로 묘사되어온 것보다 훨씬 더 의미심장하게 넓었을 지도 모른다.[5]

1. 서주시대 서사의 사회적 기능

상의 서사에 대한 최근의 한 분석은 단순한 추론을 통해 서사가 사용"되었을" 일련의 사회적 정황을 상정했지만, 이러한 경우에도 서사가 부식 가능한 재료에 새겨졌으므로 현재 그 증거가 남아 있지 않다고 결론지었다.[6] 필자는 여기서 서주 시기에 서사가 사용"되었을" 모든 가능한 정황을 열거하려 하지 않을 것이다. 그 대신 서주 사회에서 특정 유형의 문서나 증명서가 실제적으로 사용되었음을 보여주는 기록으로서 청동기 명문을 직접적으로 살펴볼 것이다.[7] 이들 명문에 근거해 구성된 전체 그림이 결코 완벽할 수는 없겠지만, 그 그림을 이루는 각각의 부분은 서주시대 서사의 사회적 기능과 독사능력의 전반적 확산에 대한 우리의 이해에 구체적인 "구성 요소"를 더해줄 것이다.

1. 주 왕실에서의 서사

현재까지 서주 중앙 행정에서 문서가 사용된 최고의 증거로 송정頌鼎(集成 2829)과 사십이년구정四十二年逨鼎, 사십삼년구정四十三年逨鼎, 면궤免簋(集成 4240), 원반袁盤(集成 10172), 풍정趠鼎(集成 2815) 6건을 비롯한 일군의 책명금문册命金文을 들 수 있다. 이러한 명문들은 '왕명서王命書'라고 불리는 한 유형의 문서를 언급하고 있고, 이렇게 문서로 준비된 명命이 처리되어 전이된 공식적 책명의 궁정의식이 거행된 상세한 정황을 묘사하고 있다. 이러한 전후 상황을 가장 완벽하게 재현해주는 것이 바로 아래의 송정 명문이다.

惟三年五月旣死覇甲戌, 王在周康卲宮. 旦, 王格大室, 卽位位. 宰弘右頌入門, 立中庭. 尹氏受王命書, 王呼史虢生册命頌. 王曰:"頌! 命汝官嗣成周貯二十家, 監嗣新造貯, 用宮御. 賜汝玄衣黹純, 赤市, 朱黃, 鑾旂, 攸勒, 用事." 頌拜頓首, 受命册, 佩以出. 反入瑾璋. 頌敢對揚天子丕顯魯休, 用作朕皇考龔叔皇母龔姒寶尊鼎. 用追孝祈匄, 康趠純佑, 通祿永命. 頌其萬年眉壽, 狄臣天子. 霝終. 子子孫孫寶用.

3년 5월 기사패 갑술일(11)이었다. 왕은 주周의 강소궁康卲宮에 있었다. 새벽에 왕이 대실로 들어가 자리로 나아갔다. 재宰의 직을 담당하는 홍弘이 송頌의 우측에서 동반하여 문 안으로 들어와 궁의 중앙 뜰에 자리했다. (내사內史의 장인) 윤씨尹氏가 왕의 명이 담긴 문서(왕명서)를 받았고, 왕은 사史(서기) 괵생虢生을 불러 송에게 책册(문서)으로 명하도록 했다. 왕이 이르기를, "송이여! (나는) 너에게 성주成周 20가家의 저장소를 관할하고,[8] 새로 축조된 저장소를 감독 관리하도록 명한다. 궁의 시종들을 이용하라. (나는) 너에게 옷단에 무늬 있는 검정 상의와 적색 슬갑, 주홍색 반원 옥 장식, 방울달린 기, 고삐 달린 재갈을 하사한다. 이들을 가지고 복무하라." 송이 머리를 땅에 대고 깊이 절하며 왕명이 담긴 죽간문서[册]를 받아 그것을 몸에 지니고 (궁정 뜰을) 나갔다. 그리고는 옥패를 들고 다시 돌아왔다. 송은 감히 천자의 빛나고 훌륭한 은혜에 대해 찬양하며, 이에 나의 존귀한 돌아가신 부친 공숙龔叔과 존귀한 모친 공사龔姒를 (위해) (이) 보배로운 제사용 정을 만든다. 이는 효를 추구하고 평화로운 조화와 순수한 은총, 충만한 부, 영원한 명을 기도하기 위해 사용될 것이다. 송은 만년 동안 장수를 누리고 영원토록 천자께 복무할 것이다. (송의) 자자손손 (이를) 소중히 사용할 것이다.

예컨대 황란웨이黃然偉 같은 이전의 학자들은 송정 명문에 묘사된 것과 같은 책명의식을 왕과 궁정의 피책명자 모두에 의해 목도된 왕명을 실제적으로 '적어내는writing-out' 절차와 관련된 것으로 간주했다. 이러한 독법은 다른 관련 명문들과 신중히 대조될 때 명백한 문법적 오류를 드러낸다.* 오히려 이러한 과정을 묘사한 모든 명문들에 대한 일관된 독법은 왕명을 상세하게 적시한 문서가 그것이 사용된 책명의식 이전에 미리 준비되어 있었어야 함을 시사한다. 이러한 문서가 왕의 궁정에서 실제로 작책윤作册尹 자신에 의해서가 아니라면 그의 관할 하에 있는 서기직 관리에 의해 작성되었음을 암시하는 좋은 증거도 존재한다. 의식 도중에 왕에 의해 미리 작성된 문서(왕명서)가 먼저 내사內史의 장(송정에서는 윤씨)이나 다른 사람에게 전달되었는데, 이는 명이 왕으로부터 유래했음을 상징적으로 보여준다. 그 후 왕은 다른 서기관(송정에서는 사史 괵생虢生)을 불러 후보자에게 명을 소리 내어 읽으라고 했을 것이다.[9] 필자는 최근의 한 연구에서 두 명의 관리가 궁정에서의 문서화된 명의 전달에 관여한 체제가 서주 후기에 고안되었을 가능성을 제기했다. 반면에 서주 중기에는 그 두 역할이 분화되지 않은 상태로 한 명의 관리에 의해 수행되었다. 이는 면궤 명문에 묘사된 상황 즉 "왕이 작책윤作册尹에게 문서를 주고 그로 하여금 면免에게 명하도록 했다"와 유사하다.[10]

여기서 가장 흥미로운 논점은 두 가지다. 첫째, 서주시대 행정 관리의 임명은 왕의 서기관들 중 한 명이나 이따금 왕 자신에 의한(예컨대 해궤害簋[集成 4259]의 경우처럼) 궁정에서의 구두 발표 부분이 끝난 이후, 확실히 죽간이나 목간 형태로 문서화되어 전달되었다. 이러한 문서는 오늘날 '임명장'과 아주 흡사한 기능을 지녔을 것이다. 실제로 서주 중후기의 조정에서 이러한 임명장이 어느 정도 사용되었는지 추산할 방법이 있다. 현재까지 100건 정도의 책명금문이 발견되었고, 이 수치는 정부 활동의 특정 영역과 관련된 어떤 다른 명문군

---

* 황란웨이는 "윤씨수왕명서尹氏受王命書"에서 "서書"를 동사로 보아 "윤씨가 문서를 작성하도록 왕명서를 받았다"라고 해석했다. 이는 면궤免簋 명문의 "왕수작책윤서王受作册尹書, 비책명면俾册命免" 구절과 모순된다. 황란웨이의 독법에 따르면 이 구절은 왕이 작책윤에 의해 문서를 작성하도록 명받은 것으로 이해되어야 하는데, 이는 명백히 틀린 해석이다. 黃然偉, 《殷周青銅器賞賜銘文研究》, 香港: 龍門書店, 1978, 90, 95쪽. 필자가 이전에 주목한 바와 같이, 면궤免簋 명문의 "수受"는 확실히 "수授"를 의미하고, 이에 대해 가능한 시나리오는 왕이 작책윤에게 문서를 주고 그로 하여금 그것을 면免에게 고하도록 지시한 것 밖에는 없다(송정頌鼎 명문에서는 고지자로서 후자의 역할이 윤씨尹氏가 아닌 사史 괵생虢生에 의해 수행되었다). 동일한 원칙으로, 송정頌鼎의 윤씨尹氏는 단일한 용어로 취급되어야만 하는 "왕명서王命書"의 수취자임에 틀림없다. Li Feng, "'Offices' in Bronze Inscriptions and Western Zhou Government Administration", *Early China* 26~27, 2001-2, p.50의 각주 143 참고.

의 그것도 훨씬 초과한다.* 이러한 명문들이 필시 서주 중기와 후기에 걸쳐 주조된 모든 책명금문의 일부에 불과했으리라는 점과 이들이 원래 죽간이나 목간에 기록된 문서의 사본이라는 점을 감안한다면, 공식적 책명의 문서화가 서주 중후기의 이례적인 현상이 아닌 규정이었음을 강하게 주장할 수 있는 근거를 확보하게 되는 것이다.

둘째, 공식적 책명의 맥락에서 문서 사용에 대한 상세한 정보를 제공하는 6건의 명문 모두 서書라는 용어를 책冊과는 명백히 구분하여 사용하고 있다. 예컨대, 송정의 경우 왕의 문서는 처음에는 왕명서王命書로 언급되다가, 그것이 후보자에게 전달될 때는 후보자 송이 궁정 뜰 밖으로 나가기 전에 몸에 지닌[佩以出] 명책命冊으로 불렸다.[11] 청동기 명문의 언어에서 책冊은 확실히 문서를 담고 있는 죽간이나 목간의 재료 형태를 이르는 반면에, 서書는 문서 자체를 의미한다. 이는 어떤 청동기 명문에서 모든 책명금문에서와 마찬가지로 책명冊命을 언급할 때, 그 행위를 수행하는 누구라도 사실상 재료 형태의 문서를 그의 손에 들고서 거기에 적시되어 있는 왕의 명을 고했음을 의미한다. 서書라는 문서는 그것을 받은 사람이 오랫동안 잘 보관할 필요가 있다고 여기면, 여러 개의 사본으로 재생될 수 있었고, 결국에는 청동기에 전사될 수 있었던 것이다.[12]

* 무사 아키라武者章가 수행한 다양한 측면의 조사에서 1970년대 말까지 알려진 책명금문 91건이 산출되었다. 〈西周冊命金文分類の試み〉, 松丸道雄 편, 《西周靑銅器とその國家》, 東京: 東京大學出版會, 1979, 248~49쪽. 그 이후 발견된 책명금문의 정확한 추산은 이루어지지 않고 있지만, 가장 보수적인 추산도 100건은 넘을 것으로 보고 있다. 가장 최근에 발견된 책명금문으로 사유정師西鼎과 정백궤井伯簋를 들 수 있는데, 이들은 각각 베이징의 바오리예술박물관保利藝術博物館과 국가박물관國家博物館에 소장되어 있다.

관료제적 정부의 주요 기능 중 하나는 정보를 흡수하여 가공을 거쳐 내보내는 데에 있다. 서주 정부는 이러한 기능을 수행하는 데 특히 역량을 발휘한 것으로 간주되고 있다.[13] 최근의 한 연구는, 주로 메소포타미아의 기록과 비교를 토대로, 의후측궤宜侯夨簋(集成 4320)나 대우정大盂鼎(集成 2837) 같은 서주 금문에 제시된 토지와 사람의 정확한 수치가 일종의 토지와 인구조사에 기초했을 것으로 추정한 바 있다. 이러한 조사는 서주 정부가 토지 기록과 다양한 하부집단 주민의 명부를 문서형태로 보존함으로써 가능했을 것이다.[14] 그 논증의 추론적 성격에도 불구하고 이러한 논점은 취할만한 가치가 있다. 필자는 여기서 더 이상의 추론을 더하기보다는 명문 증거를 통해 강력한 부기簿記 전통이 존재했음을 시사받을 수 있는 서주 정부의 한 측면에 대해 논하려고 한다.

학자들은 오랫동안 서주 청동기 명문에 빈번하게 등장하는 "공적功績 진술"의 관행을 나타낼 가능성이 큰 "멸력蔑曆"이라는 용어의 의미에 대해 토론해 왔다. 멸력 의례 거행의 영광을 부여받은 관리들을 언급한 총 30건 이상의 서주 청동기 명문이 존재하는데,[15] 아래의 면준免尊(集成 6006)은 그 전형적인 예다.

唯六月初吉, 王在鄭. 丁亥, 王格太室, 井叔右免. 王蔑免曆. 命史懋賜免載市, 絅黃. 作嗣工. 對揚王休, 用作尊彝. 免其萬年永寶用.

6월 초길, 왕은 정에 있었다. 정해일(11)에 왕이 대실에 이르자 정숙井叔이 면免의 우측에서 동반했다. 왕은 면의 공적을 상술하고[蔑曆], 사史 직책의 무懋에게 명하여 면에게 검정색 슬갑과 반원 옥장식을 하사하도록

하며, 사공의 직을 맡도록 했다. (면은) 왕의 은혜를 찬양하며, 이에 (이) 제사용 그릇을 만든다. 면이 만년 동안 영원히 이를 보배롭게 사용할 것이다.

일반적으로 '멸력'은 우월한 권위를 지닌 사람이 자신의 부하나 사속私屬을 위해 거행한 행위로 이해될 수 있다. 그런데 그 수취인이 이를 청동기에 기록할 가치가 있을 정도로 영광스럽게 간주한 사실을 통해 나타난 바와 같이, 그 행위의 근저에는 인정과 감사에 대한 깊은 인식이 깔려 있었다. 이 점은 이러한 행위가 보통 멸력 의식의 거행 대상인 관리에 대해 물질적으로 보상하는 사여로 이어진다는 점에서 더욱 확증된다. 그 행위에는 구두 표현과 함께, 당국에서 공훈으로 간주하는 내용과 해당 관리가 주周 정부에서 복무한 역사 기술에 상당하는 내용을 문서로 작성하는 기록의 과정이 포함되어 있었을 것이다. 탕란唐蘭(1901~1979)은 《이아爾雅》에서 셈의 의미인 '수數'로 주해된 '역曆(혹은 歷)'이라는 글자가 한 개인이나 가족의 누적된 공적을 지칭하는 것으로 해석했다.[16] '멸蔑'에 대해서 학자들은 '벌伐'의 의미로 읽고 있는데,[17] 탕란은 한걸음 더 나아가 '벌'에 '미美'의 의미(동사로 "칭찬하다, 경의를 표하다")가 담겨 있을 것으로 보았다. 따라서 "멸력"이라는 용어는 상급자가 일종의 제시 가능한 기록을 토대로 하급자의 누적된 공훈을 진술하는 하나의 의례를 지칭하는 것이다. 학자들 사이에서 이 해석이 폭넓게 수용되고 있다.[18] 사실 탕란과 그보다 앞서 옌이핑嚴一萍은 모두 '멸력'을 관리의 이력 진술 과정으로 이해되는 한대漢代에 '벌열伐閱'로 불리게

된 용어의 이른 형태로 파악했다.[19]

'멸蔑'과 '벌伐' 사이의 의미상 연관성에 대해서는 이론의 여지가 없지만, 30건 이상의 '멸력'을 담고 있는 명문에서 '멸'이 '벌'로 대체된 경우나 그 반대의 경우도 결코 존재하지 않는다. 이는 두 글자가 같은 어원에서 유래했음에도 불구하고, 서주시대에 이미 관습적으로 구분되었음을 암시한다. 마찬가지로 '멸蔑'은 《주역周易》 박괘剝卦의 두 효사爻辭에 나타나는데, 그것이 같은 말을 적은 서주 이후의 글자인 '멸滅'의 초기 형태라는 강력한 증거가 존재한다.[20] 물론 '멸滅'은 상과 주의 명문에는 전혀 등장하지 않는다. 군사적 맥락에서 '정복하다'나 '멸망시키다'의 의미 이외에도, '멸滅'은 '덮다'나 '채우다'의 의미(몰沒에 가까움)도 지니고 있다. '벌'로 이해했던 이전의 방식보다 훨씬 적절하다고 필자가 믿고 있는 '멸蔑'에 대한 이러한 새로운 해석은 서주 금문에서 '멸력'의 의례가 한 관리의 공적에 대한 구두 선언뿐만 아니라, 상급자나 주왕周王이 일종의 "공적 기록부"에 그 관리의 공적을 실제로 기입한 것까지도 포괄하고 있었을 가능성을 시사한다. 그 의례를 기록한 상당히 다수의 명문은 그것이 주의 중앙정부에서 정기적으로 거행되었음을 보여준다.

2. 왕궁 밖의 "문서업무"

새로운 증거는 공식적인 문서기록의 사용이 주의 중앙 조정에서의 필수적 행정 과정이었을 뿐만 아니라, 서사가 중앙 조정을 벗어난 지방 행정에서도 광범위하게 사용되었음을 보여준다. 아래에서 살펴볼 오호정吳虎鼎(集錄 364) 명문은 그 좋은 사례다.[21]

惟十又八年十又三月旣生霸丙戌, 王在周康宮夷宮. 導入右吳虎, 王命膳夫豐生嗣工雍毅䵣剌(厲)王令, 付吳墮舊疆, 付吳虎. 厥北疆涵人眔疆, 厥東疆官人眔疆, 厥南疆畢人眔疆, 厥西疆荓姜眔疆. 厥俱履封: 豐生, 雍毅, 伯導, 芮嗣土寺㝬. 吳虎拜稽首, 天子休. 賓膳夫豐生璋, 馬匹; 賓嗣工雍毅璋, 馬匹; 賓芮嗣土寺㝬璧. 授書: 尹友守史. 迺賓史㝬韋兩. 虎拜手稽首, 敢對揚天子丕顯魯休, 用作朕皇祖考庚孟尊鼎, 其子子孫孫永寶.

18년 13월 기생패 병술일(23)에 왕은 주周에 있는 강궁康宮의 이궁夷宮에 계셨다. 도導가 오호吳虎의 우측에서 동반하여 들어왔다. 왕이 선부 풍생豐生과 사공 옹의雍毅에게 려왕厲王이 (이전에 발한) 명을 연장하여 오무吳墮의 옛 영지를 오호에게 주도록 명했다. 그 북쪽 경계는 함涵 사람들의 경계에 미치고, 그 동쪽 경계는 궁宮에 속한 사람들의 경계에 미치고, 그 남쪽 경계는 필畢 사람들의 경계에 미치고, 그 서쪽 경계는 방강荓姜의 경계에 미친다. 그 조사(즉 그 들판을 측량하며 한)와 구획을 완료한 사람은 풍생과 옹의, 백도伯導, 예芮의 사토인 사회寺㝬였다. 오호는 머리를 땅에 대며 깊이 절하고 천자의 은혜를 (찬양했다). (그는) 선부 풍생에게 옥장과 말 한 마리를 예물로 주었다. 사공 옹의에게 옥장과 말 한 마리를 예물로 주었다. 예의 사토 사회에게 옥벽을 예물로 주었다. 문서를 넘겨준 사람은 윤우尹友인 수사守史였다. 이에 (오호는) 사회史㝬에게 모피 두 세트를 주었다. 호는 머리를 땅에 대며 절하고, 감히 천자의 크게 빛나고 아름다운 은혜를 찬양하며, 이에 나의 위엄 있는 조부와 부친, 경庚과 맹孟을 위한 제사용 그릇을 만든다. 그의 자자손손 이를 영원히 보배롭게 여길 것이다.

이 명문은 려왕厲王에 의해 기존에 승인되었던 토지 거래를 기록한 것으로, 그 다음 왕인 선왕宣王이 이를 다시 승인한 것이다. 선부 풍생과 사공 옹의는 왕명이 내려진 이후 실제로 수혜자인 오호를 데리고 들로 나가, 필시 오호의 대리인이었을 백도伯導(오호와 조정에 동반한 도導와 동일 인물일 수 있다)와 함께, 지방행정관인 예芮의 사토 사회㝬의 도움을 받아 토지 경계를 정했다. 이 일이 완료되자 그 토지의 수취인에게 서書를 양도하는 것과 함께 이 거래는 종결되었다. 그 서를 전달한 사람은 명문에 윤尹의 조력자[友]로 묘사된 서기守史 회㝬였는데, 내사윤內史尹 혹은 작책윤作册尹으로 명문에 나타나는 윤尹은 서주 중후기에 왕실 내사內史의 장으로 잘 알려져 있다. 이 명문의 흥미롭고 상당히 독특한 양상은 오호가 자신의 감사를 두 번 표하고 있는 점이다. 첫 번째는 그 거래를 실제로 성사시킨 관리들에게 예물 세트를 준 것이고(중앙정부의 관리와 지방 예芮의 관리에게는 각각 다른 품목이 제공되었다), 두 번째는 문서(필시 왕의 토지인증) 전달자 서기[史] 회㝬에게 별도로 특별히 모피 두 세트를 전달한 것이다. 명문에 배수계수拜手稽首라는 구절이 두 번 등장하는 것도 이러한 구분을 명확히 해주어, 토지를 받은 새로운 주인에게 양도된 문서 전달의 행정적 절차가 특히 강조되었음을 암시한다. 이 명문은 서주 사회에서 토지 거래와 같은 업무가 그 토지의 수취인에게 그러한 경제적 재원의 사용권과 소유권을 부여하는 문서의 사용을 통해 이루어졌음을 보여준다.

더욱이 오호정 명문에는 다음과 같은 아주 의미심장한 관리 구성도 드러난다. (1) 내궁의 관리(선부), (2) 실무 관리(사공), (3) 서기관

[史], (4) 지방 관리(여기서는 예의 사토인 사회). (1)의 선부는 오호정이 주조된 서주 후기에는 왕의 사적인 대리인으로 중요한 역할을 담당했지만 서주 중기에는 그다지 중요하지 않았다. (2)의 "실무 관리"는 주周 중앙 행정의 주요 부서인 경사료卿事寮에 속하는 삼사三司를 이른다.[22] (2)+(3)+(4)의 패턴은 토지 거래를 기록한 서주 중기 금문에 상당히 전형적으로 나타난다. 예를 들어, 오년구위정五年裘衛鼎(集成 2822) 명문에는 내사內史 우友가 삼사三司와 동반하여 구위가 사전四田을 획득한 토지 거래를 완료시킨다. 영우永盂(集成 10322)에서는 내사 우와 동일한 역할이 오호정에 기록된 것과 아주 유사한 행정 구조 속에서 아사[㱃史]라 불리는 서기관에 의해 수행된다. 이들 명문에 비록 문서에 대한 직접적인 언급은 없지만, 이들은 오호정 명문에서 예증된 바와 같이 서기[史]가 주도한 주周 정부의 독사능력에 기초한 기능이 중앙정부가 조직하고 감독한 경제적 행위의 불가결한 부분이었을 가능성을 시사한다.

3. 가문에 의해 사용된 토지대장

경제 행위에 문서가 사용된 다른 중요한 증거는 육년조생궤六年琱生簋(集成 4293)에 나타난다. 이는 주 정부에서 발행한 인증이나 칙령이 아닌, 한 귀족의 가문에서 다른 가문에게로 양도된 토지대장이다. 명문을 살펴보자.

唯六年四月甲子, 王才茉, 曶(召)伯虎告曰: "余告慶！" 曰: "公厥稟貝, 用獄訟為為, 伯又底又成. 亦我考幽伯幽姜, 令余告慶. 余以邑訊有嗣, 余典勿敢

封. 今余旣訊有嗣, 曰: '侯令！' 今余旣一名典, 獻伯氏."則報璧. 珊生對揚
朕宗君其休, 用作朕剌祖豳(召)公嘗簋, 其萬年子子孫孫系寶用享于宗.[23]

6년 4월 갑자일(1)에 왕은 [도읍] 방葊에 있었다. 소백召伯 호虎가 고하여
말하기를, "제가 기쁜 소식을 알려드립니다!" [그가] 말하기를 "공公(조생
珊生과 밀접한 관계가 있는)이 소송비용을 위해 패貝를 보내왔습니다. 백伯
(조생)과 당신은 이제 [당신의 건에 대해] 조정을 이루어냈습니다. 나의 부
친 유백幽伯과 모친 유강幽姜도 나에게 기쁜 소식을 고하라고 명했습니
다. 나는 읍의 [토지대장]을 가지고 정부 관리에게 의뢰해서, 문서화했지
만 감히 [그 대장을] 봉인하지는 않았습니다. 이제 이미 그 관리들에게 의
뢰했고, 그들이 '그 명(유백과 유강, 즉 소족召族의 장)을 따르라'고 말했습
니다. 이제 나는 [그들의] 이름을 문서에 순서대로 기록하여, 그것을 백씨
伯氏(조생)에게 드립니다." [백씨는] 따라서 [소백에게] 옥벽으로 보답했
다. 나 조생은 나의 종군宗君(소족召族의 장)의 은혜에 대해 찬양하며, 이
에 나의 위엄 있는 조상 소공召公을 위해 이 제물을 바치는 궤를 만든다.
[내] 자자손손 만년 동안 보배롭게 종묘에 제물을 바치는 데 이를 사용할
것이다.

이 명문이 상호관련된 두 명문 중의 하나임은 잘 알려져 있다(다른
하나는 미국 예일대의 Art Gallery에 소장되어 있는 오년조생궤五年珊生簋
(集成 4292)다). 더욱이 산시성陝西省 푸펑현扶風縣 우쥔시촌五郡西村
에서 최근 발견된 또 다른 조생기(오년조생준五年珊生尊-역자)는 연대
적으로 이 두 명문 사이에 해당하는 다른 명문을 추가하고 있다.[24]
이들 세 명문의 주조와 관련된 정황은 너무 복잡하여 여기서 논의하

기는 불가능하다. 일단 개략적으로 말하면, 이들 명문은 모두 서주 후기의 어느 시기 저명한 소씨召氏의 소종小宗 성원임이 거의 확실한 조생琱生이 맞닥뜨린 토지 분쟁에 대해 기록한 것이다. 그렇지만 자신의 아들 소백召伯 호虎를 보내 조생을 대리하여 법정에 서게 한 인물은 조생이 종군宗君으로 경의를 표한 가문의 장이었다. 그 소송은 일 년 이상을 끌다가 조생의 가족이 필요한 법적인 비용을 지불한 후에야 마침내 조생에게 유리하게 조정이 된 듯하다. 육년조생궤는 그 조정 이후에 주조되어 소백 호가 조생의 가족들을 방문하여 전한 기쁜 소식을 기록하고 있다.

이 명문에는 두 가지 중요한 논점이 제시되어 있다. 첫째, 소백 호가 조생의 가족을 대신하여 분쟁이 조정된 대장의 초안을 작성해 그것을 정부 관리가 검토하도록 제출한 점을 기록하고 있다. 둘째, 이 문서가 필시 소씨 가문 측이 작성한 제안을 수용한 주周 법정의 관리에 의해 승인되었을 때, 역시 소백 호가 그 토지대장의 초안을 조정에 관여한 모든 사람들의 성명 기입[一名典]과 함께 신중히 마무리하고, 조생의 가족을 직접 방문하여 이를 전달했다. 이 새로운 대장이 조생의 가족에게 이전에 분쟁이 있었던 토지에 대한 합법적 문서로서의 역할을 담당한 반면, 이 건에 대해 작성된 초안 문서의 사본이 주 법정과 소씨 측 모두에 보관되었을 가능성이 크다. 육년조생궤 명문은 주의 법정으로 가져온 토지분쟁 건의 경우, 그 가문의 대종이 분쟁에 연루된 소종을 대신하여 적절한 문서작성을 준비할 책임을 지니고 있었고, 이러한 문서가 서주 사회의 경제생활에 중요한 법적 역할을 지니고 있었음을 시사한다.

4. 토지 거래에서 사용된 계약 부절

육년조생궤가 법적인 분쟁의 경우에 토지대장이 정부에 승인을 얻기 위해 제출되고, 또한 기록 보관을 위해 그 소송에 연루된 가족에게도 그 대장이 전달된 좋은 사례를 제공하는 반면, 중앙정부가 개입되지 않은 듯한 사적인 토지 거래에서 계약서 역할을 한 부절이 사용되었음을 보여주는 사례도 존재한다. 아래에 제시될 서주 중기의 붕생궤佣生簋(集成 4262) 명문이 바로 그것이다.

唯正月初吉癸子、王在成周. 格伯取良馬乘于佣生, 厥貯卅田, 則析. 格伯遂. 殹妊托厥從 格伯陝(安)彶田: 殷谷杜木, 邊谷旅桑, 涉東門. 厥書史戠武立壺(甶)成畢(壘), 鑄保(寶)簋, 用典格伯田. 其萬年子子孫系永保(寶)用. 尿.

1월 초길 계사일(30), 왕은 성주에 있었다. 격백格伯이 양마良馬 네 마리를 붕생佣生으로부터 취하고 그에 대한 대가로 자신의 30전田을 지불했다. 이에 [그는] [그 계약을] 반으로 쪼갰다. 격백은 이를 후회했다. 의임殹妊과 탁托이 그 토지의 [경계를] 조정하도록 격백의 편에 섰다. 은곡殷谷의 자작나무부터 우곡邊谷의 뽕나무까지, 동문東門을 가로질러. 그(붕생)의 서기인 식戠과 무武가 흙을 떠서 보루를 쌓고, 보배로운 궤를 주조한다. 이로써 격백으로부터 양도받은 전田에 대해 문서화한다. 만년 동안 자자손손 이를 영원히 보배롭게 사용할 것이다. 족휘.[25]

이 명문은 격백格伯이라는 인물이 자신의 30전田을 대가로 보상하고[貯卅田] 붕생佣生이라는 인물로부터 좋은 말 네 마리를 취득한 사실을 전한다.[26] 이러한 토지 거래를 기록한 많은 다른 명문들에서와 마찬가지로 그 30전田은 격백 측의 인물들과 붕생 측의 두 관리로 구성된 다수의 사람들이 집단적으로 실사했다. 경계가 결정되었을 때, 붕생의 서기관들이 직접 흙을 떠서 보루를 만들어 표식으로 삼았고, 곧바로 청동기를 주조하여 격백이 붕생에게 양도한 30전을 문서화해(典, 위에서 논의된 육년조생궤에서와 같은 용례) 기록했다.[27] 이 명문은 청동기를 주조하여 그 내부에 명문을 새긴 목적을 명확하게 묘사한 좋은 사례다. 이 경우 전典이라는 단어는 문서로서 명문의 목적을 직접적으로 지적해주는데, 다시 말해 청동기의 소유자 자신이 참조하기 위해서든, 더 많은 사람들이 그것을 살펴보도록 하기 위해서든, 중요한 경제적 거래에 대한 정보를 보존하기 위해 그러한 청동기가 주조되었다는 것이다.

이 명문의 내용으로 알 수 있는 중요한 사실은, 청동기 자체가 붕생에게 토지가 양도되었음을 기록한 "문서"로 주조되어, 필시 부식 가능한 재료에 미리 작성된 문서를 더욱 영구화하기 위한 방편으로 주조되지 않았다는 점이다. 이 문제는 뒤에서 청동기 명문의 문서적 기능과 함께 다시 다루어질 것이다. 어쨌든 여기서 우리의 관심을 끄는 또 다른 문제는 명문의 세 번째 줄에 나타나는 "이에 쪼개다[則析]"라는 구절이다. 이 명문을 연구한 모든 학자들은 이를 토지 계약을 반반으로 나누어, 구매자와 판매자가 각각을 보유한 것으로 이해했고, 양수다楊樹達(1893~1980)는 문헌기록을 토대로 이를 설명한 바 있다.[28] 명문에 비록 동사 석析에 뒤이어 목적어가 나타나 있지 않지만, 그것은 확실히 "쪼개다"의 의미이고, 이는 그 명문의 문맥으로 보아, 협의에 이른 이후에 일종의 계약표식을 쪼개는 행위를 묘사한 것일 가능성이 농후하다. 이는 후대에도 일반적인 관행이었다.

5. 군사적 맥락에서 서사의 사용

이 글에서 논의될 법률적 분쟁의 조정과 관련된 마지막 사례는 서주 중기 초반부에 행해진 군사원정과 관련이 있다. 아래의 사기정師旅鼎(集成 2809) 명문을 살펴보자.

唯三月丁卯, 師旅衆僕不從王征于方雷, 使厥友弘以告于伯懋父, 在善. 伯懋父迺罰 得古三百守, 今弗克厥罰. 伯懋父令曰:"義(宜)播. 叡！厥不從厥右征. 今毋播, 其有納于師旅." 弘以告中史, 書. 旅對厥質于尊彝.

3월 정묘일(4)에 사기師旅의 종복 여럿이 우방于方의 뢰雷 지역에 대한 왕의 정벌에 따르려 하지 않았다. (사기는) 자신의 측근 홍弘을 보내 내善에 머물고 있던 백무부伯懋父에게 이를 고하도록 했다. 이에 백무보는 (그들에게) 고古(금속) 300렬守을[29] 벌금으로 납부하도록 했고, 지금까지 (그들은) 이 벌금을 납부할 수 없었다. 백무보가 명하여 말하기를, "나는 마땅히 (그들을) 추방해야 한다. 아! 그들은 그들의 상관의 정벌을 따르지 않으려고 했다. 이제 (그들을) 추방하지 않을 것이다, 대신 그들은 그 벌금을 사기에게 납부해야 한다." 홍은 이를 중사中史(서기)에게 고했고, (그 서기가) (그 평결을) 문서로 작성했다. (사)기는 이 제사용 그릇에 (이를 주조함으로써) 그 평결에 대응한다.

로라 스코시Laura Skosey는 이 사례를 주왕이 주도한 군사원정에서 일어난 항명이라고 논한 바 있다.[30] 반항하던 군인들은 목왕穆王

재위기에 일어난 많은 군사 원정의 총수總帥로 잘 알려진 백무보로부터 벌금형을 받았다. 어떤 이유에서든지 그 벌금이 납부되지 않았고, 백무보가 내린 두 번째 평결은, 그 군인들에게 추방으로 위협하면서, 사기에게 그 벌금을 납부하도록 한 것이다. 사기의 측근인 홍은 따라서 그 평결을 중앙 서기[中史]에게 고했다. 이 사건이 내邿라는 지역에서의 군사원정 당시 일어난 것으로 보이기 때문에, 중사中史는 십중팔구 백무보 사령부의 서기관일 것이다.[31] 이 명문은 중사가 실제로 문서기록을 산출해낸 강력한 증거를 제공하는 점에서 의미가 있다. 반면에 사기 자신은 이 청동 정을 주조해 그 평결을 기록했다. 따라서 단일한 법적인 사례로 인해 두 종류의 문서가 산출되었음을 알 수 있는데, 하나는 왕실의 서기가 목간이나 죽간에 새겨 지휘관의 사령부에 보관했고, 다른 하나는 청동기에 주조되어 필요할 때 관리들의 기록과 대조될 수 있도록 사기의 집안에 보관되었을 것이다. 명문에서 평결의 의미로 '질質'이라는 용어를 사용한 것은 사기가 벌금을 부과받은 군인들로부터 지불을 청구할 수 있었던 확실한 증거를 제시해준다.

지금까지 서주 청동기 명문에서의 문서 작성과 관련된 직접적 사례들을 살펴보았다. 그것들은 비록 서주시대 독사능력의 범위를 일반화하기에 충분치는 않지만, 문서가 산출되고 관리된 특정한 사회적 정황에 대해 구체적으로 일별할 수 있게 해준다. 서사의 사용은 정부의 일상적 행정과 관리들을 위한 기록 보존, 토지 거래, 소유권이나 사유물 교환과 관련된 법적 사례, 군사행정 등과 같은 다양한 사회 영역에 미쳤다. 이러한 영역 모두에서 서사는 중요한 역할을 담당했다.

2. 문서 작성과 그 이후: 산씨반의 사례 분석

서주시대 가장 긴 명문 중의 하나인 산씨반散氏盤(集成 10176)은 문서와 관련된 직접적 참고자료를 제공할 뿐만 아니라, 한 문서가 어떻게, 왜 결국 청동기에 전사되었는지에 대해서도 아주 독특한 방식으로 설명해준다. 서주 후기 그 청동기를 주조한 산씨散氏의 중심지는 산시성 바오지寶鷄 지역의 웨이수渭水 남쪽에 위치했다. 산散의 북쪽에 위치한 측국夨國의 영역은 북쪽의 룽현隴縣으로부터 남으로는 바오지에서 웨이수와 합류하는 첸수汧水를 따라 바오지에까지 펼쳐져 있었다. 산이 주周 왕기의 변방에 위치한 씨족 수준의 정치체인 반면, 측은 자체의 왕권을 지닌 나라로 주의 정치체제 외곽에 위치하지만 주 왕실과 같은 희성姬姓이었던 것으로 보인다.[32] 이유는 알 수 없지만 측국은 산씨의 취락들을 공격했다. 349자에 달하는 산씨반의 긴 명문은 전후 조정의 결과로 신중하게 구획된 산과 측 사이의 새로운 경계에 대해 기록한 것이다. 명문을 살펴보자〈그림 1〉.

用夨撲散邑, 迺卽散用田. 履: 自瀗涉以南, 至于大沽, 一封: 以陟, 二封; 至于邊柳, 復涉瀗. 陟雽𢕗𣂣陕以西, 封于播城楮木, 封于芻逨, 封芻𧗲. 內陟芻, 登于厂湶, 封剒𨺅, 陕陵, 剛𨺅, 封于單道, 封于原道, 封于周道. 以東封于𩰫東疆右. 還, 封于履道. 以南封于𥁍逨道; 以西至于堆莫. 履井邑田:

自根木道左至于艸邑封; 道以東一封; 還, 以一封, 陟剛三封; 降以封于同
道; 陟州剛, 登厈, 降棫, 二封. 矢人有嗣履田; 鮮, 且, 微, 武父, 西宮襄,
豆人虞丂, 彔貞, 師氏, 右眚, 小門人繇, 原人虞荓, 淮嗣工虎, 孝龠, 豐父,
唯人有嗣井, 丂, 凡十又五夫. 正履矢舍散田: 嗣土逆𡎐, 嗣馬單㙱, 邦人嗣
工騕君, 宰德父, 散人小子履田戎, 微父, 教𥄲父, 襄之有嗣橐, 州景, 攸
從𧗬, 凡散有嗣十夫. 唯王九月辰才乙卯, 矢俾鮮, 且, 𠂤, 旅誓曰: "我既付
散氏田器, 有爽, 實余有散氏心賊, 則爰千罰千, 傳棄之!"鮮, 且, 𠂤, 旅則
誓. 迺卑西宮襄, 武父誓曰: "我既付散氏隰田, 畛田, 余又爽𢑥, 爰千罰千!"
西宮襄, 武父則誓. 厥為圖, 矢王于豆新宮東廷.

厥左執緢史正, 中農.

측이 산읍散邑을 침탈한 연유로, [측의 관리들이]] 이에 토지로 [보상하려
고] 산에 당도했다.

[측이 양도한 전의] 측량: 헌수瀗水에서 남으로 가로질러 대고大沽에 이르
러 첫 번째 나무 표식을 심다. 올라가서 두 번째 표식을 심다. 변류邊柳에
이르러 다시 헌수를 건너다. 차𫠆와 낙𥏹(luo)의 서쪽의 언덕을 올라 넘어
가서 파성播城의 저목楮木(닥나무) 근처에 나무표식을 심고, 추래𡵨遒에
나무 표식을 심고, 추𡵨 길(衡)에 나무 표식을 심다. 추𡵨로 들어가 절벽
천(厂湶)을 넘어서 저𢽡의 둑(厈)과, 언덕 경사면(陕陵), 산등성이 둑(剛厈)
에 나무 표식을 심다. 단單 도로(道), 원原 도로(道), 주周 도로(道)에 나무
표식을 심다. 동쪽으로 가서 작𥎦의 동쪽 경계의 오른쪽에 나무 표식을
심고, 돌아서 리履 도로(道)에 나무 표식을 심다. 남쪽으로 가서 저래𢽡遒
도로(道)에 나무 표식을 심고, (다시) 서쪽으로 가서 유막堆莫에 이르다.

정읍전井邑田의 측량: 랑목根木 도로(道)의 좌측에서부터 정읍井邑까지

나무 표식을 심다. 도道의 동쪽으로 나무 표식 하나를 심다. 돌아와서 나무 표식 하나를 심다. 산등성(剛)을 올라 세 개의 나무 표식을 심다. 내려와서 동同 도로(道)에 나무 표식을 심다. 주州 산등성(剛)으로 올라가 둑(厈)을 넘어, 역棫으로 내려와 나무 표식 두 개를 심다.

전田을 측량한 측인의 관리들(명단): 선鮮, 차且, 미微, 무보武父, 서궁양西宮, 두인豆人의 우虞인 개丂와, 록정彔貞, 사씨師氏 우생右眚, 소문인小門人 요鑫, 원인原人의 우虞인 내莽, 회淮의 사공嗣工 호虎, 효약孝龠, 풍보豊父, 유인唯人의 유사有嗣 정井과 개丂 모두 15부夫.

측이 산에 양도한 전을 정리하고 측량한 산측(명단): 사토嗣土 역인逆軍(寅), 사마嗣馬 단곤單堒(棍), 방인邦人 사공嗣工 랑군騋君, 재재 덕보德父, 측량에 참가했던 산인散人 소자小子 융戎, 미보微父, 효구보效咢父, 양襄의 유사有嗣 탁탁槖, 주경州景, 유종력攸從隸; 산散의 관리는 모두 10부夫.

(周)왕 9월 을묘乙卯(52)의 시점이었다. 측은 선鮮과 차且, X彝, 려旅로 하여금 서약하여 이르기를 "우리는 이미 산씨에게 전田과 농기구를 양도했습니다. 만약 그 내용을 뒤집고 우리가 산씨의 마음을 상하게 한다면 천금의 벌금을 지불하고, 멀리 유기될 것입니다." 선과 차, X(彝), 려가 서약했다. 그 다음에 서궁양과 무보에게 서약하도록 하여 이르기를 "우리는 이미 산씨에게 질은 경지(隰田)와 구획된 경지(畛田)를 양도했습니다. 만약 우리가 (서약을) 뒤집고 변심한다면 천금의 벌금을 지불할 것입니다" 서궁양과 무보가 서약했다. 그들은 지도를 만들었다. 두됴의 신궁新宮 동정東廷에 있던 측왕의 입회 하에.

그 원편 계약보존 서기가 검증함; 중농中農(서명)

그림 1_산씨반(아래)과 명문(위)

이 협정에 따르면 측은 산에게 상당한 영토를 보상했는데, 그 지역은 아마도 바오지 북쪽의 쳰수汧水(명문에 언급된 헌수湳水) 연안이었을 것이다. 명문에는 "나무 표식[封]"이 만들어진 새로운 경계의 모든 부분뿐만 아니라 그 지대의 다른 특징들까지도 신중히 기록되었다. 이러한 상세한 묘사는 의심의 여지없이 실사를 토대로 추적 가능한 것임을 의미한다. 명문의 후반부는 이 토지의 처리 과정에 관계한 두 정치체의 관리들에 대해 상술하고 있는데, 측국의 15인과 산의 10인이 모두 실명으로 열거되어 있다. 흥미롭게도 관리들은 각 정치체의 중앙 행정 관리들과 그 처리에 영향을 받을 지방 읍들의 관리들, 두 집단으로 나뉜다.[33] 이점은 측의 중앙 행정 관리들만 서약을 한 사실을 통해서도 뒷받침된다. 즉, 선鮮과 차且, X彝, 려旅가 그들로, 만약 협정을 깨고 산 측에 반하는 음모를 꾀한다면, 천금의 과중한 벌금을 물고 주周의 영역으로부터 추방할 것이라고 서약했다. 서궁양西宮襄과 무보武父 역시 그들이 협정을 파기할 시에 같은 처벌을 당할 것을 서약했다. 그 서약이 행해진 날짜는 주 왕실의 달력으로 9월 을묘(52일)였다. 또한 측왕이 측국의 관할 지역인 두荳라는 정치체의 새로운 궁에 자리했을 때 관련 지도가 작성되었다(후술).

그 토지 처리를 기록한 지도는 의심의 여지없이 명문에 기술된 것만큼 상세했을 것이다. 명문에 언급된 새로운 경계에 연한 모든 지점들은 서사의 형태로 표지되었을 것이다. 넓은 의미에서 영역 지도의 사용은 서주 초기의 명문들에서 이미 검증되고 있다. 의후측궤宜侯夨簋(集成 4320)는 우후虞侯를 의宜의 통치자로 이봉利封한 것을 언급하고 있다. 이는 "영토 사여"라는 관례적 의식을 통해 공표되었는데, 이때 주왕은 새로운 제후국의 위치를 결정하기 위해 지도를 참조하고 있다. 그러나 필자가 제기하려고 하는 가장 결정적인 논점은 이전의 학자들이 보통 간과해 왔던 명문의 마지막 부분이다. 즉 명문 마지막 행의 여덟 자는 "그(혹은 그의) 왼편 계약보존 서기가 검증함; 중농中農"으로 읽을 수 있다. 명문의 마지막 행이 이전의 행과 연결되어 상부의 절반쯤에서 끝나는 모든 다른 알려진 명문과 달리, 산씨반의 이 마지막 여덟 자는 본문과 단절되어 그 행의 윗부분이 아닌 아래 부분에 나타난다(〈그림 1〉의 맨 왼쪽 줄). 이는 그 부분이 본문의 일부가 아니라 뒤에 명문으로 주조된 문서를 확실히 검증했고 그 계약을 보존할 서기의 서명 부분임을 아주 명백하게 보여준다. 이 논점은 두 가지 측면에서 중요하다. 첫째, 그 서명 부분은 명문에 언급된 바와 같이, 그 서약의 위반이 심각한 법적 결과를 초래할 수 있다고 한 협정으로서 그 문서의 사법적 성격을 강화해준다. 둘째, 청동기에 서명 선line의 등장은 그 금속 명문이 원 문서가 작성된 실제 모습 그대로를 복제한 것임을 강력하게 암시한다. 이러한 명문은 확실히 상상된 조상들에게 읽히도록 주로 조상 숭배 목적으로만 주조될 수는 없었을 것이다. 조상들이 현세의 세세한 내용까지 관심 가졌을 리는 없기 때문이다. 그 명문은 그 자체가 거기에 날인된 서명과 이 명문을 근거로 책임이 부여될 상세한 관리들 명단을 통해 보증된 중대한 토지 양도의 징표인 것이다. 이와 같이 산씨반 명문은 법적인 사안에 장문의 문서적 진술이 사용된 좋은 사례일 뿐만 아니라, 서주 사회의 법률 체제에서 금속 명문 자체가 담당했던 중요한 역할을 제대로 보여주기도 한다.[34]

왜 이렇게 중대한 문헌이 청동기에 들어갈 필요가 있었을까? 목간이나 죽간 같은 매체에 작성된 협약은 불로 쉽게 파손될 수 있다. 청동기와 같이 튼튼한 재료는 그 문헌에 보다 나은 "내구성"을 부여할 뿐 아니라 공공 모임과 같은 적당한 상황에서 산씨 귀족 성원들에게 쉽게 전시될 수도 있었을 것이다. 이러한 청동 반盤은 산 정치체의 소규모 궁정에서 보존되어 산의 관리들과 그 정치체의 중심부를 방문하는 누구라도 이를 살펴볼 수 있었을 것이다. 그 명문 문헌의 사법적 성격은 원문서가 필시 대나무나 비단에 이미 존재했을 때, 왜 청동 용기가 운반 가능하도록 주조될 필요가 있었는지 가장 논리적 설명을 제공한다. 이와 관련하여, 그 명문에 그 기물의 주조자로서 어떤 개인의 이름도 명시되지 않은 점도 산씨반의 독특성으로 주목되어야 할 것이다.[35] 그러므로 특정 기물을 사용하고 봤던 사람들 모두에게 필시 알려진, 그 기물과 연관된 동질적인 공동체나 공적인 후원sponsorship이 존재했을 가능성이 크다.

이러한 측면에서 문헌 보존의 목적에 부응하기 위해 주조된 청동기의 다른 좋은 사례가 있다. 홀정智鼎(集成 2823)이 바로 그것인데, 그 기물의 내벽에는 별개의 세 문헌이 담겨있다. 이들 중 두 문헌은 기물의 주조자 홀이 경험한 전혀 연관되지 않은 사법 사례를 기록한 것이고, 이 둘 모두 같은 청동기에 주조된 전형적 책명금문인 세 번째 문헌과도 전혀 무관하다. 홀정은 주조자가 자신의 가족 문서보관소에서 서로 무관하지만 중요한 일군의 문서를 선택하고, 이들 기록을 미래를 위해 보존하려는 바로 그 목적으로 하나의 청동기에 집합적 명문으로 주조한 아주 흥미로운 사례를 제공한다. 그 문서들은 원래 가족의 문서보관소에 보관되어 그 구성원들에게만 접근이 허용되었지만, 청동기 상에서의 주조를 통해 그 청동 용기가 앞에서 제시된 바와 같은 가족 내의 사교 모임이든 조상 제사든 더욱 광범위한 사회적 맥락에서 전시됨으로써, 홀은 잠재적인 "지명도"를 획득할 수 있었을 것이다. 따라서 그는 서주 사회에서 더욱 현저하고 폭넓은 역할을 담당하게 되었던 것이다.

산씨반에 대한 마지막 논점은 그 기물의 소유권을 둘러싼 전통적인 논쟁과 관련이 있다. 그 청동 용기가 측국에 의해 주조되었다고 간주하는 학자들이 있는데, 이러한 경우라면, 그 기물은 마땅히 측인반矢人盤으로 불려야 할 것이다.[36] 그러나 그 시기 다른 사법 관련 명문들이 모두 그 명문화된 안건에서 호의적으로 조정 받은 쪽에 의해 주조되었듯이, 그 청동기는 산 정치체가 주조했어야만 한다. 측은 자신들의 정치적 불이익에 대한 기록을 굳이 명문화하려 하지 않았을 것이기 때문이다. 그렇지만 그 문헌이 산의 서기에 의해 작성된 명백한 내부 증거는 존재하지 않는다. 이와 반대로 문헌(본문)의 마지막 행에 있는 지도 제작의 기능적 주어와 서명 부분 맨 앞의 대명사로 쓰인 궐厥이라는 용어는 문법적으로 산이 아닌 측과의 밀접한 관계를 암시한다. 다시 말해 그 문서에 서명을 한 서기(중농)는 측왕의 서기관일 가능성이 크다는 말이다.[37] 이는 또한 그 협약이 측과 산의 관리들 모두의 입회 하에 측왕이 함께 자리한 두豆의 궁전에서 종결되어 서명되었다는 점에서도 뒷받침된다. 명문의 앞부분에 두豆로부터의 관리들(豆人의 虞인 丂와, 彔貞, 師氏 右眚, 小門人 繇)이 측의 관리에 포함되어 있기 때문에, 두는 측의 관할권 내에 위치했음이 분명하다.

이러한 상황을 모두 고려할 때, 산씨반 명문의 원문은 측의 관리들(자신들의 영토에 대해 더 잘 알고 있는)이 대나무나 비단에 초안을 만들었고, 뒤이어 측왕 앞에서 그의 서기관이 서명했을 개연성이 훨씬 크다. 그 행사는 측의 관리 15명과 산의 관리 10명이 입회했다. 그 이후 산의 관리들이 측의 영토에서 거행된 평화협정에서 서명된 바로 그 문서를 산으로 가져와서 청동기에 주조했을 것이다. 이러한 필자의 새로운 해석은 그 문서가 작성되어 산씨반에 주조된 전후사정을 가장 논리적으로 설명해준다. 이는 또한 그 명문이 산이 승리한 두 정치체들 사이의 분쟁 결과를 기록한 사법 문서였다는 증거를 제공한다.

3. 맥락을 확장하며: 독사능력의 증거로서 청동기 명문

산씨반의 사례는 청동 용기의 주조를 야기했을 법한 상황에 대한 중대한 정보를 제시할 뿐만 아니라, 청동기 명문의 사회적 기능에 대해 더욱 포괄적인 의문도 제기한다. 청동기 명문이 서사와 독사능력의 증거임은 그 자체로 증명이 가능하지만, 그것은 정확히 어떤 종류의 자료일까? 청동기 상에 주조된 문어의 읽기와 쓰기가 특별히 훈련받은 특정 사회집단인 서기들에 제한되었다는 점에서 청동기 명문은 기능적으로 특화된 "서기 독사"의 증거일까? 아니면, 광범위한 사회적 맥락을 가로질러 추적가능한 일반적 독사능력의 증거일까? 청동기 명문은 서주시대부터 서사 작업의 주종을 이루었기 때문에, 이러한 의문들은 이 중요한 시기 독사능력 양상을 이해하는 데 결정적인 단서를 제공한다.

많은 학자들은 청동 용기를 조상 숭배를 위해 희생제물을 바치기 위한 예기로 파악하고 있다.[38] 청동기 명문의 사회적 기능에 관한 문제는 청동 용기 자체가 담당했던 목적과 불가분의 관계에 있었겠지만 엄연히 다른 측면도 존재한다. 그 문제에 대한 이전의 견해는 조상 신령과 초자연적 영역에서의 종교적-의례적 소통을 위한 명문의 역할을 강조했다. 따라서 조상의 신령이 의도된 명문의 독자였다는 것이다.[39] 이미 출간된 필자의 연구에서는 청동기와 그 명문문헌의 주조를 야기한 다양한 사회적 맥락에 대한 검토가 중요하다고 보았다.※ 각각의 명문은 명문의 내용을 신중히 분석함으로써 결정되어야만 하는 특정한 목적을 지니고 있었고, 모든 명문의 창출된 의미를 설명할 수 있는 단일한 이론은 존재하지 않는다. 앞에서 언급한 붕생궤倗生簋의 경우는 그 거래를 문서화[典]하려는 명백한 목적으로 명문을 주조하게 된 전형적인 경제 거래 사례를 제공한다. 반면에 산씨반散氏盤은 한 청동기가 두 정치체 사이에서 종결된 중요한 영토 협약을 그저 정확하게 복제시키기 위해 주조될 수 있었음을 암시한다. 이들 청동기를 통해 제기된 사회적 정황은 주로 "제사용 용

※ Li Feng, *Landscape and Power in Early China*, pp.9~10. 주평한朱鳳瀚은 제기祭器와 예기禮器 사이의 구분을 설득력 있게 제시하고, 다수의 청동기가 제사용으로 주조되었음을 인정하며, 예기禮器가 혼인이나 연회, 조근, 회맹, 혹은 특히 공훈을 기념하는 수단을 비롯한 다른 비제사적 목적으로도 주조되었음을 지적한다. 朱鳳瀚,《古代中國靑銅器》, 天津: 南開大學, 1995, 17~18쪽.

기"인 많은 청동기들의 그것과는 아주 다름에 틀림없다.

물론 이러한 논점이 조상 숭배라는 종교적, 의례적 맥락이 중요하지 않음을 논증하기 위한 것은 아니다. 명문이 있는 청동기들 중 가장 많은 부분을 차지하는 것이 "제사용 용기" 즉 "준이尊彝"로,[40] 이 용어는 이러한 기물들이 주로 제물의 봉헌 용도로 의도되었음을 시사한다. 서주 중기의 식기食器로 장문의 명문을 담고 있는 동궤戎簋(集成, 4322)는 주조자가 군사원정에서 받은 그 기물이 바쳐진 돌아가신 모친으로부터의 신령적 보호를 종교적인 어조로 기념하고 있다.[41] 청동 종의 명문에서 나타나는 많은 장문의 종교적 기도문도 존재한다.[42] 이러한 명문들은 그 자체가 주조자의 세계와 초자연적 조상 세계 사이에 연결고리를 설정하기 때문에, 종교적 문헌으로 간주될 수 있다. 명문이 있는 청동기의 종교적 맥락에 대해서는 이전의 연구자들이 충분히 연구했으므로, 필자는 그 대신 이러한 청동기들이 사용되고 읽힌 다른 사회적 정황들(따라서 그러한 측면에서 독사능력의 증거가 되는), 특히 서주 귀족의 가정생활을 드러내는 명문 증거를 분석할 것이다.

이와 관련하여 오궤敔簋(集成, 3827) 명문은 아주 흥미로운 사례를 제공한다.

敔作寶簋, 用餗(饋)厥孫子, 厥不(丕)吉其耳巏.

오敔가 보배로운 궤를 만들어, [그것을] 사용하여 자신의 손자들과 아들들에게 음식을 제공한다. 그들은 크게 길하고 X(巏)할 것이다.

비록 명문의 마지막 글자는 해독이 불가능하지만, 그럼에도 이 명문은 무리 없이 읽을 수 있어서, 청동기가 가정생활의 맥락에서 오殷의 가족 성원들을 위한 식사에 사용되었음을 암시한다. 식食 부수를 지니고 있는 餯자를 분饙의 동사 형태["간청하다"의 의미인 회龥와 혼동해서는 안 됨]로 읽을 수 있음은 이 글자가 다른 청동기 상에서 "식기"를 명명하는 통칭으로 사용된다는 점에서도 잘 뒷받침된다. 이러한 독법은 오궤 명문의 문법 구조에도 잘 들어맞는다.[43] 따라서 오궤 명문은 한 청동기가 그 살아 있는 소유자 가족의 식사 용기로 스스로를 확인하는 의미심장한 사례를 제공한다.

이와 관련된 또 다른 사례는 주의 왕자가 자신의 모친을 위해 주조한 취반黿盤(集成 10019)이다.

黿作王母黿氏沬盤. 黿氏其眉壽萬年用.[44]

취黿가 [나의] 왕모 괴씨媿氏를 위해 [이] 세수용 궤를 만든다. 괴씨는 장수하여 만년 동안 [이를] 사용할 것이다.

沬자는 《설문해자說文解字》에 아직 그 고체가 남아 있고, 고문자학자들은 일반적으로 이를 말沬(세수) 혹은 목沐(머리 감기)으로 읽고 있다.[45] 이 청동기는 취黿라는 인물이 자신의 모친 괴씨媿氏를 위해 주조한 것으로, 괴씨는 그 청동기가 헌납된 죽은 조상이 아니라 살아 있는 사람으로 그 기물의 의도된 사용자였다.[46] 이러한 양상은 각각 말반沬盤과 목이沐匜로 묘사된 노백유보반魯伯愈父盤(集成 10113)과 노백유보이魯伯愈父匜(集成 10244)에도 똑같이 나타난다. 이 두 기물은 노국魯國의 귀족이 주국邾國으로 시집간 딸을 위해 잉기媵器로 제작한 것이다. 이러한 청동기들이 귀족 여성들의 규방에서 사용할 수 있도록 의도되었음은 의심의 여지가 없다. [●]

위의 사례들은 명문화된 "금속문헌"과 서주 귀족의 일상생활 사이에 밀접한 관계가 있었음을 강하게 전해준다. 그것들은 청동기가 사용되고 거기에 있는 명문 문헌이 읽히며 이해된 맥락들 중의 하나로서 서주 귀족의 가정생활 공간을 검토할 필요성을 제기한다. 또한 주조자의 가족 성원뿐만 아니라 사회적 모임의 친구나 동료들을 환대하는 연회에서의 사용을 목적으로 청동기가 제작된 경우도 있다. 다우정多友鼎(集成 2835) 명문은 그 청동기가 "벗과 동료를 끌어들이는" 용도로 의도되었음을 언급하고 있다. 최근 출간된 수숙환보수獸叔奐父盨 명문에는 그 청동기가 "훌륭한 손님들께 성찬을 제공하기" [嘉賓用饗] 위해 쌀과 올벼, 찹쌀, 수수를 포함한 네 종류의 곡식을 담는데 사용되었음을 명시하고 있다. 또한 이렇게 풍부하게 대접하는 음식과 함께 그 소유자와 손님들이 만년 동안 무한하게 장수를 누릴 것이라고 한다.[47] 주왕이 귀족 관리의 저택에서 거행된 피로연에서 최고의 손님으로 등장하는 경우도 있는데, 이는 중칭궤仲爯簋 (集成 3747)와 백제보궤伯諸父簋(集成 3748)를 비롯한 많은 청동기에 나타나는 "왕께 성찬을 제공하고 [그가] 주는 상을 환영하는 데 사용

[●] 서주 시기로 추정되는 반盤의 명문에 조상에의 헌납을 명시하는 경우가 아주 드물다는 점은 주목할 가치가 있다. 항황보반函皇父盤(集成, 10164) 명문에 명시된 제기, 즉 준기尊器의 명부에서 전통적인 반盤/화盉(水器) 조합이 의도적으로 배제되어 있다. 이는 반/화 혹은 반/이匜(후기)의 주된 사회적 기능이 제기의 그것과 달랐을 가능성을 암시한다.

한다"[用饗王逆逿(受)]는 아주 형식적인 표현에서 드러난다.[48] 이 구절에 묘사된 시나리오는 주왕의 행정 행위에 나타나는 양식과 정말 잘 들어맞는다.[49]

　서주 귀족들의 이러한 사회적 모임은 《시경詩經》의 〈녹명鹿鳴〉이나 〈유월六月〉 같은 주대의 문학에도 묘사되어 있다. 그렇지만 아래의 〈벌목伐木〉이라는 시가 이와 관련하여 특히 눈에 띈다.

　한 마리의 새조차도 서로

　짝의 소리를 찾는데

　사람이야 얼마나 더

　친구와 친척을 찾겠는가.

　신령이 듣고 있다네

　우리가 모두 화평한지를

　"영차, 영차" 나무꾼의 외치는 소리

　진한 술을 맑게 거르고

　살찐 양을 준비하여

　그것들로 모든 친숙부들을 초대하네

　그들이 설사 오지 않더라도

　내가 그들을 등한시했다고 말할 수는 없네

깨끗하게 흩뿌리고 털고 쓸어내며

고기와 함께 곡식을 담은 [청동] 팔궤八簋를 차리네

살찐 소를 준비하고
그것들로 모든 외숙부들을 초대하네
그들이 설사 오지 않더라도
나를 비난할 수는 없네

산기슭에서 나무하네
걸러낸 술을 잘 비축하고
요리 접시와 쟁반은 모두 정돈했네
형님과 아우님들이여, 멀리 떨어지지 말아요
사람이 덕을 잃으면
잘못된 길로 인도하는 것은 마른 목이라네

술이 있을 때 우린 그것을 거르고
없을 때 우린 그것을 사오네
둥둥 우리는 북을 치고
사뿐사뿐 춤추네
그리고 이 겨를을 타서
맑은 술을 마시네.[50]

　새가 짝을 찾느라고 애쓰는 것과 같이 '벗과 친척'들을 초대하는
것이 주 귀족들의 최고 미덕으로 간주된 점을 주목하자. 이 시에서
는 특히 자신의 사회적 친지들을 대접하려는 목적으로 주의 귀족이
주관한 연회에서 여덟 점의 궤[八簋]가 진열되고 있다. 반면에 "유

월"이라는 시는 험윤玁狁에 대한 장기간의 군사원정에서 돌아온 길보吉甫를 위해 친구와 이웃들이 참석한 가족의 축하 연회를 묘사한 것이다. 위에서 언급된 다우정 명문에 제시된 것과 아주 유사한 시나리오다.[51] 물론 주周 귀족의 저택에서 거행된 이러한 사교 모임과 여흥은 의례의 규정에 따라 진행되었을 수 있다. 이러한 과정에 종교적 방식의 절차가 포함되었을 수도 있다. 그렇지만 가정에서의 사회적 행사들이 가족의 종묘에서 수행되는 종교적 규정과는 상당히 다른 특별한 의례를 지니고 있었음은 의미심장하다. 그것들은 서주 사회에서 독특한 사회정치적 역할을 지니고 있었다. 이 연구를 위해 더욱 중요한 것은 그러한 행사들이 청동 용기의 사용과 거기에 있는 금속문헌의 인식에 대해 조상 숭배의 종교적 맥락 못지않게 중요한 사회적 맥락을 형성하고 있었다는 점이다.

이러한 사회적 맥락을 확인함으로써 결국 왜 중요한 역사적 사건을 기념하는 많은 장문의 문헌들이 청동기에 주조되었는지를 설명할 수도 있다. 산씨반의 경우처럼, 그 문헌의 내구성이 중요하게 고려되었을 것임은 의심의 여지가 없다. 그렇지만 더욱 중요한 점은 이러한 사회적 행사에서 청동 용기의 '홍보성publicity'이 기념 문헌들—원래 부식 가능한 재료에 작성되어 가족의 문서보관소에 보존된—을 더 폭넓은 사회적 장으로 전달시키기 위한 최상의 수단을 제공했다는 사실이다. 이러한 금속문헌들은 그것들을 창출한 가족의 영광과 성취를 기록하기 때문에, 그것들이 아름다운 필체로 귀중한 용기에 담겨서 다양한 사회적 행사 때 전시됨으로써, 그 가족의 사회적 명성을 증진시키는 데 기여했을 것임에 틀림없다.[52] 서기[史]

담盙이 왕으로부터 패貝를 하사받은 것을 기념하는 사담궤史盙簋(集成 4301) 명문은 그 영광스런 문헌이 담 자신에 의해 "매일 아침과 저녁에 살펴질 것"[朝夕監]으로 명시하고 있다. 아마 그 가정을 방문하는 누구에게라도 그 문헌이 공개되어 읽혔을 것이다.[53] 위에서 언급되었듯이 이러한 사회적 행사의 주빈이 왕인 경우, 왕으로부터 비롯된 영광을 기념하는 문헌을 직접 읽는 것은 왕가의 사람들에게는 큰 기쁨이었을 것이다. 이는 확실히 왕실의 관점에서 그 가족에 대한 호의적인 입장을 강화하는 데 기여했을 것이다. 이렇듯 독사능력은 사회적 가치에 대한 가장 명백한 표현으로써 서주 귀족 사이에서 정치적 관계를 촉진시키고 사회 집단을 형성하는 방식이 되어 결정적인 사회정치적 역할을 완수했다.

물론 가문의 종묘에서 거행된 조상 숭배의 종교적, 의례적 행위가 가족 성원 사이에서 청동 용기의 '홍보성'이 확보되는 또 다른 사회적 맥락이었음은 두말 할 나위가 없다. 이러한 행사들에서 청동기에 적시된 가문 조상의 공적이 읽히고 소중히 여겨졌으며, 특정 가족의 당대 업적이 같은 가문의 다른 가족들에 의해 칭송되고 찬양됨으로써, 그 가문의 결속에 크게 기여할 수 있었을 것이다. 이 점은 또한 왜 그 가문의 중요한 역사적 사건이나 개인의 행정적, 군사적 업적을 기념하는 많은 문헌들이 그 내용상 가문 종묘에서의 종교적 의례와 직접적 연관이 없으면서도 제사용 그릇들에 자리하게 되었는지를 설명해준다. 그러나 조상들과의 소통 필요성이 확실히 위에서 언급한 동궤 같은 일부 명문의 주조를 이끌어냈다고는 해도, 대다수의 사례에서 신령 세계로부터 단절된 명문들의 내용은 그 문헌들이 제사용 청동 용기에 적시되도록 이끈 것이 그 종교적 사무 자체가 아닌 이러한 종교적 사무에 의해 창출된 사회적 효과였다는 점을 암시한다. 제사용 그릇으로 간주될 수 없는 청동 용기에 주조된 많은 장문의 문헌들 역시 존재한다.

결론

기원전 7~6세기 초기 그리스 문학의 사회적 맥락에 대한 개관적 연구 말미에 윌리엄 해리스는 그리스인들에 의해 이루어진 독사능력이나 반半독사능력의 정도는 불명확한 채로 남아 있지만, "어쨌든 상당수 그리스인들이 독사능력의 기능이 꾸준히 증대될 수 있도록 읽기와 쓰기를 배웠다"고 강조하고 있다.[54] 서주의 독사능력에 대해서도 이 이상으로 말하기는 불가능하다. 그러나 서주 후기까지 '상당수' 주의 귀족들이 많은 긴 문헌의 창출이 요망되고 의미를 지닐 수 있도록 문어文語 읽기와 이해에 노력을 기울였을 가능성이 크다. 십중팔구 당시의 독사능력은 '서기 독사'의 단계를 넘어섰을 것이다. 즉, 청동기 상의 문헌은 훈련받은 소규모 서기 집단보다 훨씬 큰 독자들에게 읽혔을 것이라는 얘기다. 물론 주민의 대다수는 문맹으로 남아 있었겠지만.

이 글에서 제시된 증거는 독사능력이 서주 정부의 운영에서 일상적인 위치를 차지하고 있었음을 보여준다. 문서는 관리의 임용뿐만 아니라 필시 서주 중후기 관리들의 공적 기록에도 필수적인 도구였다. 왕의 궁정을 벗어나서도 독사능력은 재산의 거래와 토지 양도, 법적인 문서화, 군사적 기억을 입증하는 광범위한 사회적 기능을 수행했다. 그 모든 형식에 있어서, 독사능력은 분명한 정치적, 사법적 힘과 권위를 발휘했고, 정치적, 사회경제적 관계를 가장 뚜렷하게 표현했다. 서주의 독사능력에 관한 한, 청동 용기의 의미는 그것이 지니는 물질적, 문화적 가치가 발휘될 수 있는 다양한 사회적 맥락에의 접근성에 토대를 두고 있었다. 주의 귀족들이 일상생활에 사용하던 용기로서든, 가문의 종묘에서 사용된 종교적 기물로서든, 청동 용기는 서주시대 독사능력을 유지하고 더 확산시키는 데 필수적인 광범위한 관계 창출에 일조했던 것이다. 주의 귀족들에게 독사능력은 개인 혹은 가족의 정치적 사회적 탁월성을 추구하는 도구와 기존 사회 체제의 적절한 기능을 증진시키는 방법 둘 다에서 특별한 의미를 지니고 있었다. 따라서 서주 독사능력의 양상은 "서기 독사"보다는 "귀족 독사"라는 표현으로 가장 적절하게 묘사될 수 있다.

6장

미현眉縣 선씨單氏 가족 청동기를 통한
선부膳夫 극克 청동기 연대 재고찰: 진후소편종晉侯蘇編鐘
연대와 관련하여*

에드워드 쇼우네시Edward L. Shaughnessy | 김석진 옮김**

* 이 글은 2009년 6월 21일 단국대에서 개최된 청동기금문연구회 세미나에서 〈由眉縣單氏家族銅器再論膳夫克銅器的年代: 附帶再論晉侯蘇編鐘的年代〉라는 제목으로 발표되었다.
** 단국대 석사

2003년 1월 산시성陝西省 메이현眉縣 선씨單氏 가족 청동기 교장
갱의 발견은 서주西周 후기 연대학, 그리고 청동기 연대설정[斷代]과
관련하여 하나의 작은 원자탄과 같았다(최소한 수류탄 정도는 되었다).
왜냐하면 이 발견이 일면으로는 구반逑盤과 두 구정逑鼎(42년 구정과
43년 구정)의 주인 구逑(래逨 혹은 좌佐로도 예정隸定)를 서주 선왕宣王
후반의 인물로 확정할 수 있게 해주었지만, 두 구정에 기재된 완전
한 연대(년年, 월月, 간지干支, 월상月相이 모두 기재된 연대)가 선왕의
공인된 연력年曆과는 일치하지 않았기 때문이었다. 이로 인해 두 청
동기의 연대 설정에 혼란이 초래되었을 뿐만 아니라, 이들과 관련된
일련의 서주 후기 청동기들 역시 같은 문제에 직면하게 되었다. 이
문제는 이미 많은 학술 토론을 야기했는데[1] 여기에서 그 내용을 따
로 언급하지는 않겠다. 한편 다른 문제는 두 구정의 기형과 문양이
과거 공인된 서주 후기의 정鼎들과는 그다지 일치하지 않는다는 점
인데, 이는 여전히 합당한 주목을 받지 못하고 있는 듯하다.

　　두 구정은 서로 비슷하다. 귀는 곧게 서 있고[立耳], 입 둘레[口沿]
는 편편하고 밖으로 꺾여 있다. 기물의 바닥은 둥글고 발굽모양의
다리를 하고 있다. 구연 아래의 장식은 변형된 용무늬, 복부의 장식
은 물결무늬, 다리의 측면에는 짐승의 머리 장식이 있다[〈그림 1〉].
이러한 기형과 문양은 극정克鼎(대극정大克鼎과 소극정小克鼎)과 매우
비슷하다[〈그림 2〉]. 그러나 극정은 근래까지 거의 대부분의 연구자
들이 서주 중후기 사이의 전형적인 정鼎의 형태로 받아들여져 왔다.
예를 들어 《서주청동기분기단대연구西周靑銅器分期斷代硏究》에서는
이 기물들을 IV형型 4식式으로 분류하면서 그 연대는 "서주 중후기

그림 1_사십이년구정

그림 2_대극정

의 교체기인 이왕夷王과 려왕厲王 시기"로 설정했다.[2] 《중국청동기전집中國青銅器全集》과 《상주청동기명문선商周青銅器銘文選》에서는 대극정을 "서주 효왕孝王" 시기로 보았고,[3] 기타 상당한 영향력을 지녔던 20세기의 연대 추정들 역시 이러한 연대를 크게 벗어나지 않았다. 예컨대 천멍지아陳夢家(1911~1966)와 시라카와 시즈카白川靜(1910~2006)는 모두 대극정을 이왕 시기에 만들어진 것으로 보았고,[4] 궈모뤄郭沫若(1882~1978)와 롱겅容庚(1894~1983) 그리고 탕란唐蘭은 모두 려왕 시기에 만들어진 것으로 파악했다.[5]

21세기로 진입한 이후에도 이러한 전통적인 연대관이 여전히 학술 권위를 점유하고 있지만,[6] 최근에는 다른 관점들이 나오기 시작했다. 예를 들어 리쉐친李學勤은 "극克의 기물들을 곧바로 려왕 시기로 보기에는 곤란한 점이 있지만 두 부류로 나누어 보는 것 역시 문제가 있다"고 지적했다.[7] 장마오룽張懋鎔은 "극정의 경우, 기본적인 특징은 복부가 비교적 얕고 곧으며 세 개의 발굽모양 다리를 하고서, 구연 아래는 변형된 동물문양[절곡문竊曲紋], 복부는 둥근 띠 문양[환대문環帶紋]으로 장식되어 있다. 이러한 기형과 문양의 청동기는 서주 중기의 후단에서 서주 후기까지 존재하기 때문에 대극정은 그 연대와 관련해서 효왕, 이왕, 려왕, 선왕의 여러 설이 제기되어 왔다. 이는 그 문제가 얼마나 복잡했었는지를 보여준다. 그러나 대극정을 최근에 출토된 래정逨鼎(곧 구정)과 비교해본다면, 서로 매우 비슷하여 대극정은 마땅히 선왕宣王시대의 기물이 되어야 함이 분명해진다"고 주장했다.[8] 이 외에도 몇몇 학자들이 선왕설을 제기하고 있지만,[9] 모두 구체적인 논증을 제시하지는 못하고 있다. 이제

《서주청동기분기단대연구》에서 이른바 Ⅳ형 4식이라고 언급한 정鼎들의(즉 구정, 대·소극정과 동일한 양식의 기물들) 연대가 서주 후기의 늦은 시기까지 연장될 수 있음을 알게 된 이상, 필자는 대大·소극정小克鼎의 연대 역시 다시 고려할 필요가 있다고 생각한다. 아래에서는 이 문제에 대해 몇 가지 방면으로 나누어 논술하고자 한다.

청淸나라 광서光緖 16년(1890), 산시陝西 푸펑현扶風縣 런쟈촌任家村에서 발견된 청동기 교장갱은 신중국 건립 이전의 가장 중요한 청동기 교장갱의 발견이었다. 거기에서는 선부膳夫 극克이 만든 대극정과 소극정 7건, 극종克鐘 최소 6건과 극수克盨 그리고 아마도 사극수師克盨 2건, 더하여 중의보中義父가 만든 정鼎 8건, 수盨 2건과, 유盨 2건을 포함해서 모두 100여 건의 청동기가 나왔다. 특히 대극정은 그 명문이 290자에 달했기 때문에 오대징吳大澂의 《각재집고록慤齋集古錄》에 발표된 이후 곧바로 수많은 주석 작업이 이루어지게 되었는데, 20세기의 금문 대가들은 예외 없이 모두 이 기물을 다루었다. 학자들은 대·소극정의 작기자作器者인 선부 극의 연대를 논증하면서, 기물의 기형과 문양이 서주 후기의 정鼎들(예를 들어 모공정毛公鼎)과 비교하여 다소 앞설 것이라는 점을 제외하고는 주로 명문상의 몇 가지 증거들을 인용했다. 이를 요약해보면 대체로 다음과 같다.

1. 대극정 명문의 선부 극이 언급한 내용 중에는 "문조文祖 사화보師華父"와 "그 임금이신 공왕龔王을 공손하게 보위할 수 있었다克龔保厥辟龔王"라는 내용이 있다. 이 때문에 극이 공왕 시대와 크게 떨어질 수

없다는 것이다.

2. 소극정 명문에는 "왕 23년"(隹王卄又三年)이라는 연대가 기재되어 있는데, 대다수 학자들은 효왕과 이왕은 재위 연수가 짧았고, 려왕은 재위 37년에 체彘로 망명했다고 생각하고 있다. 이 때문에 이 기물은 오직 려왕 시기에만 해당될 수 있다고 본다.

3. 선부 극의 이름은 력종수鬲从盨의 명문에도 보이는데, 여기에서 극은 력종의 보증인[右者]으로 등장한다. 이 청동기에는 비록 완전한 연대가 기재되어 있지만["隹王卄又五年七月旣"(왕 25년 칠월 기~)] 간지干支에 해당하는 두 글자는 명확히 판별할 수가 없다. 그러나 력이 만든 또 다른 청동기인 력유종정鬲攸从鼎과 력종궤鬲从簋(현재는 簋의 덮개만 남아 있음)에는 모두 "유삽우일년삼월초길임진隹卅又一年三月初吉壬辰"(31년 3월 초길 임신일)이라는 완전한 연대가 기록되어 있다. 력유종정은 전형적인 서주 후기의 청동기로《서주청동기분기단대연구》에 따르면 Ⅴ형 2식의 모공정毛公鼎과 같은 형식이다. 그러나 기록된 연대가 선왕의 공인된 연력과는 일치하지 않고 있다. 이 때문에 대다수의 학자들은 이 기물을 려왕 시기로 보고 있다.

4. 대극정 명문에는 선부 극의 보증인으로 신계䱷季라는 인물이 나온다. 그리고 이 이름은 오사구위정五祀裘衛鼎과 이궤伊簋 명문에도 등장한다. 오사구위정은 공왕시대의 표준기로 공인된 기물이다. 그러나 이 기물에서 신계는 "려의 유사인 신계"(厲有嗣䱷季)라고 기록되어 있는데, 이는 분명 구위裘衛의 상대인 방군邦君 려厲의 예하 인물이지 왕의 관리는 아니다. 즉 대극정의 신계와는 다른 인물이다. 이와는 달리 이궤 명문에 등장하는 신계의 경우는, 역시 보증인의 역할을 하고 있

지만 그 신분이 대극정의 신계와 일치하고 있어 양자가 동일인물일 가능성이 매우 높다. 그러나 이 기물은 조금 복잡한 면이 있다. 그것은 이 기물의 기형과 문양 그리고 명문의 글자체가 모두 후기의 특징을 가지고 있음에도 불구하고, 기물에 기재된 "왕 27년 정월 기망 정해일 隹王卄又七年正月旣望丁亥"이라는 완전한 연대가 서주 후기 왕들의 연력과는 거의 모두 일치하지 않는다는 점(적어도 선왕의 공인된 연력과는 확실히 불일치)이다. 하지만 많은 학자들은 최소한 이궤를 려왕 시기로 인정하는 것을 반박할 수 있는 증거는 없다고 본다. 왜냐하면 그들은 선왕의 경우 그 연력이 과거부터 줄곧 이견 없이 받아들여져 왔으며, 려왕은 공인된 연력은 없지만 그가 재위 37년에 체彘로 망명했다고 간주하고 있기 때문이다. 이에 따라 대극정의 시기가 이궤의 시기와 서로 같거나 비슷할 수밖에 없다는 것이다.

5. 동일한 교장갱에서 출토된 극수 명문에는 "18년 12월 초길 경인일"(隹十又八年十又二月初吉庚寅)이라는 완전한 연대가 기재되어 있다. 그러나 이 연대 역시 이궤 명문에 기재된 연대와 같은 양상으로, 서주 후기의 각 왕들의 연력과 모두 합치되지 않는데, 최소한 공인된 선왕의 연대와는 확실히 일치하지 않기 때문에 학자들 대부분은 이 기물을 려왕 시기 아니면 그 이전의 것으로 파악한다.

그러나 여전히 극克과 관련된 청동기 명문들 중의 한 가지 증거는 상술한 다섯 가지 증거와는 모순되는 듯하다. 즉 극종[〈그림 3〉]에 기재된 "16년 9월 초길 경인일, 왕께서는 주周의 강랄궁康剌宮에 계셨다隹十又六年九月初吉庚寅, 王才周康剌宮"가 바로 그것이다. 탕란은 〈서주동

기단대중적강궁문제西周銅器斷代中的康宮問題〉에서 처음으로 '랄剌'
과 '려厲'의 통가通假 가능성을 제기하면서, "랄궁剌宮"은 곧 "려
궁厲宮"이며 이는 서주 려왕을 제사지내는 궁묘의 명칭이라고 했다.
이에 따라 그는 극종의 연대를 선왕시대로 설정했다.[10] 이러한 설명
은 2003년에 출토된 구반 명문을 통해 분명하게 입증된다. 이 기물
에서 구述는 주나라의 문文, 무武, 성成, 강康, 소邵(昭), 목穆, 공葬
(共), 의懿, 효考(孝), 이徲(夷)왕 시기에 걸친 그의 선조들의 공로를
기념한 연후에, 그의 부친을 언급하면서 다음과 같이 말하고 있다.
"오! 나의 위대한 아버지 공숙葬弔(叔)께서는, 공경히 삼가셨으니, 정무를
조화롭게 권고하시고, 덕행을 밝게 드러내어, 군주이신 剌王을 받드셨다네
雩朕皇考葬弔, 穆穆趩趩, 龢訇于政, 明隨于德, 言辟剌王". 여기의 '剌'
은 '剌'과 자형이 서로 비슷한데, 이는 필경 '剌'의 오자誤字로 바로
주나라의 려왕을 가리키는 것이다. 탕란은 극종을 선왕시대로 확정
하면서 극종에 기재된 연대가 이와 완전히 부합된다고 했다. 위에서
서술한 것처럼 극종에 기재된 연대는 16년 9월 초길 경인일이다. 이
를 장페이위張培瑜의 《중국선진사역표中國先秦史曆表》와 대조해보면
기원전 812년, 즉 공인된 선왕 16년 9월 초하루朔日 경인일, 그리고
초길의 월상月相과 부합하고 있다.[11]

극종 연대에 대한 탕란의 이러한 설명은 매우 일리가 있었음에도
학술계에는 거의 영향을 미치지 못했다. 사실 탕란 스스로도 이렇게
극종을 선왕 시기로 확정했을 경우, 다른 선부 극 청동기들의 연대
추정에 반드시 문제가 생긴다는 점을 인정하고 있었다. 이에 대한
그의 논의는 전부 인용할 가치가 있다.

그림 3_극종

그러나 극종을 선왕 시기로 보는 것 역시 여전히 이해하기 어려운 부분이 있다. 극수克盨에 따르면 려왕 18년 12월에 극은 이미 선부의 위치에 있었다. 소극정에는 려왕 23년 9월에 선부 극에게 명령하여 성주成周로 가서 명을 받들어 팔사八師를 정비하라는 기사가 있다. 《사기史記》〈주본기周本紀〉의 설명을 살펴보면, 려왕은 (재위) 37년에 체彘로 망명하여 공화共和 행정 14년에 사망하고 선왕이 즉위하게 된다. 그렇다면 극은 려왕 18년에 선부가 되어 (극종의 연대에 따르면) 선왕 16년까지 49년이나 관직을 지낸 것이 된다. 려왕 18년에 선부가 된 극의 나이가 30세 정도였다고 한다 해도, 선왕 16년은 곧 79세가 된다. 그런데 선왕이 다시 그에게 "경수涇水 동쪽에서 경사京師까지 시찰하라遹涇東至于京師"라는 명령을 내렸다고 한다면, 이는 사리에 맞지 않는 것처럼 보인다. 비록 금문金文에서 자주 같은 이름을 가진 인물이 나타나지만, 모두 동일 시기의 사례에는 속하지 않는다. 그러나 《정송당집고유문貞松堂集古遺文》 3권에 인용되어 있는 유리창琉璃廠 상인 조신신趙信臣의 언급, 즉 "극정克鼎은 기산현崎山縣 법문사法門寺의 임촌任村 임성가任姓家에서 나왔다. …… 당시에 모두 120여 건이 출토되었다. 극종과 극정 그리고 중의보정은 모두 한 구덩이에서 나왔는데, 시기는 광서光緖 16년이다(1890)"에 따른다면, 분명 극종과 극정 등의 기물은 한 사람이 만든 것이다. 그렇다면 오직 한 가지 가능한 해석은 《사기》〈주본기〉에 기록된 려왕의 연대가 믿을 만한 것이 못 된다는 것이다. 《사기》〈십이제후연표十二諸侯年表〉는 공화에서부터 시작되는데, 공화 이전의 연대에 대해서는 정설이 없다. 《사기》〈위강숙세가衛康叔世家〉에는, "이왕에게 후한 뇌물을 바쳐 위衛나라를 '후侯'의 반열로 오르게 한 경후頃侯는 12년을 재위한 후 사망하고 그 아들 리후釐侯가 즉위했다. 리후 13년에, 려왕이 체彘로 망명했고 공화가 행정을 담당했다”는 내용이 있다. 이 기사는 비록 경후가 이왕에게 후한 뇌물을 바친 명확한 해를 기재하고 있지는 않지만, 려왕이 체로 망명한 것이 (그의 재위) 37년이 될 수 없음을 보여준다. 즉 경후 원년이 이왕 원년에 해당한다고 가정하면, 려왕이 체로 망명한 것은 려왕 9년이 된다. 또한 (최대로) 경후 원년이 이왕 16년에 해당한다고 가정해도, 려왕의 망명은 그의 재위 24년이 되는 것이다. 려왕시대 청동기 명문들에 기재되어 있는 수많은 기년紀年들, 예를 들면 사순궤師詢簋의 원년, 송정頌鼎의 3년, 무기궤無㠱簋의 13년, 극수의 18년, 극정의 23년, 이궤의 27년, 원반袁盤의 28년, 력유종정의 31년 등의 경우는 려왕의 재위 연수가 적어도 31년에 이른다는 것을 보여주고 있다. 이들 자료를 통해 비록 려왕이 체로 망명하고 공화가 행정을 담당했음에도 불구하고 려왕의 기년에는 변동이 없었음을 알 수 있다. 이상을 통해 볼 때 려왕의 기년과 선왕의 기년 사이에, 공화 14년이라는 연수를 따로 더해서 계산해서는 안 된다. 즉 공화의 연수는 려왕의 연수에 포함되어야 한다. 력유종정에 의하면 려왕의 재위 연수는 적어도 31년이 된다. 려왕이 재위 31년에 죽었다고 가정하면, 체로의 망명은 재위 17년이 된다. 또 앞서 서술한 것처럼 려왕이 체로 망명한 시기를 최대로 잡아 재위 24년이었다고 한다면, 려왕의 재위는 38년이 된다고 할 수 있다. 요컨대 려왕의 재위 연수는 공화 행정을 포함한 것이며, 최소 31 최대 역시 38년을 넘지 않는다. 그렇다면 선부 극은 려왕 18년에 수盨를, 23년에 정鼎을 만들었던 것이다. 그리고 23년이 지난 선왕 16년에 또다시 다량의 편종編鐘을 만들었다. 극이 려왕 18년에 30세였다고 가정하면, 려왕 재위 최소 31년에서 선왕 16년까지 그의 나이는 59세가 된다. 또한 려왕 재위를 최대 38년으로 계산한다해도 선왕 16년까지는 66세가 되는데, 그렇다면 그가 "경수 동쪽에서 경사까지 시찰하라"라는 명을 받은 것도 충분히 가능성이 있다.[12]

탕란의 이와 같은 논의는 분명 뛰어난 견해다. 하지만 전체적으로 말한다면 "역시 여전히 이해하기 어려운 부분이 있다"는 그의 언급 또한 인정해야만 한다. 가장 큰 "이해하기 어려운 부분"은 극의 기물들을 다른 두 시기에 주조된 것으로 본다는 점이다. 즉 극수와 대·소극정이 먼저 만들어지고, 그 49년 뒤 혹은 29년 뒤에 다시 극종이 만들어졌다는 것이다. 그러나 대·소극정 명문에서의 극은 이 기물들을 주조한 시기에 이미 그 지위가 매우 높았던 인물로 보이는 반면, 탕란이 뒷시기에 만들어졌다고 주장한 극종 명문에서는 도리어 보통의 군사 관리 정도로 등장하고 있어서, 그 선후정황이 사리에 부합하지 않는다.

이제 다시 논문의 초반부에서 제시한 선부 극과 관련한 다섯 가지 연대 설정의 증거들을 상세히 고찰해보자. 이를 통해 이들 중 어떤 것도 그러한 연대 설정의 결론을 반드시 지지하지는 않을 뿐 아니라, 오히려 한 두 증거는 그가 활동한 시기가 기본적으로 선왕시대일 수밖에 없음을 보여준다는 점을 발견할 수 있을 것이다. 그럼 아래에서 하나하나 살펴보자.

선부 극의 연대와 관련해서 가장 자주 인용되는 증거는 대극정 명문에서 극이 말한 "문조文祖 사화보師華父"와 "극공보궐벽공왕克龔保厥辟龔王" 그리고 극을 "厥孫"(그의 손자)이라고 칭한 부분이다. 사화보가 만일 선부 극의 2대 앞선 조부가 확실하다면, 극의 연대는 거기에서 크게 늦어질 수 없다. 그러나 소극정 명문에서 선부 극은 "나의 위대한 할아버지 리계朕皇祖 釐季"를 거명하고 있어서, "문조 文祖"와 "황조皇祖"의 이름이 같지 않음을 보여준다. 때문에 둘 모두 가 극의 조부를 가리키는 것이라고는 볼 수 없다. 미현 선씨 가족 청 동기 중 구반 명문을 살펴보면, 구가 선조들을 칭하면서 "황고조皇 高祖 선공單公", "황고조 공숙公叔", "황고조 신실중新室中", "황아조 혜중리보惠中釐父", "황고조 영백需伯", "황고조 의중懿中", "황고皇 考 공숙龔叔"이라고 표현하고 있다. 이는 어떤 한 세대의 선조라도 모두 '조祖'라고 칭해질 수 있고, 이는 '조祖'가 반드시 2대 전의 조 부만을 가리키는 것은 아니었음을 보여준다. 우리는 "문조文祖 사화 보師華父"와 "짐황조朕皇祖 리계釐季" 중 누가 2대 전의 조부이고, 누 가 3대 전 혹은 더 먼 선조인지 알 수 없다. 이 때문에 "문조 사화보" 가 비록 공왕시대의 인물이라고 한다 해도, 이것이 선부 극의 연대 와 반드시 결정적인 관계가 있는 것은 아니다. 만약 "문조 사화보" 가 극의 증조부라고 한다면, 극은 선왕시대까지 내려 갈 수 있다. 이 는 또한 선씨 가족 구의 양상과 매우 유사하다. 즉 구의 증조부 "황 고조皇高祖 영백需伯"은 공왕과 의왕시대의 인물이고, 조부 "황아조 皇亞祖 의중懿中"은 효왕과 이왕시대의 인물이며, 부친 "황고皇考 공 숙龔叔"은 려왕시대의 인물이다. 그리고 구는 선왕시대의(더욱이 선 왕 후기) 인물이다.

두 번째 증거로 제시된 소극정의 연대 기록, 즉 "유왕입우삼년隹 王卅又三年"을 살펴보자. 대다수 학자들은 대극정은 당연히 공왕의 2

대 이후라는 대전제를 두고 시작한다. 나아가 효왕과 이왕은 재위 연대가 매우 짧았고, 또한 려왕은 재위 37년에 체彘로 망명했다고 믿고 있다. 이 때문에 소극정을 려왕시대로 비정하고 있다. 그러나 위에서 이미 논술한 바와 같이 대극정의 "문조 사화보"는 반드시 선부 극의 2대 위의 선조만을 가리키는 것이 아니다(실제로 소극정은 "황조皇祖 리계釐季"를 기념하고 있다). 그리고 선왕 역시 총 46년을 재위했으므로 소극정의 "이십삼년二十三年"이라는 연대 기록을 당연히 수용할 수 있다. 이 때문에 이러한 대전제는 근본적으로 설득력이 없다. 더욱이 려왕이 체彘로 망명하기 이전에 23년이나 재위했을 가능성은 거의 없다(이점은 아래에서 다시 상세히 논의할 것이다). 따라서 이 증거는 채택하기 어렵다.

세 번째 증거로 제시된 려종수 명문에서 선부 극이 려종의 보증인으로 등장한다[13]는 점을 살펴보자. 려종은 려종수 외에도 또 한 건의 정鼎을 만들었는데, 일반적으로 려유종정이라고 부른다. 려유종정은 둥근 모양의 복부에 발굽형 다리를 한 정인데, 입구 하단에 크고 작은 가로형의 비늘 문양[횡린문橫鱗紋]이 교대로 한 바퀴 둘러져 있고, 그 아래로 다시 선형 무늬[현문弦紋]가 둘러져 있다. 이는 기본적으로 모공정, 차정此鼎, 선부산정膳夫山鼎과 같은 모양이다. 한편 려유종정의 명문에는 "31년 3월 초길 임신일, 왕께서는 주의 강궁지대실에 계셨다隹卅又一年三月初吉壬辰, 王才周康宮徲大室"라고 하여 완전한 연대가 기재되어 있는데, 명문의 "강궁지대실康宮徲大室"은 오호정虞虎鼎과 차정의 "강궁지궁康宮徲宮"과 같은 표현으로 이왕의 종묘를 가리킨다. 따라서 려유종정은 확실히 서주 후기의 기물이다.

그렇지만 앞서 다른 많은 기물이 그랬던 것처럼 력유종정에 기록된 완전한 연대는 선왕의 공인된 연력과는 일치하지 않는다. 뿐만 아니라, 려왕이 37년에 체로 망명한 연력과도 역시 일치하지 않는다. 이 때문에 《하상주단대공정夏商周斷代工程》에서는 려왕이 기원전 841년에 체로 망명했다는 새로운 견해를 제출하고서, 력유종정의 연대를 기원전 847년으로 보고 있다.[14]

그러나 2003년 메이현 청동기의 발견은 이미 이러한 주장이 전혀 근거가 없음을 증명해주었고, 또한 선왕이 두 가지 연력을 가지고 있었음을 설명해주고 있다. 즉 기원전 827년을 원년으로 삼거나(이는 공인된 연력이다), 그 2년 뒤인 기원전 825년을 원년으로 삼는 것이 그것이다.[15] 825년을 원년으로 한 31번째 해인 기원전 795년을 살펴보면 그해 3월 초하루는 갑신甲申(21번째 날)이므로, 력유종정에 기재된 임신壬申(29번째 날)은 초아흐레[初九]가 되어, 초길의 월상과는 약간의 오차가 생긴다. 그러나 갑신의 삭朔(달이 완전히 없어지는 시점)은 저녁 19시 15분으로 다음 날인 을유乙酉 역시 대체로 월삭月朔으로 계산할 수 있다. 그렇다면 임신일은 곧 초여드레[初八]가 되어서 왕궈웨이王國維가 정의한 초길의 범위에 합치된다.* 바꾸어 말하면, 력유종정에 기재된 연대는 사십이년·사십삼년구정의 연력(선왕 825년 원년기준 연력)과 합치한다. 이에 따라 력유종정을 선왕 시기에 만들어진 기물로 볼 수 있다면, 동일인물인 력종이 만들었고 선부 극이 보증인으로 등장하는 력종수 역시 선왕시대에 만들어진 기물이라는 것은 의문의 여지가 없을 것이다. 결국 이는 선부 극을 선왕시대의 인물로 볼 수 있는 중요한 증거가 된다.

네 번째 증거로 제시된 대극정 명문 중 선부 극의 보증인 신계와의 연관성을 살펴보자. 위에서 서술한 바와 같이 이 인물은 공왕시대의 표준기물인 오사구위정과 서주 후기의 기형을 하고 있는 이궤의 명문에도 등장한다. 그러나 오사구위정의 신계는 "려의 유사인 신계屬有嗣䲂季"로 불리고 있어서 대극정의 신계와 동일한 인물로 보기 힘들다. 이궤의 연대문제는 매우 복잡하다. 기형과 문양 그리고 명문의 글자체를 본다면 이궤는 분명 서주 후기의 기물이다. 그러나 기재된 27년의 연대 기록 "왕 27년 정월 기망 정해일隹王卄又七年正月旣望丁亥"이 선왕의 공인된 연력과는 일치하지 않기 때문에 대다수의 학자들은 기본적으로 선왕시대의 가능성은 배제하고 있다. 그들 다수는 려왕시대로 파악했으며(궈모뤄, 롱겅, 탕란), 또 일부는 이왕시대로 보았다(천명지아, 시라카와 시즈카). 심지어 공왕시대로 보는 이도 있었다(마청웬馬承源). 그들은 선왕의 연력을 고정적인 것(기원전 827년 원년)으로 생각하고 있었기 때문에 만약 이궤의 연대 기록이 그것과 합치되지 않는다면 다른 왕의 시대에서 찾을 수밖에 없다고 생각했던 것 같다. 그러나 이 문제는 상당히 복잡하므로 이렇

  * 금문상의 초길初吉, 기생패旣生覇, 기사패旣死覇, 기망旣望의 해석, 즉 월상月相의 해석과 관련해서는 크게 "사분설四分說"과 "정점설定點說"이 있다. 왕궈웨이王國維가 정립한 사분설은 네 가지 용어가 각각 한 달 중 7~8일 동안 일정한 모습으로 관찰 가능한 달의 한 분기를 말하는 것으로 해석한다. 따라서 초길은 음력 초하루에서 이래나 여드레의 상현까지, 기생패는 여드레나 아흐레부터 보름까지, 기망은 16일에서 22~23일인 하현下弦까지, 기사패는 23~24일부터 그믐까지를 칭하는 표시로 이해하고 있다. 리우치이劉啓益 등이 주장하고 있는 정점설은 각각의 네 표시가 달의 순환 중 일정한 한 날을 가리키는 것으로 해석한다. 리우치이에 의하면, 초길은 음력 초하루, 기생패는 초이틀이나 초사흘, 기망은 16일(혹은 17일이나 18일), 기사패는 그믐날과 일치한다고 한다. 沈載勳, 〈晉侯蘇編鐘 銘文과 西周 후기 晉國의 발전〉, 《중국사연구》 10, 2000, 14~15쪽 참고(역자).

게 단순한 방식으로 배제법을 이용해서는 안 된다.

일단 대략 이궤의 기형과 문양을 근거로 공왕설은 배제할 수가 있을 것이다. 《서주청동기분기단대연구》에서는 이 기물을 IV형 2식의 궤簋로 분류하면서 "이 기물은 송궤頌簋, 사원궤師衰簋와 기형과 문양이 서로 같다"고 했는데,[16] 이는 매우 일리 있는 견해다. 이 기물과 서로 같은 기물로 불기궤不嫢簋도 추가할 수 있을 것이다. 《서주청동기분기단대연구》는 이어서 "송궤와 풍정趙鼎에는 '왕께서는 주周의 강소궁康邵宮에 계셨다'라는 명문이 있는데, 이궤에는 주의 강궁목대실康宮穆大室이라고 되어 있다. 따라서 이궤의 연대는 송궤, 풍정과 서로 같거나 조금 뒤인 대략 려왕 전후이다"라고 결론짓고 있는데 이 역시 상당히 일리가 있다. 하지만 현재 송궤, 사원궤, 불기궤, 풍정의 경우 선왕 시기의 기물로 보는 데 큰 의문이 없는 상황이 되었기 때문에, 기형과 문양에 근거한다면 이궤 역시 선왕시대의 청동기로 보는 것이 타당할 듯하다.

이왕설 역시 대체로 배제할 만하다. 주지하는 바와 같이 려왕이 기원전 842년 체로 망명하기 이전의 서주 연력에 대한 정설은 없다. 그러나 탕란이 말했던 것처럼 역대의 문헌들에서 이왕은 어려서부터 병을 앓고 있었다고 전하고 있으며, 기록된 그의 재위 연수 역시 길지 않다. 더욱이 현재 이왕의 부친이었던 의왕 원년을 기원전 899년으로 확정할 수 있게 됨에 따라, 의왕과 효왕, 이왕 그리고 려왕의 3대 4왕의 재위 기간이 전체 58년이라는 것을 알 수 있게 되었다(체로 망명한 시점, 즉 기원전 842년까지). 그리고 이는 곧 이왕의 재위 기간이 (이궤의 기록과 같이) 27년 이상일 가능성은 거의 없다는 점을 보여준다.

　려왕이 체로 망명하기 이전의 재위 연수에 관한 문제는 더욱 복잡
하다. 앞서 인용한 탕란 선생의 이에 대한 논의는 상당히 일리가 있
는 견해이지만 역시 이해하기 어려운 부분이 많다. 필자는 이미 이
문제에 대해 두세 차례 논증했으므로 여기에서 재차 그것들을 모두
서술하지는 않을 것이다. 그러나 최소한 두 가지 증거는 다시 언급
할 필요가 있을 듯하다. 대다수의 학자들은 《사기》〈주본기〉가 려왕
이 재위 37년에 체로 망명했음을 암시한다고 생각하고 있다. 그리고
이것이 만약 틀리지 않았다면 27년에 만들어진 이궤는 당연히 려왕
시대에 속한다고 할 수 있다는 것이다. 그러나 앞서 탕란도 말했듯
이 이 재위 연수는 매우 의심스러운 것이다. 바로 위에서 언급한 바
와 같이 의왕 원년은 기원전 899년으로 확정할 수 있다. 때문에 려
왕이 만약 체로 망명하기 이전에 37년을 재위했다면 그의 원년은 기
원전 878년이 되고, 그에 따라 의왕과 효왕 그리고 이왕의 2대 3왕
의 재위 기간은 모두 합쳐 21년이 되어야만 한다. 그러나 이는 사리
에 비추어 거의 불가능한 것이다. 더욱이 이 시기의 연대가 기재된
청동기들을 살펴본다면, 이 같은 연대는 곧 완전히 불가능한 것임을
알게 된다. 서주 중기 청동기들의 연대 설정은 매우 복잡하지만, 적
어도 4건의 (상당히 높은 완전한 연대 기록을 담고 있는) 청동기들은 과
거부터 일반적으로 서주 중기의 작품으로 간주되어 왔다. 즉 13년의
무기궤無其簋, 12년의 대사차궤大師虘簋, 13년의 망궤望簋 그리고 13
년의 흥호㝬壺가 그것이다. 만약 이 4건의 청동기 중에서 어떤 1건
이 의왕, 효왕 혹은 이왕 중 어느 한 왕의 시대에 속한 것이 있다고

한다면, (나머지 두 왕의 재위 기간과 관련하여) 그 외의 서주 중기 기물들 중 4년(흥수盨盨, 산백거보정散伯車父鼎과 같은), 5년(간궤諫簋, 사사궤師旋簋와 같은), 6년(사백석보정史伯碩父鼎, 재수궤幸獸簋와 같은), 심지어는 7년(목궤牧簋)이라고 기재된 청동기들의 연대 기록 모두를 한 왕의 연력에 넣어야 한다. 그러나 이는 불가능한 것이다. 따라서 세 왕의 시대를 결코 21년 이내로 축소할 수는 없다.

사실 〈주본기〉의 기년에 관한 내용은 매우 모호해서 《사기》의 다른 부분들이 려왕의 체 망명 이전의 재위 연수가 이십 몇 년을 초과할 수 없음을 아주 분명하게 보여주고 있는 것과는 다르다. 이미 위에서 탕란이 〈위강숙세가〉를 거론했음을 언급했는데, 그 내용은 다음과 같다.

貞伯卒, 子頃侯立. 頃侯厚賂周夷王, 夷王命衛為侯. 頃侯立十二年卒, 子釐侯立. 釐侯十三年, 周厲王出犇于彘, 共和行政焉.

정백貞伯이 죽자, 아들 경후頃侯가 즉위했다. 경후는 주周 이왕夷王에게 후한 뇌물을 바쳤고, 이왕은 위衛를 후侯로 명했다. 경후는 12년 재위한 후 사망했고, 아들 리후釐侯가 즉위했다. 리후 13년 주 려왕이 체로 망명했고 공화共和가 행정을 담당했다.

려왕이 체로 망명한 해는 기원전 842년으로 확정할 수 있기 때문에 위의 리후 원년은 854년으로 추정할 수 있고, 경후 원년도 같은 방법으로 기원전 866년으로 추정할 수 있다. 위나라 경후와 이왕은 적어도 일정 기간 동안은 동시에 재위했다. 때문에 이왕夷王이 죽은

해는 기원전 866년보다 더 내려갈 수는 없고, 려왕 원년 역시 기원전 865년보다 빨라질 수가 없다. 즉 이는 려왕이 체로 망명하기 이전의 재위 연수가 24년을 초과할 수는 없음을 의미한다. 이러한 분석이 틀리지 않았다면 27년의 연대와 "왕재주王才周"(왕께서 주周에 계셨다)라는 기사가 기재되어 있는 이궤는 려왕시대에는 만들어질 수 없으며, 선왕宣王 시대의 작품이라고 할 수 밖에 없다.

　그럼에도 불구하고 앞에서 서술했듯이 이궤의 완전한 연대 기록은 선왕의 공인된 연력과 일치하지 않고 있다. 즉 이궤의 연대 기록인 "왕 27년 정월 기망 정해일隹王卄又七年正月既望丁亥"을 선왕의 공인된 연력인 기원전 827년을 원년으로 해서 계산했을 경우, 그 27년은 기원전 801년이 된다. 그러나 《중국선진사역표》를 살펴보면 이 해의 정월 초하루는 경신庚申(57번째 날)일로, 정해丁亥(24번째 날)는 28일이 되어서 기망의 월상과는 합치되지 않는다. 필자는 여러 해 전부터 선왕시대에 두 개의 연력을 사용할 수 있다는 주장을 계속해서 제기하고 있다. 그 하나는 공인된 "즉위卽位" 연력으로 곧 기원전 827년을 원년으로 하는 것이고, 다른 하나는 "왕립王立"의 연력으로 기원전 825년을 원년으로 하는 것이다. 그러나 이 견해 역시 이궤 연대 기록의 수수께끼를 충분히 해결하지는 못한다. 왜냐하면 기원전 799년, 즉 기원전 825년에서 27년 뒤인 그해 정월 초하루는 기유己酉(46번째 날)인데, 이 달에는 정해일이 없기 때문이다. 윤달을 적용한다고 해도 초하루는 기묘己卯(16번째 날)일로, 정해일은 곧 초아흐레[初九]가 되어 역시 이궤의 월상인 기망과는 부합하지 않는다.

　이와 같은 상황에 대해, 몇몇 학자들은 연대 기록에 착오가 있었을 가능성을 제기했다. 예를 들면 둥쮀빈董作賓(1895~1963)은 《중국연력총보中國年曆總譜》에서 "입우칠년卄又七年"은 당연히 "입우구년卄又九年"의 잘못된 기록이라고 보았고,[17] 시라카와 시즈카는 《금문통석金文通釋》에서 "초길初吉"을 "기망旣望"으로 잘못 새긴 것이라고 판단했다.[18] 그리고 《하상주단대공정夏商周斷代工程(1996~2000年階段成果報告: 簡本)》에서는 "정축丁丑"을 "정해丁亥"로 잘못 기록한 것이라는 견해를 제출했다.[19] 이러한 견해 중에 어느 것이 합당한지는 알 수 없다. 그러나 "정해丁亥"는 서주 후기 연대 기록 중 가장 빈번하게 쓰이는 간지干支일인 반면(실제로 정해丁亥는 춘추시대에는 거의 유일한 길일吉日이다), "정축丁丑"은 거의 보기 힘들다(서주 시기 전체에 모두 6번의 사례가 있을 뿐인데, 그중 서주 후기는 단 1건도 없다). 그러므로 《하상주단대공정》의 견해는 가능성이 희박하다. 또한 "초길初吉"과 "기망旣望"의 자형은 서로 비슷하지 않기 때문에 이들이 서로 바뀌었다는 시라카와 시즈카의 견해 역시 수용하기 어렵다. 하지만 "칠七"과 "구九"는 비교적 서로 비슷해서 고서古書 중에는 "칠七""구九"가 혼동된 사례가 종종 보이므로 둥쮀빈의 견해는 고려해볼만한 가치가 있다. 따라서 이 착오의 가능성을 적용해본다면, 우선 선왕의 공인된 연력으로 계산한 29년은 기원전 799년이 되는데 위에서 이미 보았던 것처럼 이 해의 연력 역시 수정된 이궤의 연대 기록과는 일치하지 않는다. 그러나 이 연대 기록과 799년의 2년 뒤의 연력은 서로 합치되고 있다. 즉 기원전 797년(즉 기원전 825년을 선왕宣王의 연력으로 해서 그 29년을 계산했을 때) 정월 삭일은 정묘丁卯(4번째 날)이고, 정해일은 이 달의 21일이 되어서, 기망의 월상과 서로 합치된다. 필자는 물론 이런 식의 추측을 이용해서 이궤의 연대 기록이 착오라고 확정하지는 않을 것이다. 하지만 그 외의 증거들은 모두 이궤가 선왕시대의 기물에 속해야 함을 설명해주고 있다는 데는 대체로 의문의 여지가 없다고 생각한다.

다섯 번째 증거는 네 번째 증거(이궤에 관한)의 양상과 거의 같다. 선부 극이 만든 극수에는 "18년 12월 초길 경인일隹十又八年十又二月初吉庚寅"이라는 완전한 연대가 기록되어 있지만 이 연대 역시 선왕의 공인된 연력과는 부합하지 않는다. 또한 그 2년 후의 연력과도 역시 부합되지 않고 있다. 이로 인해 학자들 대다수는 극수를 선왕시대의 것으로 보지 않고 있다. 다만 《하상주단대공정》만이 연대 기록 상의 "경인庚寅"을 "갑인甲寅"의 잘못된 기재로 판단하고서 이 기물을 기원전 810년(즉 선왕 공인 연력 18년)으로 보고 있다. 필자는 이것이 거의 불가능하다고 생각한다. 왜냐하면 "경庚"과 "갑甲"은 자형의 차이가 너무 크고, 경인일은 서주 후기에 자주 보이는 길일吉日로 서주 청동기 명문에 이십 여 건의 사례가 보이는(선부 극이 만든 다른 기물인 극종을 포함해서 특히 후기가 그 대부분을 차지함) 반면, 갑인일의 경우는 여덟 번의 사례만이 확인되기 때문이다. 다시 말해 간지를 잘못 기록했다는 해석은 다소 설득력이 없다는 것이다. 다만 극수의 연대 기록은 확실히 문제가 있는데, 잘못 새겼다는 설을 제외하고는 타당한 해석이 없어 보인다. 따라서 정말 이 방법밖에 없다고 한다면 필자는 다른 하나의 가능성을 제기해보려 한다. 즉 "십우팔년十又八年"의 "팔八"이 "육六"자의 잘못된 기록일 가능성이다. "팔八"과 "육六"의 자형은 상당히 비슷한데 "육六"은 "팔八"의 윗부분에 "인人"의 형태가 더해진 모습이다. 이 오기誤記의 가능성을 적용해서 장페이위의 《중국선진사역표》와 맞춰보면, 기원전 812년(즉기원전 827년을 기준으로 16년)의 12월 초하루는 기축己丑(26번째 날)이 되고 경인庚寅(27번째 날)은 초이틀[初二]이 되어서 월상인 초길과 기록이 완전히 부합한다. 이는 물론 확증할 수는 없는 계산이지만[20] 선부 극이 만든 그 외 청동기들의 연대와 비교적 일치하므로 최소한 고려는 해볼 수 있을 것이다.

이상 서술한 바를 종합해보면, 비록 대다수 연구자들이 지금까지 선부 극 청동기들을 려왕시대의 기물로 보아 왔지만 이제 다시 고찰해보건대 한 가지의 증거도 그러한 연대를 지지해주지 못할 뿐 아니라 몇몇 증거들은 오히려 이 기물들이 선왕 시기에 만들어졌음을 반증해주고 있다. 필자의 이러한 결론이 틀리지 않는다면 선왕 16년(즉 기원전 812년) 9월에 극은 아직 "선부膳夫"라고 칭해지지 않고 있었으며, 이때 처음으로 "경수涇水 동쪽에서 경사京師까지 시찰하라"라는 왕명을 받았고 이 사건을 기념하기 위해 극종 한 세트를 주조하게 된다. 같은 해 12월에 왕은 윤씨尹氏 우友에게 명령하여 "선부善夫 극克의 경지와 인력을 더해주라典善夫克田人"고 했고, 극은 이에 "이에 사師, 윤尹의 관리들과 동료들, 인척들에게 잔치를 베풀었다隹用獻于師尹朋友婚遘"라고 기록한 수盨를 한 점 만들었다. 선왕 23년(대략 기원전 803년)이 되면 선부 극은 이미 왕조의 대관大官이 되어 있었는데 왕은 그에게 "성주成周의 팔사八師를 정비하라는 명령을 받들라舍令于成周遹正八師"라는 대사大事를 명했고, 이때 그는 7점의 정鼎(소극정)을 주조했던 것이다. 대략 이 시기를 전후로 오래지 않아서 선부 극은 또 다시 290자에 달하는 명문을 새긴 대극정을 만들었는데 거기에 기록된 명령은 "예전에 나는 그대에게 나의 명령을 출납하도록 했었다. 지금 나는 다시 그대에게 명령하노니昔余既令女出內朕令, 今余隹龍稟乃令"라는 내용이었다. 이 때와 그다지 멀지 않은 선왕 25년(대략, 기원전 801년), 력종이라는 인물이 소송에서 이겨 13개의 '읍邑'을 얻게 되었을 때 선부 극은 력종의 보증인으로 등장하게 된다. 이는 그의 지위가 매우 높았음을 분명히 보여주고 있다.

위에서 논의했듯이, 극종에는 "16년 9월 초길 경인일, 왕께서는 주周의 강릴궁康剌宮에 계셨다隹十又六年九月初吉庚寅, 王才周康剌宮"라는 명문이 있는데, 이는 선부 극 청동기들의 연대문제에 관건이 되는 증거로서 극이 선왕시대의 인물임을 증명해준다. 그리고 극종에는 이 명문에 이어서 "왕께서 사홀士曶을 불러 극克을 부르게 했다. 왕은 극克에게 경수涇水 동쪽에서 경사京師까지 시찰하라고 직접 명령하셨다王乎士曶召克, 王親令克遹涇東至于京師"라는 기록이 나온다. 그런데 여기에 언급된 사홀士曶이라는 인물은 다른 청동기 명문에서도 등장하고 있어서 현재 더욱 확대된 서주 후기 연대문제에 긍정적으로 작용할 수 있을 것으로 보인다. 이 사홀이라는 인물은 바로 홀호개曶壺蓋를 주조한 홀曶과 동일 인물이다. 그러나 유명한 홀정曶鼎의 주조자인 홀曶과는 다른 인물이다. 홀정은 서주 중기의 기물인데, 여기에서의 홀은 "그대의 할아버지와 아버지를 이어서 복사卜事를 맡으라更乃且考嗣卜事"라는 명을 받고서 "나의 문채나는 아버지 구백舅白朕文考 舅白"을 위한 기물을 만든 인물이다. 그러나 홀호개는 확실한 서주 후기의 기물로 여기의 홀은 "그대의 할아버지와 아버지를 이어서 성주成周 팔사八師의 총사토嗣土를 맡으라更乃且考乍嗣土于成周八師"라는 명을 받고서 "나의 문채나는 아버지 리공釐公(朕文考 釐公)"을 위한 기물을 만든 인물이다. 이 두 사람은 직분이 다를 뿐만 아니라 아버지의 이름 역시 같지 않으므로 확실히 두 명의 다른 인물로 볼 수 있다. 정리하면 홀호개의 홀은 극종 명문의 사홀과 동일 인물로 선왕 16년에 극의 보증인이 되었던 것이다. 최근 10여 년 동안 이 인명이 기재된 두 건의 청동기가 더 발견되었는데 극종과 마찬가지로 모두 보증인으로 등장하고 있어서 동일한 사람임이 분명해 보인다. 먼저 "사홀士曶"이라는 인명이 나오는 2007년에 발표된 문수文盨(혹은 사백보수士百父盨)의 명문을 살펴보자.

唯王卅又三年八月,
王命士曶父殷南邦
君者侯, 乃賜馬, 王命
文曰: "率道于小南." 唯
五月初吉, 還至于成
周, 作旅盨, 用對王休.

왕 23년 8월
왕께서 사홀보士曶父에게 명하여 남쪽의 방군과
제후를 모으게 하시고서, 말을 하사하셨다. 왕께서는 문문에게
다음과 같이 명했다. "소남小南까지의 길을 인도하라."
5월 초길, 성주成周로 돌아 와서

휴대용 수盨를 만들어 이로써 왕의 은혜에 부응하노라.

장광위張光裕와 리쉐친은 이 명문에 대해 논하면서, 명문 초반부에 기재된 23년이라는 연대 기록은 확실히 선왕 재위 시기의 연력을 가리킨다고 보고 있다.[21] 흥미로운 것은 왕이 문에게 명령한 의례가 성주成周에서 이루어졌다는 점인데, 이 내용은 사홀이 성주 팔사八師의 총사토冢嗣土가 된 홀호개의 정황과 부합한다.

홀호개와 문수 명문 외에, 이 사홀의 이름이 나오는 더 중요한 기물은 유명한 진후소편종晉侯蘇編鐘이다. 진후소편종은 16점의 용종甬鐘이 한 세트로 이루어진 편종으로 14점은 1992년 6월 산시성山西省 톈마天馬−취촌曲村의 진후묘지晉侯墓地에서 도굴되어 반출되었다가 상하이박물관上海博物館이 같은 해 연말에 홍콩의 골동품 시장에서 구매한 것이다. 그 외 2점은 1993년 1월에 톈마−취촌의 8호 묘에서 출토된 것이다. 300자가 넘는 명문은 이미 서주 후기 청동기 명문 중 가장 중요한 것 중의 하나로 공인되었다. 서주 청동기 명문을 전공하는 전문가라면 모두 알고 있듯이 진후晉侯 소蘇는 진晉 헌후獻侯에 해당하는 인물이다.《사기》〈십이제후연표〉에 의거하면 진헌후의 재위연대는 기원전 822년에서 812년까지로 추정할 수 있으며 이는 곧 선왕 6년에서 16년에 해당된다. 그러나 문제는 명문의 초반부에 기재된 "왕 33년隹王卅又三年"이라는 연대 기록인데, 어떠한 방식으로도 《사기》의 사건 기록들과는 서로 모순된다는 점이다. 이 때문에 전문가들은 이 기물에 대해 려왕 시기설,[22] 공화 시기설[23] 그리고 선왕 시기설[24]을 제시하고 있다. 필자는 기존 연구에서 이 기물이 선왕 후기의 청동기가 되어야 한다는 견해를 제시하면서[25] 기재된 "삽우삼년卅又三年"의 연대 기록은 선왕 33년(즉 기원전 795년 혹은 793년)을 가리키는 것이라고 주장했다. 다만 그 논증이 충분하지는 않다고 생각해 왔는데 이제 한 가지 중요한 증거를 보충할 수 있을 듯하다. 진후소편종의 9번째 종에는 왕이 동국東國에서부터 "성주로 되돌아 왔다反歸在成周"라는 내용이 기재되어 있고, 10번째 종에서 계속해서 "6월 초길 무인일 새벽에, 왕께서는 대실에 도착하셔서 자리하셨다. 왕께서는 선부 홀을 불러 진후 소를 데려오게 하셨고, (진후 소는) 문으로 들어와 뜰의 가운데 자리했다六月初吉戊寅旦, 王各大室卽立. 王乎善夫曶召晉侯蘇入門立中庭"라고 기록하고 있다. 이 편종에 대한 최초의 석문釋文에서는 "曶"을 "日"로 예정隸定하고 있다.[26] 자형을 본다면 비슷하게 보일 수도 있지만 명문 앞뒤의 문맥을 볼 때 이 글자는 "日"자로는 볼 수 없으며 "선부善夫(즉 膳夫)"의 이름으로 파악하는 것이 합당하다. 요컨대 이는 극종에 기재된 "16년 9월 초길 경인일, 왕께서는 주의 강릴궁에 계셨다. 왕께서는 사 홀을 불러 극克을 부르게 했다隹十又六年九月初吉庚寅, 王才周康剌宮. 王乎士曶召克"와 마찬가지로 "홀曶"로 예정해야 한다.[27] 바로 위에서 보았듯이 홀호개 명문에서 홀은 성주 팔사의 총사토가 되라는 명을 받았고, 선왕 23년에는 성주에서 문文의 보증인이 되었다. 그렇다면 선왕 33년 진후 소와 왕이 성주를 통과하면서 책명冊命 의례를 거행했을 시점에 홀이 그 곳 성주의 주요 관원으로 진후 소의 보증인이 된 일은 바로 이러한 상황과 부합하는 것이 아니겠는가?

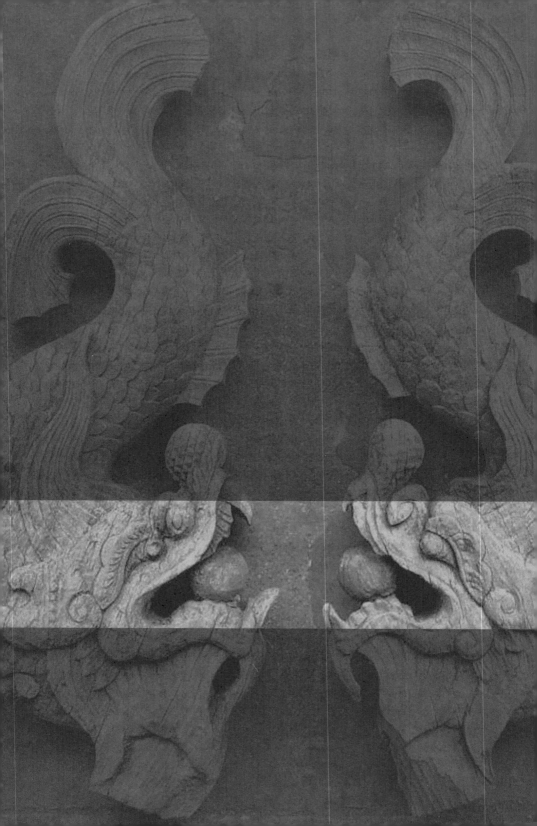

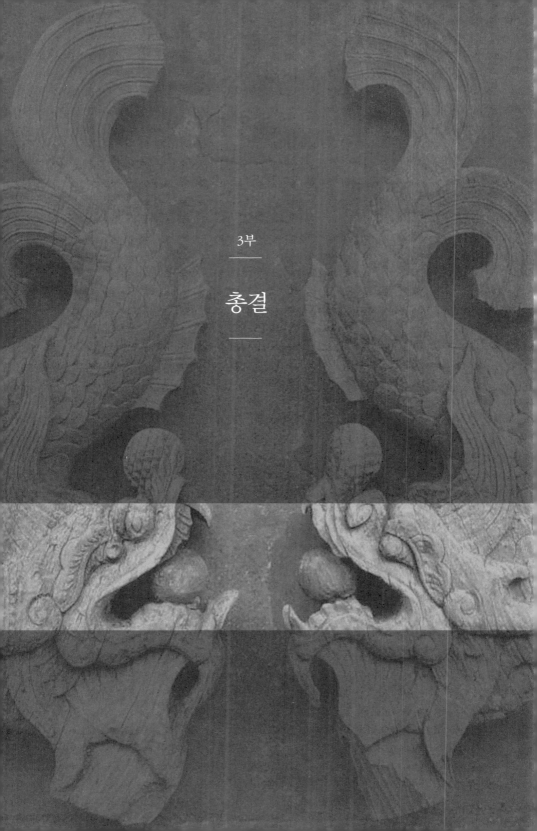

3부
—

총결

—

7장

민족주의적 동아시아 고대사 서술과
그 자료 새롭게 보기[*]

심재훈

[*] 《역사학보》 208집(2010)에 실린 같은 제목의 글을 수정한 것이다.

심재훈

1962년 전남 여수 출생. 단국대 사학과를 졸업하고, 1998년 미국 시카고 대학 동아시아언어문명학과에서 서주西周의 제후국인 "진국晉國의 초기 발전"으로 박사학위를 받았다. 상주商周 청동기와 금문金文 등 출토자료를 활용한 다수의 논저를 출간한 바 있고, 동아시아 고대사 전반으로 연구의 시야를 확대하고 있다. 현재 단국대 사학과 부교수

주요저작
《고고학 증거로 본 공자시대 중국사회》(역서) (세창출판사, 2011)
《하상주단대공정: 중국 고대문명 연구의 허와 실》(공저) (동북아역사재단, 2008)
《중국 고대국가의 형성》(역서) (학연문화사, 2006)
《중국 청동기의 신비》(역서) (학고재, 2005)

지금까지 살펴본 여섯 편의 글은 모두 그 다양한 주제만큼이나 풍성한 논의의 장을 제공한다. 편자는 이 총결 부분에서 "민족주의적 동아시아 고대사 서술"과 "고대 중국 연구 자료 새롭게 보기"라는 두 주제로 나누어, 각각을 국내의 연구 상황과 관련하여 살펴보려고 한다. 일단 이 책에 실린 글들 중 이들 주제와 별 상관없어 보이는 한국의 족보 담론부터 짚고 넘어가는 것이 좋을 듯하다.

　유진 Y. 박은 전문직 중인과 그 후예들 중 일부가 족보 조작이라는 시대적 관행에 동참했어도 이를 거부한 측이 오히려 대세였음을 제시하고 있다. 앞으로 더욱 많은 사례로 입증이 요망되지만, 한국의 족보 담론뿐만 아니라 편자가 기대하듯 역사의 주체성 문제에도 다양한 시각이 필요함을 제시해주는 글이다.

　편자의 연구 범위를 벗어난 이 글에 대해서는 더 이상 언급하기가 주저되지만, 편자 같은 문외한으로서는 오히려 필자가 제시한 첫 번째 문제, 즉 족보에 대한 집단적 인식문제가 더 흥미롭게 다가온다. 박은 동양학연구원 발표의 첫머리에 현재 한국인들 중 자신의 선조가 위대한 인물이거나 최소한 양반이 아니라고 알고 있는 경우가 얼마나 될까 하는 의문부터 제기했다. 자신이 족보에 관해 인터뷰해본 중국인이나 일본인 같은 외국인들의 경우, 수대에 걸쳐 농사를 지었거나 심지어 살인을 해서 감옥에 들어간 조상의 내력까지도 솔직하게 드러내는 것과는 사뭇 다르다는 것이다. 조금 과장된 표현이지만 근대 이후 '족보를 통한 전 국민의 신분 세탁'이라는 이러한 기이한 현상은 전근대 한국 사회(특히 조선)뿐만 아니라 작금의 상황에 대해서도 여러 가지를 생각하게 한다.

무엇보다 세계 어느 지역 못지않게 강고했을 조선시대 혈통 중심 양반사회의 폐쇄성과 그로부터 양반층이 누렸을 지대한 특권이 누구나 양반이 되고자 하는 갈망을 부추겼을 것이다. 조선 말 그 폐쇄성이 이완되는 것과 동시에 걷기 시작한 타율적 근대화의 과정도 양반에 대한 경외감을 상실한 비특권층으로 하여금 그 신분 획득에 대한 자신감을 품게 했을 것이다. 이렇듯 편자 같은 문외한에게도 쉽게 떠오르는 요인 이상의 문제 의식은 물론 전문 학자들의 몫이다. 여기서 편자에게 다가서는 한 가지 흥미로운 사실은 편자 같은 식자층을 포함한 많은 한국인들이 상식선에서 크게 벗어나지 않는 족보에 대한 이러한 문제의식을 거의 공유하지 못하고 있다는 점이다. 자신 스스로를 진정으로 뼈대 있는 가문의 후손으로 믿었던 사람들이 허탈해할지 모르지만, 이제는 '기존 주류 본관씨족 담론의 허상'이 공론화되어 그 우상에서 자유로워질 시점이 아닌가 한다. 이러한 측면에서 아직도 양반 출신 여부 자체가 보편적 분류 기준으로 작동하는 한국 역대 인물관련 자료의 간행 행태에 대한 박의 지적을 진지하게 받아들여야 할 것이다. 다른 한편으로 이러한 족보에 관한 한국인들의 집단적 오인은 다음에 검토할 민족사 인식문제와도 무관하지 않다.

1. 민족주의적 동아시아 고대사 서술

21세기 벽두부터 한국을 달군 고구려를 둘러싼 중국과의 역사논쟁*은 이제 숨고르기에 들어간 듯하다. 그러나 두아라가 앞의 글에서 예측한 바와 같이, 동아시아 국가들 사이의 경쟁에서 비롯된 민족주의가 앞으로도 지속되는 한, 그 논쟁이 재점화될 가능성 역시 상존하는 것으로 보인다. 동아시아에서 민족주의적 고대사 서술은 앞의 이성시 글에서 제시되듯 20세기 초에 본격적으로 시작되어 아직도 그 생명력을 유지하고 있다. 이러한 동아시아 삼국의 고대사 서술은 큰 틀에서 동일한 경향성을 유지하면서도, 각각의 특수성을 반영하며 전개되어 왔다.

먼저 19세기 후반 이래 동아시아의 근대화를 주도한 일본의 경우, 서양에서 성행하던 민족주의 사학의 수입자이자 자신들 스스로 소화해낸 그 학문의 보급자로서의 역할을 담당했다.[1] 20세기 전반부까지 동아시아에서 정치적, 경제적 우위까지 점한 이러한 일본의 주도적 입장과 이를 뒷받침한 강력한 정부는 중국이나 한국보다는 상당히 이른 시기에 이른바 황국사관으로 대변되는 관 주도 민족사의 성립을 불러왔다.[2] 그러나 2차 세계대전 패배 이래로 신화의 역사화로 특징지어지는 이러한 황국사관의 불합리성과 그에 따른 폐해에 대한 반성이 이루어지고, 역사의 경제적 해석에 치중한 마르크스주의 사학이 유행하게 되었다.[3] 다른 한편으로 도쿠가와 말기 이래로 일본에서는 고증학의 학풍이 성행해 19세기 후기 도입된 서구의 비판적 역사방법론과 함께 이른바 실증사학이 확립되는데, 이는 진정

---

* 편자는 국내의 학계나 언론에서 일반적으로 사용해 온 이른바 "역사전쟁" 혹은 "역사분쟁"이라는 용어는 정치적 색채가 짙은 표현이라고 생각한다. 전 국민적 성원과 함께 역사학계의 주류가 이 논쟁을 주도한 한국의 경우는 그렇게 인식될 수도 있을지 모르나, 주로 동북지방에서 활동하는 지역 학자들에 국한되어 대중의 관심을 거의 끌지 못한 중국의 경우 그렇게 보기 어려운 측면이 있기 때문이다.

한 의미의 "일본 근대역사학의 탄생"이었다.[4] 전후를 풍미한 마르크스주의 사학의 퇴조와 함께, 이후 일본 역사학계 고대사 서술의 근저에는 이러한 실증이 크게 자리하고 있다. 그럼에도 전전戰前 황국사관에 복무하던 고고학이 전후(특히 1970~80년대)에도 이른바 "일본문화론日本文化論" 등 일본의 독특한 민족 정체성 확립이라는 새로운 민족주의적 양상을 주도했다.[5] 다른 한편으로 민족주의에 비판적인 진보 진영에 대응하여 '새로운 역사교과서를 만드는 모임'의 후소샤扶桑社판《새로운 역사교과서》로 대변되는 보수 우익의 민족주의가 새롭게 기승을 부리고 있다.

중국 역시 20세기 초 일본의 영향으로 량치차오(1873~1929)가 주창한 이른바 신사학이 민족사 서술을 지상과제로 제기했고, 이는 리우스페이劉師培(1884~1919) 같은 복고주의자들의 국학 부흥 운동으로 호응을 얻었다.[6] 그러나 국내외적으로 혼란을 거듭한 당시 중국의 상황은 일본과 달리 민족주의 사학의 만개에 큰 장애가 되었다. 더욱이 고증학의 후예인 구제강顧頡剛(1893~1980)이 주도한 이른바 의고疑古 열풍은 찬란한 중화민족사라는 전통적 인식에 큰 암운을 드리웠다. 1949년 장기간에 걸친 내전을 승리로 이끈 공산주의 신중국의 성립으로 마르크스주의와 모택동주의 사학이 철저히 강요되어 계급투쟁에 초점이 맞추어진 탓에 민족문제가 부각될 여지는 없었다. 2004년 한국에서 특필된 고구려를 (중국사가 아닌) 한국사로 당연시한 1963년 저우언라이周恩來(1898~1976)의 민족사에 대한 발언[7]은 이러한 무관심을 반영하는지도 모른다. 문화대혁명이 종료되고 덩샤오핑鄧小平(1904~1997)이 개혁개방을 주도하며 암흑기를 벗어나던 1970년대 후반이 되어서야 역사 서술에서 계급을 중시하던 혁명 패러다임이 쇠퇴하며 민족사가 그 공백을 채울 여지가 생겨나기 시작했다.[8] 1990년대 이래 경제적 성장을 거듭하고 있는 것 이상으로, 신중국 성립 이래의 고고학 성과는 세계 어느 지역과도 비견할 수 없는 눈부신 것이었다. 경제적 자신감과 함께 자신들의 찬란한 고대를 입증해주는 전례 없는 고고학 자료의 활용은 21세기판 중화민족주의 사학을 태동케 했는데, 국내에 잘 알려진 국가 주도의 "동북공정"이나 "하상주단대공정夏商周斷代工程", "중화문명탐원공정中華文明探源工程"은 이러한 흐름의 결실이다.[9] 여기에 다민족복합체로서 중국에 대한 새삼스런 자각과[10] 의고 사조의 잔영에서 벗어나려는 신고信古에 대한 갈망이 함께 작용하고 있음은 물론이다.[11]

한국 역시 20세기 초 일본을 통해 신채호(1880~1936) 같은 선각자들이 민족주의 사학을 도입했음은 주지의 사실이다. 그러나 식민지라는 시대적 상황이 민족주의라는 흐름을 덮어버려, 그 새로운 사조가 공적인 영역에 자리하기는 어려웠다. 반면에 일본 유학파 중심의 이른바 실증사학자들이 고대사 연구를 주도했고, 이 때문에 이병도(1896~1991)를 비롯한 주류 학자들은 대체로 민족주의 사학에 반한 이른바 식민사학자로 평가받기도 한다. 그렇지만, 고조선을 비롯한 이병도의 고대사 연구가 민족주의자들의 그것과 유사한 점이 있다는 연구가 있고,[12] 해방 이후 20세기 후반까지 고대사 연구를 주도한 학자들 모두를 사실상 민족주의자로 봐야 한다는 견해도 있는 것을 보면,[13] 민족주의가 20세기 한국 고대사 연구의 저변에 깔린 대세적 흐름이었음은 이론의 여지가 없다. 따라서 편자는 어려운 상황을 헤쳐 나온 지난 세기까지 "민족사학"과 "식민사학"이라는 은연중에 선악 개념이 내포된 일종의 운동식 대비가 효용성을 인정받을 수 있었다면, 이제는 "소극적 민족사학"과 "적극적 민족사학" 같은 동일선상의 구분이 20세기 후반 한국 사학사를 정치성을 배제하면서 이해하는 학술적인 구도라고 보고 있다.

나아가 "소극"과 "적극"을 나누는 주요 기준 중 하나로 만주를 한국 고대사에서 어떻게 위치시키느냐의 문제가 포함될 수 있을 것이다. 북한에서 이미 1960년대에 만주를 민족사의 주요 부분으로 파악한 신채호[14]를 비롯한 초기 민족주의자들의 연구가 더욱 정치하게 다듬어진 반면, 한국(남한)에서는 1980년대에야 이러한 경향이 큰 흐름으로 나타나기 시작한다. 이러한 한국에서의 새로운 경향에 대해 정통성이 결여된 군사정부와 극우 민족주의와의 결탁으로 보는 시각[15] 못지않게, 1970년대 후반 이래의 경제 성장과 이에 따른 한국인들의 자신감이 이를 고무시킨 측면도 있을 것이다. 80년대 후반 이래 만주지역 고고학 자료에의 접근을 용이하게 해준 중국과의 해빙 무드 역시 무시할 수 없는 요인이다. 송호정은 80년대 이래의 이러한 흐름을 재야사학자들이 주도한 것으로 폄하하지만,[16] 그 자신을 비롯한 이른바 강단사학자들 역시 정도 차이가 있을지언정 이러한 학계의 흐름 속에서 만주 지역까지 포괄하는 고조선 연구를 수행했음을 부인하기 어려울 것이다. 20세기 마지막 20여 년 동안 만주는 많은 한국 학자들이 다시 찾은 고대사의 고향이 되었고, 이러한 대세적 흐름 속에서 중등 역사교과서에 기원전 2333년 세워진 고조선이 만주 전역을 차지했음을 암시하는 지도까지 등장하게 된다. 20

세기 초에 점화된 민족주의 역사가 같은 세기 말에 극단적 모습으로 만개하기에 이르렀던 것이다.

그러나 강한 작용은 반드시 반작용을 부르는 법. 20세기 후반 한국을 주도하던 민족주의 사학에 대한 반성은 그 연구의 당사자들로부터가 아니라[17] 1990년대 이래 탈근대 역사학을 추구하는 서양사학자들로부터 비롯되었다. 그 선봉에 선 임지현은 한국사학계가 "민족적 형식을 강조한 나머지 민족을 초역사적 자연적 실재로서 부당 전제하여" 역사를 신화의 영역으로 이끌고 있다고 비판했다.[18] 이러한 건강한 비판이 공감을 얻기 시작할 무렵 한국을 강타한 동북공정이라는 외래적 파고가 다시 민족주의 사학에 힘을 실어주었고, 이 무렵 임지현은 이 책의 저자 중 한 분인 이성시와 함께 20세기 이래 "만들어진 민족사"인 국사의 신화를 뛰어넘어 그 해체까지 주장하기에 이른다.[19] 탈근대의 역사 이론을 선도하던 김기봉도 민족에 매몰된 일국사로서 한국사 연구에서 벗어나 동아시아사라는 미래지향적 역사 서술을 제안했다.[20] 이와 같은 맥락에서 김한규는 고구려를 둘러싼 한국과 중국 학계의 논쟁에서 벗어나 고구려를 비롯한 많은 국가들이 명멸했던 만주라는 공간을 한국이나 중국이 아닌 제삼의 시각, 즉 "요동 역사공동체"라는 관점에서 바라볼 것을 제안했다.[21]

이러한 비판과 제안에도 불구하고, 21세기가 10년을 경과한 현시점에도 민족주의와 민족사는 여전히 한국 고대사 연구의 중심을 사수하고 있는 듯하다. 만주의 역사에 관한 한 중국과 한국의 주인 찾기라는 소모적 논쟁에서 벗어나기 위해 민족사 틀을 해체하려는 김한규의 주장은 그 자체에 내재한 문제점 이상으로 과도한 비판의 대상이 되어 온 듯하고,* 아직도 고구려가 한국사일 수도, 중국사일 수도 있다는 일견 상식적인 주장까지도 거부감을 느끼는 주류 학계의 인식이 상존하고 있다.** 그 타당성 여부는 논외로 치더라도, 탈민족주의 사학의 논리를 본격적으로 반박하는 고대사 연구자의 글도 나오고 있다.[22] 따라서 탈근대에 민족사로서 국사의 틀에서 벗어나 다시 쓸 한국 고대사로 "문명교섭사"와 "인류 보편적 가치로 승화되는 역사"를 제시한 김기봉의 제언[23]은 당분간 큰 메아리로 울려 퍼질 것 같지는 않다. 그럼에도 민족사 옹호론자들의 한국 전근대

---

* 여기서 이 문제에 관한 깊은 논의는 유보하지만, 나는 혹시 이러한 시각이 정치성에서 자유로운 서양 학계에서 제기되었다면 국내 학계의 반응이 어땠을지 궁금하다. 저자 김한규를 특히 당혹스럽게 한(〈나의 책을 말한다: 요동사〉, 《한국사시민강좌》 48, 2008, 186, 190~191쪽) "만선사관"과 유사하다는 많은 학자들의 비판 논리에 담긴 민족주의적 정치성은 학술적 논의의 범위를 벗어난 것이다. 이러한 비판들은 19세기 말~20세기 초에 등장하여 한반도의 역사를 만주에 부속시킨 일본 학계의 "만선사"와 그에 뒤이은 한국사의 주체로서 신채호의 "만주 재발견"을 각각 유사한 정치적 맥락의 상반된 목적을 지닌 주장으로 파악한 안드레 슈미드Andre Schmid의 글(주 14), pp.30~33을 주목할 필요가 있다. 문제는 누구의 견해가 어떤 연구와 연결되는지 여부가 아니라 그 견해가 얼마나 객관적인 통찰력을 제시하는지 여부일 것이다.

** 송기호, 《동아시아의 역사분쟁》, 솔, 2007, 304~305쪽. 저자의 비판 논리에는 "일단 내 영토가 되면 역사도 자기 것이 될 수 있다는 발상에는 패권주의적 위험이 도사리고 있다"는 우려가 깔려 있는데, 물론 이 주장은 정치적 차원에서 정당성을 부여받을 수 있을지 모른다. 그렇지만 나름대로 객관성을 유지하려 애쓴 흔적이 보이는 이 책에서조차도 민족주의적 시야가 학문과 정치의 경계를 흐릿하게 만들고 있어서 아쉽다. 저자는 멕시코의 인디오와 달리 미국이나 캐나다에서 인디언의 역사가 제대로 취급받지 못함을 역사 서술의 주체가 지닌 정체성 때문이라고 보고 있다(311쪽). 일리 있는 주장이지만, 미국사의 첫 페이지를 장식하는 것은 양적으로 부족하더라도 엄연히 인디언의 역사라는 것을 저자가 모르지는 않을 것이다. 미국에서 출판된 방대한 인디언 관련 서적들을 굳이 들지 않더라도, 아메리칸 인디언의 역사는 당연히 미국사의 일부인 것이다. 다른 차원에서 평양에 설치된 한사군의 낙랑군 역시 저자의 논리대로라면 그 주류가 중국계이므로 한국사의 영역으로 들어와서는 안 된다. 이렇듯 역사의 주인 찾기 논쟁은 그 시초부터 정치성에서 자유로울 수 없어서 자칫 유치한 말싸움으로 변질될 위험성을 안고 있다.

민족 개념 존재를 뒷받침하는 논리가 그것에 반하는 논리를 압도하지 못하는 만큼,[*] 탈민족주의의 흐름이 민족주의 사학 못지않은 무게로 자리할 날도 머지않아 보인다.

편자는 일·중·한 삼국의 민족주의적 고대사 서술의 양상을 나름대로 일별하면서 각각의 특수성만큼이나 보편적인 한 가지 흐름을 감지할 수 있었다. 민족주의가 도입되어 발전하다 정점에 달한 뒤에는 반성을 거치며 새로운 모색 혹은 재편의 시기로 접어든다는 것이다. 일본의 경우 20세 초 도입된 민족주의 사학이 그 국가가 팽창의 길을 걷던 1930~40년대 국가가 주도한 황국사관으로 정점을 찍었고, 이후 반성의 시기에 마르크스주의 사학이 성행하다 현재는 진보와 보수 진영이 민족주의 사학의 폐기와 부활을 주장하는 재편의 과정에 있다. 중국과 한국의 경우는 20세기 전반기 각각이 처한 역사적 상황 때문에 민족주의 사학이 도입기 이후 비교적 늦게 만개하는 경향을 보인다. 한국이 80년대 이후 경제적 발전과 함께 20세기 말 대중과 국가 모두가 동원된 강력한 민족주의에 기초한 민족사 서술로 정점에 다다른 반면, 20세기 말부터 자신감을 회복한 중국은 그

---

[*] 민족사 옹호론자들은 한국 전근대 사회에 이미 민족을 자각했음을 보여주는 양상들이 존재했으므로, 서양 근대화 과정에서 비롯된 민족의 형성과 이에 따른 민족주의 이론이 한국에는 적용될 수 없음을 역설한다. 그러나 조선 후기까지도 거의 모든 지식인들이 중화中華라는 보편 문명을 추구했음은 주지의 사실이고, 주류에서 밀려난 소론의 고대사 인식 체계 역시 기자箕子를 내세운 중화의 추구였다는 점을 유념해야 한다. 조성산, 〈조선 후기 소론계 고대사 연구와 중화주의의 변용〉, 《역사학보》 202, 2009, 49~90쪽. 두아라Duara 역시 이 책 1장에서 19세기 하반기 이전까지 동아시아에서 국가 형성이나 경쟁적 상업 활동 모두 서유럽이나 신세계의 경우처럼 민족 형성이라는 독특한 성격으로 인도되지는 않았다고 본다. 전근대 동아시아의 정체성 운동 역시 그것들이 광범위한 수사修辭를 호소했을 때조차도 보통 소규모 집단이나 지역에 제한될 뿐이었다고 한다.

와 유사한 길을 답습하며 현재 정점을 향해 치닫고 있는 듯하다. 한국에서 만개한 민족사에 대한 강력한 비판이 점차 공감을 얻고 있는 것과 마찬가지로, 중국 학계에서도 그러한 자성의 움직임이 시작되어 결국 하나의 새로운 경향으로 자리할 것이다.[24] 민족사를 둘러싼 이러한 전개의 과정은 실상 유럽에서도 정도와 시기에 차이가 있을 뿐 보편적 현상으로 나타난다.[25]

이러한 측면에서 고구려를 둘러싼 한국과 중국 사이의 논쟁을 "말의 전쟁the war of words"으로 격하하며, 과도하게 반응하는 한국 학자들을 향해 보다 광범위한 역사적 맥락에서 이 논쟁을 바라볼 것을 권유한 미국의 한국 고대사 연구자 마크 바잉턴Mark Byington의 지적은 곱씹어볼 가치가 있다.[26] 동북공정은 시대착오적 민족사의 부활과 그 강화에 정당성을 부여해준 점에서는 아쉬움을 남겼지만, 다른 한편으로 그 논전의 와중에 한국에서의 고대사 연구를 객관적으로 되돌아볼 기회를 가지게 해주었다는 점에서는 긍정적으로도 작용했다.[27]

물론 아직도 국내에는 중국이나 일본이 민족사를 탈취하려는 위협이 상존하는 한 고대사 서술에서 어느 정도의 민족주의적 융통성은 발휘될 여지가 있다는 인식이 자리하고 있고, 많은 학자들이 이러한 상대적, 방어적 민족주의에는 관대한 것도 사실이다. 그러나 국가와 국가 사이의 학문적 거리가 부쩍 가까워져버린 21세기에 어떤 학술적 이슈도 국제적으로 인정받지 못하면 그 정당한 설자리를 찾지 못할 것임은 자명하다. 편자가 분석한 중국의 "하상주단대공정"은 이미 국제적으로뿐만 아니라 중국 국내에서도 많은 비판에 직면해 있어 이러한 원칙이 적용되는 좋은 사례다.[28] 최근 황제의 역사화 추진을 비롯한 중국의 다른 역사 공정들 역시 시간이 지날수록 그 한계가 명확히 드러날 것이다.[29] 마찬가지로 한국 내부의 역사 인식이나 서술 방향 역시 국제적 검증의 대상이 될 수밖에 없음은 두말할 나위가 없다.[30]

사실 탈민족주의를 외치는 논자들을 포함한 한국의 역사 연구자들 중 스스로 민족주의의 굴레에서 자유로울 수 있는 사람은 거의 없는지도 모른다. 특히 민족을 배제하며 고대사 읽기를 시도하는 연구자들 중에는 혹시 자신의 연구 결과가 외국과의 논쟁에서 한국에 불리한 결과를 초래하지 않을까 우려하는 이들이 있을 수 있다. 실제로 특정 연구나 주장에 대해 "동북공정의 논리와 유사하다"라든지 "중국 측의 논리를 뒷받침한다" 등의 학술적 한계를 넘어선 듯한 비판이 심심치 않게 들리기도 한다. 그러나 이러한 부담 속에 있는 이들을 비롯한 고대사 연구자들은 1930~40년대의 혼란스런 중국에서 "중국인으로서 민족적 자부심과 자존심을 간직하면서도 구국의 사명감과 역사학 연구라는 학자적 태도를 엄격히 구분하여" '민족 일원론'과 '강역 일통론'의 우상을 타파한 구제강을 기억해야 할 것이다.[31] 그가 위에서 언급된 것과 유사한 우려와 비난을 감내하면서 고통스럽게 우뚝 세운 의고의 학풍은 오늘날에도 중국 학술계의 수준을 유지시키는 버팀목이 되고 있다.

2. 고대 중국 연구 자료 새롭게 보기

구미의 고대 중국 연구자들은 자신들의 연구 분야를 오늘날 여러 학문(주로 인문학) 분과들 중 가장 역동적인 하나로 손꼽기를 주저하지 않는다.[32] 세계 어느 지역에서도 유례가 없는 중국의 방대한 고고학 발굴 때문이다. 그러한 발굴은 사마천의 《사기》 등을 통해 전래된 역사상을 뒷받침하거나 뒤집기도 하면서 흥미를 더해주고 있다. 예컨대 UCLA의 로타 본 팔켄하우젠Lothar von Falkenhausen은 고고학 자료를 통해 얻은 역사상이 전래문헌의 역사상과 모순을 보이는 점에 주목한 바 있다. 공자나 그의 제자들이 자신들 시대의 정치적, 종교적 저변에 있는 원리들을 주周 왕조(기원전 1046~256년경) 초창기에 고안된 것으로 믿으며, 왕조의 창시자들인 문왕文王과 무왕武王, 주공周公을 문화적 영웅으로 간주한 것은 잘 알려진 사실이다. 그렇지만 현대 고고학 자료는 공자가 주나라 초에 일어난 것으로 본 의례제도를 비롯한 혁신이 사실상 서주 후기(기원전 850년경)에야 비롯되었음을 입증해주어, 주 초에 대한 이러한 관점이 역사적 창작이거나 선택적 기억에 의존한 것임을 보여준다는 것이다.[33]

이러한 중국의 고고학 자료는 크게 청동기나 도기 등의 유물과 갑골문이나 금문, 간독簡牘 등의 출토문헌 두 부류로 나뉜다. 여기서는 유물보다는 출토문헌을 통해 나타나는 새로운 양상들을 점검하고자 하는데, 2부에 실린 논문들이 이와 연관되어 있다. 21세기 들어 쏟아지는 이러한 출토문헌 자료들 중 우선 눈길을 끄는 것은 1991년 허난성河南省 안양安陽 은허 궁전구 남쪽(화웬좡花園莊의 동쪽)의 갑골갱(H3)에서 발굴된 문자가 새겨진 갑골 689편片을 정리하여 2003년 세간에 나온 《은허화원장동지갑골殷墟花園莊東地甲骨》이다.[34] 1936년과 1973년 샤오툰춘小屯村에서의 갑골문 발견에 버금가는 이 발굴을 통해 드러난 갑골문은 대부분 상商 후기 무정武丁 왕 시기의 것으로 추정되어, 갑골문 그 자체에 대한 연구뿐만 아니라 그 시기의 역사 연구에도 귀중한 자료를 더해주었다. 2003년 산시성陝西省 저우웬周原의 저우공먀오周公廟 일대에서 발견된 문자가 새겨진 갑골 86편은 서주시대의 갑골문과 역사 연구에 새로운 실마리를 제공해주고 있다.[35] 주공먀오에서는 최근에도 서주 갑골이 대량 발굴되어 현재 정리 중인 것으로 전한다.

　서주시대의 청동기 역시 갑골문 못지않게 발견되었는데, 6장에서 쇼우네시가 분석한 양쟈촌楊家村 저장구덩이[교장窖藏]에서 2003년에 발견된 구정逨鼎과 구반逨盤을 비롯한 다수의 명문이 담긴 청동기들은 그 일부의 사례에 불과할 뿐이다. 이러한 최근의 발굴 중 무엇보다 관심을 끄는 것은 2008년부터 발굴된 산둥성山東省 가오칭高靑 진좡陳莊 유지에서 최근 발견된 명문 70여 자가 담긴 인궤引簋 2점이다. 서주 중후기의 것으로 추정되는 이 명문은 인引이라는 인물이 주왕으로부터 조상을 이어 제齊나라 군대를 관리하라는 명을 받은 일종의 책명금문이다. 이 명문의 주인공을 제의 시조인 강태공姜太公의 지파로 보는 견해도 있는 만큼,[36] 이 유지에 대한 본격적인 연구가 진행된다면, 그동안 공백으로 남겨져 있던 제를 비롯한 제후국 연구에 중요한 전기가 될 것이다. 2008년 출간된 CD판 금문 모음집인 《상주금문자료통감商周金文資料通鑒》에 그해 6월까지 확인된 명문이 있는 청동기 15,567점이 수록되어 있고, 앞으로도 지속적인 발굴을 통해 새로운 자료가 더해질 것으로 예상되니, 금문을 토대로 한 주대 역사 연구 역시 더욱 풍성해질 것으로 보인다.

갑골문과 금문보다 훨씬 이상으로 지난 세기 말 이래 가장 주목을 받는 자료는 바로 간독, 그중에서도 초나라 죽간楚簡이다. 그 흥미로운 발견 과정뿐만 아니라 내용을 둘러싸고 전개되는 다양한 문제제기가 중국 내외 학자들의 지대한 관심을 끌어, 중국 문자학을 연구하는 인재들 대부분이 이제는 초간 연구에 몰두한다고 해도 과언이 아닐 정도로 학계를 달구고 있다.[37] 이미 국내에서도 이승률이 《오늘의 동양사상》에 초간을 포함한 간독 연구 전반에 대해 현재까지 일곱 차례에 걸쳐 심도 있는 좋은 글을 연재하고 있으므로[38] 여기서 그 내용을 언급할 필요는 없을 듯하다.

편자가 초간을 비롯한 전국시대 죽서竹書와 관련하여 특히 관심을 가지는 부분은 그것이 현재 우리에게 전하는 삼경三經을 비롯한 여러 전래문헌의 유래뿐만 아니라 분서갱유 이전 문헌사의 편린에 대해서까지 실마리를 제공해주지 않을까 하는 점이다. 이와 관련하여 최근 이 책의 제4장과 6장을 집필한 쇼우네시는 1993년과 1994년 각각 발견된 궈뎬초간郭店楚簡과 상하이박물관 초간[上博楚簡]을 분석해 흥미로운 결과를 내놓은 바 있다.[39] 우선 한대漢代(기원전후 1세기경)에 편찬되어 현재 우리에게 전래된 《예기禮記》에 수록된 〈치의緇衣〉편과 전국시대(기원전 300년 전후)에 편찬된 궈뎬과 상박 초간 중에 각각 포함된 〈치의〉편 세 편을 비교하여, 한대의 〈치의〉가 전국시대의 두 〈치의〉와 기본 골격은 비슷하지만, 상당히 다른 텍스트로

재탄생했음을 지적한 바 있다. 개별 글자가 다른 경우가 많음은 말할 것도 없고, 구절이 도치되거나 그 편의 순서가 완전히 다른 경우, 심지어 새로운 구절들이 삽입된 경우도 있어서, 전국시대의 두 필경사들이 한대의 〈치의〉를 본다면 다른 문헌으로 인식할 수도 있을 정도라는 것이다. 마찬가지로 현재 우리에게 남겨진 금본今本과 고본古本의 《죽서기년竹書紀年》도 서기 279년 급총汲冢에서 죽간의 형태로 발견된 원본과 관련이 있지만, 재구성 과정에서 여러 편찬자들의 손을 거치며 무의식중에 혹은 의도적으로, 때로는 편찬자들의 원본에 대한 무지 때문에, 변형된 모습으로 개작되었다는 것이다. 이러한 변형의 양상은 서양에서도 《성경》의 고대 사본에서 빈번히 나타나는 것과 마찬가지로, 한대 이후에 재편찬되었음이 분명한 《상서尙書》와 《시경詩經》, 《주역周易》의 삼경 역시 이러한 변형에서 예외는 아니었다.*

쇼우네시는 또한 궈뎬에서 발견된 초간 16종 중 단지 〈치의〉편 한편만 전국시대와 근접한 형태로 한대의 도서관에 살아남았고, 상하

---

* 夏含夷(Shaughnessy), 〈重寫儒家經典: 談談在中國古代寫本文化中抄寫的詮釋作用〉, 《簡帛網》 2010년 7월 16일(http://www.bsm.org.cn/show_article. php?id=1274), 《상서尙書》의 경우 상박초간 〈성지문지成之聞之〉편에 인용된 〈군석君奭〉편의 구절과 전래된 〈군석君奭〉편의 유사한 구절을 비교하여 중요한 차이를 지적한다. 《시경詩經》 역시 곽점과 상박초간 〈치의緇衣〉에 인용된 시詩의 구절들과 《예기禮記》에 실린 〈치의〉에 인용된 시의 구절들, 《모시毛詩》에 수록된 유사한 구절들을 비교하여, 현존 《시경》이 한편으로 전국시대 원본의 모습을 계승했지만, 다른 한편으로 이를 개사改寫했을 것으로 본다. 《주역周易》의 경우 이미 전국시대 이래 유가뿐만 아니라 다른 사상가 집단들도 각각의 다른 저본을 지니고 있어서 다양한 독법이 존재했을 것이다. 《주역》의 기본 철학사상 역시 변이에 있기 때문에, 그 언어 용법도 예외는 아니었지만, 후대에 《역》이 전승되는 과정에서 어떤 글자에 내포된 다양한 의미 중 특정한 의미만 적시됨으로써 다른 의미들이 소실되었을 것으로 본다.

이박물관에서 회수한 80여 종 중 단지 4종만이 전래문헌을 통해 최소한 일부라도 확인될 뿐이며, 급총에서 발견된 19종 중 단지 《주역》 한 권만 당시의 편찬자들에게 알려진 것이었음을 지적한다. 이세 무덤의 경우가 대표성을 띠는 것으로 볼 수 있다면, 전국시대 이래 분서갱유를 거치며 한대까지 이어진 문헌은 단지 5퍼센트 이하에 불과하다는 것이다. 물론 이러한 수치는 2008년 칭화대학淸華大學에 기증된 것으로, 사서史書류까지 포함되어 있어 앞으로 전국시대 죽서 연구의 새로운 장을 열 것으로 기대되는, 이른바 "칭화전국간"이 완전히 공표되면 조금 달라질 수 있지만, 아주 큰 차이는 없을 것으로 보인다.[40]

쇼우네시가 제시한 위의 두 가지 논점은 중국 고대 학술사와 관련하여 흥미로운 문제의식을 갖게 한다. 우선, 기원전 213년 진시황이 명한 분서焚書의 결과이든 다른 전란 등으로 인한 파괴의 결과이든 전국시대에서 한대에 이르기까지 문헌사 상에 지대한 단절이 있었음은 분명해 보인다.

둘째, 현재 우리에게 고전으로 남겨진 삼경을 비롯한 대부분 전래문헌은 운좋게도 이러한 단절에서 예외가 되었지만, 실상 이들의 토대가 된 한대까지 남겨진 전국시대 이래의 죽간들은 오늘날 발견되고 있는 것들과 마찬가지로 이미 상당히 훼손되었을 뿐 아니라 거기에 쓰인 글자체 역시 당시에 이미 고문古文이라 부를 만큼 난해했다. 따라서 이들을 정리한 한의 학자들은 그 불완전한 간독을 토대로 쇼우네시가 이른바 "다시 쓰기rewriting[重寫]"라고 명명한 재구성의 과정을 거쳐 한대판 문헌을 창출했던 것이다. 이는 한대의 전적典籍들이 선진시대의 그것들을 전면 개조한 것이라는 슝테지熊鐵基의 "한대개조론"과도 일맥상통한다.[41] 이 과정은 현대의 학자들이 출토된 전국시대 죽서를 재구성하는 과정과 크게 다르지 않았을 것이고, 이러한 측면에서 현대의 학자들 역시 현대의 관점에서 "다시쓰기"의 과정에 동참하고 있는지도 모른다.

셋째, 현재 한국을 비롯한 동아시아뿐만 아니라 전 세계적으로도 폭넓게 읽히고 있는 삼경을 비롯한 이른바 중국 고전들은 그 원초적 의미가 어느 정도는 훼손되었을 뿐만 아니라 한대인들의 세계관이나 역사인식까지 반영된 한대식 텍스트라는 점이다. 물론 그 자체로서 의미가 없는 것은 아니겠지만, 예컨대 가장 많은 독자를 가지고 있는《논어》라는 책도 그 책의 저자인 공자가 아닌 가공加工의 과정을 거친 한대판《논어》라는 얘기다. 나아가 한대 이래 현재까지도 출간되고 있는 이들 고전에 대한 무수한 주석서도 일정 부분 본질에서 이탈한 변이체를 대상으로 한 것이었고, 어떤 측면에서 그 변이체의 불확실성이 이렇게 무수한 주석서를 창출하게 했는지도 모른다.

넷째, 많은 학자들이 뛰어들고 있는 전국시대 출토 죽서의 연구가 고전들의 원형 회복에 도움을 줄 수 있을 것이다. 그렇지만 앞에서 언급한 전국–한대의 격절을 굳이 언급하지 않더라도, 이러한 출토 문헌들 역시 전국시대라는 시대적 산물일 수밖에 없다. 예컨대, 칭화간 중 최근 최초로 공개된《고문상서》류인《보훈保訓》편 역시 주 문왕文王의 임종 시 태자 발發(후에 무왕武王)에게 내린 유언을 담고 있지만,[42] 전국시대부터나 등장하는 순舜에 대한 전설이 언급되어 있고, 그 문체 역시 전래된《상서》의 가장 오랜 편들이나 서주 금문의 그것과는 확연히 다른 모습을 보이고 있다.[43] 비록 서주 당대의 잔상이 부분적으로 남겨져 있을 가능성이 있지만, 전국시대에 창출된 그 문헌에 담긴 역사상 역시 당대에 창출되었으리라는 인상을 지울 수 없다. 실제로 국내에서 행해진 《보훈》편에 대한 최근 연구 역시 이 문헌을 "전국 중기와 가까운 어느 시점에 성서成書된 신생의 서류書類"로 결론짓고 있다.[44] 따라서 원형 찾기 작업은 전국시대 출토 죽서뿐만 아니라, 삼경이나 다른 고전들의 원형과 그 문체를 공유했을 갑골문이나 금문 등 그 이전의 출토문헌에 대한 지식까지도 겸비하지 않으면 요원한 것으로 보인다. 여기에 고증학 정신에 기초한 철저한 문헌비판 역량까지 더해져야 할 것이다.

이렇듯 한대에 재창출된 중국 혹은 동아시아의 경전이라는 새로운 인식은 그것을 1차자료로 활용한 기존의 고대사 체계를 되돌아보게 한다. 무엇보다 한국 학자들이 선진시대의 자료로 신뢰하며 고조선 연구의 중요 근거로 삼고 있는 《관자管子》와 《전국책戰國策》, 《산해경山海經》 같은 문헌들 역시 한대 "다시 쓰기"의 산물이라면, 이러한 문헌들에 나타나는 조선에 관한 단편적 기록을 토대로 한 고조선의 고대성古大性 추구는 일정한 한계를 전제로 할 수밖에 없다.[45] 나아가 현재까지도 중국 고대사의 기본 틀을 제공하고 있는 《사기史記》의 선진사 체계나 기술 역시 한대식 인식론의 반영이라는 문제에 봉착할지도 모른다.

이러한 측면에서 《사기》에 나타난 하상주夏商周 삼대 인식을 통일 제국의 논리에 따른 구상으로 보고, 전국시대의 제국諸國에는 이와는 다른 각각의 삼대 인식체계가 존재했으리라는 히라세 다카오平

勢隆郎의 문제 제기[46]는 신선하게 다가온다. 그는 《좌전左傳》을 비롯한 전국시대 문헌들에 각국의 독자적인 영토 주장을 담은 형形이 존재했는데, 각국은 자신과 관련된 이전의 역사를 이용하여 이런 틀을 만들어내었다고 본다. 그러나 이러한 설명이 한의 통일제국 하에서 이른바 "봉인 작업封印作業"을 거치면서 동일한 천하를 영유한 것으로 다르게 변질되었다는 것이다. 편자는 히라세의 연구에 나타나는 자료 활용 방법에서 심각한 문제를 발견하지만,* 그럼에도 그러한 시도 자체는 새로운 통찰력을 제시하는 것으로 믿는다. 특히 그가 "봉인 작업"이라고 명명한 한대 자료에 통일적 세계관이 투사되는 과정은 쇼우네시가 제기한 "다시 쓰기" 과정의 일단과 그 궤를 같이 하는 지도 모른다.

따라서 "봉인 작업"이든 "다시 쓰기"의 결과이든 현재 우리에게 남겨진 한대 이래의 전래문헌은 현재 중국에서 유행하는 신고信古의 관점과는 달리 신중히 활용되지 않으면 선진시대의 원형을 구명하는 데 오히려 장애요소가 될 수도 있을 것이다. 이러한 측면에서 구제강이 끝내 포기하지 않은 고증과 의고의 정신은 선진사뿐만 아니라 한국 고대사를 포함한 동아시아 고대사 연구에도 불가결한 전

---

* 그는 전국戰國 제국諸國의 삼대와 얽힌 논의를 전개하면서 진秦의 경우 진공궤秦公簋 명문을 이용하여, 전국시대 중기 진秦이 자신들이 다스리던 지역을 진으로, 중원지역을 경멸적으로 만하蠻夏로 분리해서 파악했을 것으로 주장한다. 그러나 그가 인용한 명문은 진공궤가 아니라 거의 동일한 명문인 진공종秦公鐘 명문이다. 나아가 이 명문의 진공秦公을 춘추春秋 중기에 재위했던 진秦의 통치자 중 한 명(성공成公[기원전 663~660]-경공景公[기원전 576~537])으로 파악하는 데 이견이 없기 때문에, 이 명문을 전국시대의 양상을 반영하는 것으로 보는 것은 문제가 있다. 마찬가지로 제齊와 관련하여 들고 있는 숙이종叔夷鐘 명문도 그 연대를 전국시대로 보는 학자는 거의 없다.

제 조건임을 다시 한 번 확인하게 된다.[47] 갑골문이나 금문, 간독 등의 출토문헌이 그 자체에 내재한 흠결에도 불구하고 선진시대의 복원에 보다 신뢰할 만한 자료임은 말할 것도 없고, 현재 우리에게 전래된 다시 씌어진 문헌들은 출토문헌과의 문헌학적 비교 분석을 거칠 때야 그 성격이 보다 명확히 구명될 수 있을 것이다. 고대 중국과 동아시아 연구에 문헌학이라는 생소한 학문이 앞으로 중요한 역할을 담당할 까닭이 바로 여기에 있다.

3. 한국에서의 중국 고전 읽기

편자는 2009년 9월부터 2010년 6월까지 캘리포니아 대학UCLA에서 연구년을 보내며 그 대학의 중국 고대 문헌학자 데이비드 스카버그David Scharberg와 만나 대화를 나누었을 때,[48] 한국에서의 고대 중국 문헌학에 대해 소개해달라는 부탁을 받고 무척 당황한 적이 있다. 중국 다음으로 한학의 전통이 강했던 나라 중의 하나가 한국이기에 뭔가를 기대한 그의 질문은 일면 상식적이었지만, 당시 나는 부끄럽게도 잘 모르겠다고 답변할 수밖에 없었다.

애매한 답변으로 당시 상황을 모면하고 나서 다시 고민하며 조사해보니, 실상 그 정답은 "한국에서는 그런 학문이 거의 존재하지 않는다"였다. 그 이유를 나름대로 추적하다, 단견인지 모르지만, 청대에 성행하여 중국 근대 인문학의 기틀을 닦은 고증학이 조선에 제대로 도입되지 않은(혹은 그와 유사한 학문이 자생적으로라도 일어나지 않은) 데까지 생각이 미쳤다. 중화 문명의 유일한 수호자로서 오랑캐의 나라인 청의 문물을 경시해서든, 아니면 고증학이라는 학문이 너무 어렵고 생소해서든, 경학 위주의 이른바 대학大學만을 고집한 조선 후기의 선학들에까지 송구스럽게도 그 비판의 화살이 미친 것이다. 물론 신작申綽(1760~1828)과 김정희(1786~1856), 정약용(1762~1836) 등의 저술에서 일부 고증학적 경향성을 찾아낼 수 없는 것은 아니지만,[49] 당시 조선의 정치적 획일성과 폐쇄성이 학문의 다양성을 저해하여, 그러한 신학문이 큰 흐름으로 자리 잡기는 어려웠던 것으로 보인다. 20세기 전반의 암흑기를 거친 후 새롭게 학문에 정진하는 분위기 속에서도, 식민사학을 비롯한 일제식 학문 극복이라는 민족주의적 지상과제가 "우리 것"이 아니면 큰 관심을 끌지 못하는 학계나 대중의 풍토를 조성한 탓도 있을 것이다.

안타깝게도 이러한 한국의 학계 분위기는 현재까지 지속되고 있다고 해도 과언이 아니다. 중국이나 특히 미국의 학자들은 한국의 태동고전연구소(지곡서당)와 고전번역교육원(구 민족문화추진회) 등에서 수행하는 한학 교육에 대해 부러워하며 큰 관심을 표명하곤 한다. 그러나 한학에 대한 열정 가득한 우수 인재들을 모아놓은 한국의 여러 한학 교육기관들의 교육내용은 그들이 상상하는 것과는 다르다. 이들 교육기관은 아마도 조선시대의 그것과 크게 다르지 않게, 대체로 고증학적 문헌 분석과 비판적 읽기는 결여한 채, 주로 전통 주석의 해석에 집중하여 한문 해독 능력 함양에만 치중하고 있는 것으로 보이기 때문이다. 이러한 읽기가 한국의 전근대 자료 해석 소양을 기르는 데 도움이 됨을 부인할 생각은 없다.

그러나 중국 고전을 그저 한국 전근대 자료 이해의 도구로만 생각하는 제한된 시야로는, 삼경 같은 고전을 읽을 때, 그 고전의 전통적 목차를 해체하며 구미의 주요 대학에서는 이미 상식이 된 성서 연대가 이른 순으로 읽어가는 식의 새로운 발상 전환은 기대하기 어렵다.* 이 책 제4장에 실린 쇼우네시의 논문이 이러한 비판적 읽기의 산물임은 물론이다. 한국과 같은 경직된 학문 풍토에서 고대 중국의 문헌학과 출토문헌에 대한 제대로 된 연구까지 기대하기는 어불성설인지도 모른다.** 뛰어난 한문 해독 능력을 지닌 한국의 많은 전문가들이 한국적인 것에만 몰두하여 그 너머에서 더 흥미롭고 광활한 장이 펼쳐지고 있음을 보지 못하는 현실이 아쉽다.[50]

4. 맺음말: 동아시아 고대 문명의 요람으로서 고대 중국

21세기 들어 세계 최강대국을 향해 돌진하는 중국의 기세가 무섭다. 현재 미국 체제가 안고 있는 여러 구조적인 모순과 한계를 감안할 때, 200여 년 전부터 중국이 상실하기 시작한 최강 제국으로의 회귀 시기가 예상보다 앞당겨질지도 모른다. 중국과 한국이 대면하

---

* 예컨대, 《상서》의 경우 현행 목차를 거꾸로 〈주서〉, 〈상서〉, 〈하서〉, 〈우서〉의 순으로, 《시경》은 〈주송〉, 〈대아〉, 〈소아〉, 〈국풍〉, 〈상송〉의 순으로 읽는 것이 문헌비판적 읽기에 근접한 방식이다.

** 《주역》의 원초적 의미를 추구하여 《주역》 연구의 한 획을 그은 것으로 평가받는 고형高亨의 주역 연구(《주역고경금주周易古經今注》, 1947; 재판 中華書局, 1987)가 1995년 국내에서 《고형의 주역》(예문서관)이라는 제목으로 출간된 것은 다행스럽지만, 2002년쯤 절판되어 수요 부족으로 아직 재판 계획이 없다는 출판사 측의 설명도 이러한 상황과 무관하지 않을 것이다.

고 있는 작금의 역사 분쟁은 이러한 복귀 과정에서 불가피하게 돌출할 수밖에 없는 여러 문제들 중의 하나일 것이다.

사실 중국이 침체기를 걷던 지난 세기 몇 십 년 동안 한국은 대중對中 관계에 있어서 전례 없는 독자성과 우월감까지 누리며, 전근대 그 관계의 실상에 대해 망각하고 있었는지도 모른다. 짧지 않은 기간 동안의 무기력에서 벗어나 비상을 꿈꾸는 중국이 그 과정에서 자신들이 의도하는 대한對韓 관계의 정상화(?)를 꾀하며[*] 유사 이래 가장 강고한 민족주의로 무장되어 갈 것임은 그다지 놀랄만한 일이 아니다. 이러한 상황에서 한국의 민족주의적 맞대응이 과연 얼마나 실효성을 거둘 수 있을까?

앞에서 논한 것처럼 중국 민족주의의 부상을 보편적인 세계사적 흐름으로 볼 수 있다면, 머지않아 그에 대한 자체 내의 반성 역시 그 못지않은 흐름으로 기대할 수 있을 것이다. 이러한 중국의 과도한 민족주의는 그들이 종국에 꿈꾸는 세계 최강으로의 복귀와도 상충할 수밖에 없다. 주변국들로부터 인정받지 못하며 경제력과 무력만으로 세계를 주도할 수 없을 뿐더러, 자신의 선조들이 일구어내 백수십 년 전까지도 동아시아의 지식인들이 공통적으로 추구했던 보편문명으로의 중화中華 역시 배타적 민족주의와는 거리가 있었기 때문이다. 따라서 한국이 직면하고 있는 중국과의 역사 분쟁도, 한국 내부의 역사 서술에 대한 국제적 객관성 확보를 전제로, 실력을 기

[*] 북한은 이미 중국과 전근대 정치적 주종관계와 유사한 맥락의 경제적 종속관계에 접어든 듯하다.

르며 철저하게 학술적으로 대처해나가야 할 것이다. 이러한 측면에서 대부분의 한국인들이 중국이나 일본과의 학술적 경쟁에 일희일비하며 그 경쟁에서의 승리 보증을 염원하면서도, "우리 것"에만 집착하며, 정작 그 경쟁에서 이기기 위한 기본적인 도구인 동아시아 문명의 원형에 대한 올바른 이해 추구에는 짐짓 무관심함은 안타까운 일이다. 어떤 면에서 한국 고전학을 비롯한 국학의 뿌리라고도 할 수 있는 고대 중국 연구의 자료에 대한 제대로 된 기반 없이, 앞으로 더욱 거세질 중국의 학술적 도발에 적절한 대응을 기대하는 것은 무리일지도 모른다. 일본에서의 동아시아 연구가 세계 어느 나라 못지않은 훌륭한 수준을 유지하는 것도 중국 고전을 비롯한 기초자료에 대한 탄탄한 기반에 있음을 상기해야 할 것이다.

이제 우리들의 시야를 더 넓혀 서양 사람들이 그리스나 로마 문명을 큰 거부감 없이 공통의 유산으로 여기는 것처럼, 현재 고고학 자료를 통해 드러나는 찬란한 중국 문명을, 100여 년 전까지 우리 조상들이 따르고자 한 중화라는 보편 문명일 필요는 없지만, 적어도 동아시아 문명의 요람으로 함께 공유하고 즐기며, 연구 대상으로 삼을 수는 없을까? 이러한 편자의 기대가 아직도 사대주의적 사고로만 치부될 것인가?

한국에서 중국학을 비롯한 동아시아학이 화이부동이라는 산고의 과정을 지혜롭게 극복하며, 최소한 그 학문의 한 축을 당당히 담당할 수 있는 날을 기원한다.

주석

머리말: 화이부동의 동아시아학을 꿈꾸며

[1] 이른바 동아시아론을 다룬 여러 저작들 중 박명규의 〈한국 동아시아 담론의 지식 사회학적 이해〉(김시업 · 마인섭 엮음, 《동아시아학의 모색과 지향》, 성균관대학 교출판부, 2005, 71~104쪽)가 유용하다. 최원식은 한국의 동아시아론에 대해 "기 존의 중심주의들을 비판하고 새로운 중심을 세우는 것이 아니라, 중심주의 자체 를 철저히 해체함으로써 중심 바깥에, 아니 '중심'들 사이에 균형점을 조정하는 것이 핵심이다"라고 주장한다. 최원식, 〈한국發 또는 동아시아發 대안?〉, 《제국 이후의 동아시아》, 창비, 2009, 279쪽.

[2] 임상범, 〈민두기 사학의 일면: 한 중국사학자의 '중국사 담론'〉, 《동양사학연구》 107, 2009, 331~381쪽.

[3] Edward Louis Shaughnessy, "The Composition of the 'Zhouyi'", PhD. *Dissertation*, Stanford University, 1983.

[4] 편자 역시 진후소편종의 연대에 대해 논한 바 있다. 심재훈, 〈진후소편종 명문과 서주 후기 진국의 발전〉, 《중국사연구》 10, 2000, 1~48쪽. 특히 연대 문제와 관련 해서는 17~28쪽 참고.

5 Lothar von Falkenhausen, "Issues in Western Zhou Studies: A Review Article", *Early China* 18, 1993, pp.146~47, 167; 羅泰, 〈西周銅器銘文的性質〉, 《考古學研究》 6, 2006, 343~74쪽.

I부 동아시아 역사상의 민족과 국가, 국민

2장 동아시아 고대사 인식상의 민족과 국가

1 李成市, 〈동북아시아 변경의 역사―발해사의 배타적 점유를 둘러싸고〉, 임지현 엮음, 《근대의 국경 역사의 변경》, 휴머니스트, 2004.

2 石母田正, 〈日本の古代史を學ぶ人に〉, 《歷史を學ぶもののために》, 河出親書, 1955[原載](《石母田正著作集》 4, 岩波書店, 1989).

3 예를 들어 최근의 노작으로 송기호의 《동아시아의 역사 분쟁》(솔출판사, 2007)을 들 수 있다.

4 李成市, 〈古代史に見る國民國家の物語〉, 《世界》 611, 1995년 8월.

5 주된 논쟁으로는 크게 이진희씨의 육군 참모본부에 의한 비석 개찬설이 있고, 지금도 신묘년조에 기록된 왜의 활동을 둘러싼 해석과 평가가 있다.

6 사카와가 가져온 묵본은 지금까지 〈탁본〉 혹은 〈쌍구본〉으로 불려 왔는데, 그것이 탁본을 표본으로 하여 비문을 먹으로 베껴 쓴 〈묵본곽전본〉인 것을 다케다 유키오 武田幸男가 《廣開土王碑文原石拓本集成》(東大出版官, 1988)에서 처음으로 지적했다.

7 アンドレシュミット(糟谷憲一他譯), 《帝國のはざまで》, 名古屋大學出版會, 2007.

8 武田幸男, 〈《碑文之由來記》考略―廣開土王碑發見の實相〉, 《榎博士頌壽記念東洋史論叢》, 汲古書院, 1988.

9   사카와 케신에 대해서는 사에키 아리키요佐伯有清의 《硏究史廣開土王碑》(吉川弘
　 文官, 1974), 259~272쪽 참고.

10 佐伯有清, 《硏究史廣開土王碑》, 4~38쪽.

11 《會餘錄》이 중국인의 해석에도 많이 영향을 미치고 있던 점에 대해서는 武田幸男
　 他座談會, 〈廣開土王碑と古代東アジア〉, 朝鮮史硏究會 編, 《古代朝鮮と日本》(龍
　 溪書舍, 1974)에 佐伯有清의 지적이 있다.

12 中塚明, 〈近代日本史學史における朝鮮問題−とくに《廣開土王碑》をめぐって〉,
　 《思想》 561, 1971년 3월, 147쪽.

13 中塚明, 〈近代 日本史學史における朝鮮問題〉, 172쪽.

14 旗田巍, 〈日本における東洋史學の傳統〉, 《歷史學硏究》 270, 1962년 11월, 29쪽.

15 白鳥庫吉, 〈滿洲地名談−附好太王の碑文に就いて〉, 《中央公論》 20−8, 1905년 8월
　 [원재], 《白鳥庫吉全集》 5, 岩波書店, 1970, 454쪽.

16 白鳥庫吉, 〈戰捷に誇る勿れ〉, 《白鳥庫吉全集》 10, 岩波書店, 1971, 37쪽. 전집 편
　 집자는 이것을 〈메이지 38年(1905年) 강연 필기〉라고 하지만, 佐伯有清, 《硏究史
　 廣開土王碑》, 147쪽에는 "1907년경의 강연이라고 보지 않으면 안 된다"고 지적하
　 고 있다.

17 佐伯有清, 《硏究史廣開土王碑》, 149쪽.

18 李成市, 〈表象としての廣開土王碑文〉, 《思想》 842, 1994년 8월.

19 安田浩, 〈近代日本における《民族》觀念の形成〉, 《思想と現代》 31, 1992, 70쪽.

20 アンドレ シュミット(糟谷憲一 他譯), 《帝國のはざまで》, 147쪽.

21 アンドレ シュミット(糟谷憲一 他譯), 《帝國のはざまで》, 148쪽.

22 アンドレ シュミット(糟谷憲一 他譯), 《帝國のはざまで》, 148쪽.

23 吉澤誠一郎, 《愛國主義の創成》, 岩波書店, 2003, 47~86쪽.

24 吉澤誠一郎, 《愛國主義の創成》, 93쪽.

25 梁啓超, 〈中國之新民新 新史學 第1章 中國之舊史學〉, 《新民叢報》 1, 1902.

26 吉澤誠一郎, 《愛國主義の創成》, 108쪽.

27 번역은 요시자와 세이이치로吉澤誠一郎에 의한다.

28 吉澤誠一郎, 《愛國主義の創成》, 112쪽.

29 アンドレ シュミット(糟谷憲一他譯), 《帝國のはざまで》, 154쪽.

30 〈論學日本文之益〉, 《清義報》 10, 1899년 4월.

31 松尾洋二, 〈梁啓超と史伝—東アジアにおける近代精神の奔流〉, 狹間直樹編, 《共
同研究梁啓超—西洋 近代思想收容と明治日本》, みすず書房, 1999, 258쪽.

32 梁啓超의 〈中國史舒論〉(1901년 9월)은 중국사를 3기로 나누고 있다. 먼저, 상세사
上世史(황제로부터 진의 통일까지) 〈중국의 중국〉의 시대, 두 번째, (진의 통일로
부터 청대 건륭 말년까지) 〈아시아의 중국〉의 시대, 세 번째 근세사(건륭 말년부터
현재까지) 〈세계의 중국의 시대〉로 보고 있다. 이것은 1898년 출간된 桑原藏藏,
《中等東洋史》(大日本圖書出版)에 의거하고 있다. 松尾洋二, 〈梁啓超と史伝—東ア
ジアにおける近代精神の奔流〉, 《共同研究梁啓超—西洋 近代思想收容と明治日
本》, 359쪽 참고.

33 신일철, 《신채호의 역사 사상 연구》, 고려대학교출판부, 1980.

34 永原慶二, 《20世紀日本の歷史學》, 吉川弘文館, 2003.

35 旗田巍, 〈日本における東洋史學の伝統〉.

36 津田左右吉, 〈鼠日記其の一, 其の二〉, 《津田左右吉全集》 26, 岩波書店, 1965.

37 津田左右吉, 《支那思想と日本》, 岩波書店, 1938, 194~199쪽.

38 李成市, 〈植民地主義と近代歷史學—植民地統治下の朝鮮史編修と古蹟調査事業

を中心に〉, 永田雄三他, 《植民地主義歷史學》, 刀水書店, 2004.

39 稻葉岩吉, 〈朝鮮史硏究の過程〉, 《世界歷史大系 11 朝鮮滿洲史》, 平凡社, 1935, 199쪽.

40 李成市, 〈植民地主義と近代歷史學〉, 75쪽.

41 원문은 현대 일본어로 번역되어 있다. 朝鮮總督府, 《朝鮮半島史編成ノ要旨及順序 朝鮮人名彙考編纂ノ要旨及順序》, 1916.

42 黑板勝美, 〈大同附近の史蹟〉, 《朝鮮彙報》, 1916년 11월.

43 稻葉岩吉, 〈朝鮮史硏究の過程〉, 199쪽.

44 최남선, 〈朝鮮歷史通俗講話 開題〉(古墳), 《주간 동명》 제1 각권 3호~제2 각권 11호, 원문은 국한 혼용문, 1922년 9월 17일~1923년 3월 11일.

45 黑板博士記念會編, 《古代文化の保存と硏究》, 吉川行文館, 1953. 李成市, 〈植民地主義と近代歷史學〉.

46 李成市, 〈植民地主義と近代歷史學〉.

47 黑板勝美, 《西遊二年歐美文明記》, 文會堂, 1911.

48 黑板勝美, 《西遊二年歐美文明記》.

49 黑板勝美, 〈史蹟遺物保存に関する意見書〉, 《史學雜誌》 23-5, 1912년 5월.

50 李成市, 〈朝鮮王朝の象徵空簡と博物館〉, 宮嶋博史 編, 《植民地近代の視座》, 岩波書店, 2004.

3장 근현대 한국의 신분 의식과 역사의 주체성: 전문직 중인 및 후손들의 선대 인식을 중심으로

1 Eric Hobsbawm, "Introduction: Inventing Tradition", Eric Hobsbawm and

Terrence Ranger ed., *The Invention of Tradition*(Cambridge: Cambridge University Press, 1983), pp.1~2.

2 이수건, 《한국중세사회사연구》, 일조각, 1984, 32~33쪽; 송찬식, 〈족보의 간행〉, 《한국사시민강좌》 24, 1999, 67~85쪽; Sungjong Paik, "The Formation of the United Lineage in Korea", *The History of the Family* 5:1, 2000, pp.75~89.

3 Edward Wagner, "The Korean Chokpo as a Historical Source", Spencer J. Palmer ed., *Studies in Asian Genealogy*(Provo, UT: Brigham Young University Press, 1972), pp.141~52; 송준호, 〈한국에 있어서의 가계기록의 역사와 그 해석〉, 《역사학보》 87, 1980, 99~143쪽.

4 Sungjong Paik, "The Formation of the United Lineage in Korea", pp.83~84.

5 중인 집단 전반에 관한 역사는, 정옥자, 〈조선 후기의 기술직 중인〉, 《진단학보》 61, 1986, 45~63쪽; 한영우, 〈조선시대 중인의 신분계급적 성격〉, 《한국문화》 9, 1988, 179~200쪽; 김양수, 〈조선 후기 사회변동과 전문직 중인의 활동: 역관, 의관, 음양관, 율관, 산원, 화원, 아인 등과 관련하여〉, 《한국 근대 이행기 중인 연구》, 신서원, 1999, 174~80쪽; 이남희, 〈조선 후기 '잡과중인'의 사회적 유동성〉, 《한국 근대 이행기 중인 연구》, 301~38쪽; 김현목, 〈한말 기술직 중인 출신 관료의 신분과 동향〉, 《국사관논총》 89, 2000, 151~74쪽; 김두헌, 〈기술직 중인 신분 연구〉, 전북대학교 박사학위논문, 2000 참고. 정의 문제와 관련된 더 깊은 논의는, 김필동, 〈조선 시대 '중인' 신분의 형성과 발달〉, 《한국의 사회와 문화》 21, 1993, 제2장; 조성윤, 〈조선 후기 사회변동과 행정직 중인: 경아전을 중심으로〉, 《한국 근대 이행기 중인 연구》, 68~72쪽.

6 이러한 관측을 가능케 한 연구들은 너무 많아 인용할 수 없을 정도다. 영어로 된 최근의 연구로, Kyung Moon Hwang, *Beyond Birth: Social Status in the*

Emergence of Modern Korea(Cambridge, Mass.: Harvard University Asia Center, 2004), pp.47~52 참고.

7 오성, 《한국 근대 상업도시 연구: 개성, 인천의 호적대장분석을 중심으로》, 국학자료원, 1998, 179쪽.

8 《한국성씨대관》, 창조사, 1971, 46~47, 62, 270~71, 276쪽; 《성씨의 고향》, 중앙일보사, 1989, 225, 745쪽; 통계청, 〈총조사인구(2000)〉.

9 《성씨의 고향》, 165~66, 226~27, 641, 742쪽.

10 통계청, 〈총조사인구(2000)〉. 밀양 박씨의 13퍼센트라는 수치는 간행된 족보에서 밀양 박씨의 70~80퍼센트를 차지하는 것으로 나타나는 그 혈족 집단의 가장 큰 분파인 규정공파가 1981년 16권에 달하는 그 성원의 족보를 산출한 사실에 토대를 두고 있다. 그 간행물에 들어간 개인은 약 200,000명이었다. 《밀양박씨 규정공파 대동보》, 밀양박씨 대동보소, 1981, 1256쪽, 〈발〉. 밀양 박씨의 다른 11개 분파는 그들 각자의 족보 크기에서도 명확히 드러나듯, 인구가 훨씬 적다. 문씨의 수치는 족보 자료를 제공하는 웹사이트에서 얻은 것이다. 〈족보검색〉, 《남평 문씨 전자대동보 메뉴》, 2007(http://moon051.com/index-jokbo.htm).

11 Spencer Wells, *The Journey of Man: A Genetic Odyssey*(Princeton: Princeton University Press, 2002); John Travis, "The Priests' Chromosome? DNA Analysis Supports the Biblical Story of the Jewish Priesthood", *Science News* 14, October 3, 1998, pp.218~19.

12 Bing Su, Junhua Xiao, Peter Underhill, Ranjan Deka, Weiling Zhang, Joshua Akey, Wei Huang, Di Shen, Daru Lu, Jingchun Luo, Jiayou Chu, Jiazhen Tan, Peidong Shen, Ron Davis, Luca Cavalli-Sforza, Ranajit Chakraborty, Momiao Xiong, Ruofu Du, Peter Oefner, Zhu Chen, and Li Jin, "Y-Chromosome

Evidence for a Northward Migration of Modern Humans into Eastern Asia during the Last Ice Age", *American Journal of Human Genetics* 65, 1999, pp.1718~24; Wook Kim, Dong Jik Shin, Shinji Harihara, and Yung Jin Kim, "Y Chromosome DNA Variation in East Asian Populations and Its Potential for Inferring the Peopling of Korea", *Journal of Human Genetics* 45, 2000, pp.75~83; P.A. Underhill, G. Passarino, A. A. Lin, P. Shen, M. Mirazón Lahr, R. A. Foley, P. J. Oefner, and L. L. Cavalli−Sforza, "The Phylogeography of Y Chromosome Binary Haplotypes and the Origins of Modern Human Populations", *American Journal of Human Genetics* 65, 2001, pp.43~62; Han−Jun Jin, Kyoung−Don Kwak, Michael F. Hammer, Yutaka Nakahori, Toshikatsu Shinka, Ju−Won Lee, Feng Jin, Xuming Jia, Chris Tyler−Smith, and Wook Kim, "Y−Chromosomal DNA Haplogroups and Their Implications for the Dual Origins of the Koreans", *Human Genetics* 114:1, December 2003, pp.27~35; Hong Shi, Yong−li Dong, Bo Wen, Chun−Jie Xiao, Peter A. Underhill, Pei−dong Shen, Ranajit Chakraborty, Li Jin, and Bing Su, "Y−Chromosome Evidence of Southern Origin of the East Asian−Specific Haplogroup O3−M122", *American Journal of Human Genetics* 77, 2005, pp.408~19; S. B. Hong, H. J. Jin, K. D. Kwak, and W. Kim, "Y−chromosome Haplogroup O3−M122 Variation in East Asia and Its Implications for the Peopling of Korea", *Korean Journal of Genetics* 28:1, March 2006, pp.1~8; Han−Jun Jin, Kyoung−Don Kwak, Seung−Bum Hong, and Wook Kim, "Y−chromosome Haplogroup C Lineage and Implications for Population History of Korea", *Korean Journal of Genetics* 28:3, September

2006, pp.253~59.

[13] 〈동성동본 결혼 허용: 헌재 헙법불합치 결정〉, 《한국일보》 1997년 7월 17일.

[14] 〈호주제 폐지 통과: 가족제도 어떻게 변화하나〉, 《한국일보》 2005년 3월 3일.

[15] 이영종, 〈북한 주민들에게 잊혀진 민족유산 족보〉, 《한국인》 17:5, 1988, 74~75쪽.

[16] 김지영, 〈사회주의도 자본주의도 아닌 합의법으로 운영될 통일국가의 옛 수도: 개
성 공업지구로 달리는 개성 사람들〉, 《민족 21》 2003 4월 1일, http://www.min
jog21.com/news/read.php?idxno=264.

[17] 이수건, 《한국 중세 사회사 연구》, 60~69쪽.

[18] John B. Duncan, *The Origins of the Chosŏn Dynasty*(Seattle: University of
Washington Press, 2000), pp.52~86. 고려의 음서제에 대한 고전적 연구로, 박용
운, 《고려시대 음서제와 과거제 연구》, 일지사, 1990; 김용선, 《고려 음서제도 연
구》, 일조각, 1991.

[19] 이수건, 《한국 중세 사회사 연구》, 9~21; 송준호, 《조선 사회사 연구: 조선 사회의
구조와 성격 및 그 변천에 관한 연구》 (서울: 일조각, 1987), 94~108쪽; Duncan,
The Origins of the Chosŏn Dynasty, pp.31~32, 53, 144.

[20] Martina Deuchler, *The Confucian Transformation of Korea: A Study of Society
and Ideology*(Cambridge, Mass.: Council on East Asian Studies, Harvard
University, 1992), p.53.

[21] 정인지 등, 《고려사》, 1451: 영인본, 아세아문화사, 1972, 75쪽, 4b~49a. 필자는
14세기 후기의 시점에 비귀족 신분의 가족이 과거급제나 조정의 지위, 관직을 통
해 어떤 식으로든 귀족층에 합류한 사례를 아직 하나도 발견하지 못하고 있다.

[22] Deuchler, *The Confucian Transformation of Korea*, pp.207~30, 267~73.

[23] Mark A. Peterson, *Korean Adoption and Inheritance: Case Studies in the*

Creation of a Classic Confucian Society(Ithaca, New York: Cornell East Asia Program, 1996), pp.104~106, 131~64, 189~90.

24 Hobsbawm, *The Invention of Tradition*, pp.4~9.

25 JaHyun Kim Haboush, *A Heritage of Kings: One Man's Monarchy in the Confucian World*(New York: Columbia University Press, 1988), pp.23~24; "Constructing the Center: The Ritual Controversy and the Search for a New Identity in Seventeenth-Century Korea", JaHyun Kim Haboush and Martina Deuchler ed., *Culture and the State in Late Chosŏn Korea*(Cambridge, Mass.: Harvard University Asia Center, 1999), pp.62~81.

26 이수건, 《한국 중세 사회사 연구》, 32~33쪽. 필자는 또한 족보 편찬에 전쟁이 영향을 미쳤을 개연성을 설명해준 케네스 로빈슨Kenneth R. Robinson에게 고마움을 전한다.

27 15세기 안동 권씨와 16세기 문화 유씨 족보가 전형적인 초기의 사례다. 역사가들에게 족보의 가치에 대한 통찰력 있는 평가로, Edward W. Wagner, "The Korean Chokpo as a Historical Source", Spencer J. Palmer ed., *Studies in Asian Genealogy*(Provo, Utah: Brigham Young University Press, 1972), pp.141~52 참고.

28 조종운, 《씨족원류》, 보경문화사, 1991(원본 대략 1657년), 260, 668~69쪽.

29 《정조실록》, 39.27a. 실록의 인용은 《조선왕조실록》(국사편찬위원회, 1955~58) 48권과 색인에 의거한다.

30 《세종실록》 149.10b, 150.30a, 151.25a.

31 이수건, 《한국 중세 사회사 연구》, 32~33쪽.

32 이수건, 《영남 사림파의 형성》, 영남대학교출판부, 1979, 3~4쪽.

33 송찬식, 〈족보의 간행〉, 50~66쪽; 백승종, 〈위조 족보의 유행〉, 67~85쪽.

34 Conrad Totman, *Japan Before Perry*(Berkeley: University of California Press, 1981), p.230; Anne Walthall, "Peripheries: Rural Culture in Tokugawa Japan", *Monumenta Nipponica* 39:4, Winter 1984, pp.371~92. 계급 형성과 정치적 참여에 대한 더 이론적인 논의는, Ferenc Feher and Agnes Heller, "Class, Democracy, Modernity", 12:2, March 1983, pp.211~44 참고.

35 무과 방목에서 분명히 두드러지는 이러한 양상에 관한 논의로, Eugene Y. Park, *Between Dreams and Reality: The Military Examination in Late Chos?n Korea, 1600~1894*(Cambridge, Mass.: Harvard University Asia Center, 2007), p.153 참고.

36 《韓國戶籍成册》으로 분류된 165책에 달하는 원본은 교토대학교京都大 박물관에 소장되어 있다. 이 자료의 입수에 도움을 준 토드 헨리Todd A. Henry와 미즈노 나오키水野直樹 선생께 감사드린다.

37 평민 가족들이 그들의 직역 표시와 이름, 본관까지도 점차 바꾸어 가는 사례들을 아주 예시적으로 검토한 연구로, 김준형, 〈조선 후기 단성 지역의 사회변화와 사족층의 대응〉, 서울대학교 박사학위논문, 2000, 278~90쪽. 개별 가구들이 신분 상승 과정에서 거친 다양한 추이를 분석한 영어로 된 연구로, John N. Somerville, "Stability in Eighteenth Century Ulsan", *Korean Studies Forum* 1, 1976~77, pp.11~12 참고.

38 남한에서 계속되는 이러한 족보 편찬에 대해서는, *Korea Annual, 1992: A Comprehensive Handbook on Korea*(Seoul: Yonhap News Agency, 1992), pp.353~56; Denise Potrzeba Lett, *In Pursuit of Status: The Making of South Korea's "New" Urban Middle Class*(Cambridge, Mass. :Harvard University Asia

Center, 1998), p.40; 이기백, 〈족보와 현대사회〉, 《한국사시민강좌》 24, 1999, 112~15쪽. 필자는 또한 원래 족보가 없었지만 동성동본의 지역 종친회를 통해 족보를 얻게 된 개인적 경험을 나누어준 박병해 선생께 감사드린다(1995년 10월 5일 인터뷰).

39 이창현 등, 《성원록》, 오성사, 1985(원본 1874년). 전문직 중인의 기원에 대해서는, 이성무, 〈조선 초기의 기술관과 그 지위: 중인층의 성립 문제를 중심으로〉, 《혜암 유형렬박사화갑기념논총》, 혜암유형렬박사화갑기념사업위원회, 1971, 193~229쪽; 정옥자, 〈조선 후기 기술직 중인〉, 제2장; 김현영, 〈조선 후기 중인의 가계와 경력: 역관 천영 헌씨 가고 문서의 분석〉, 《한국문화》 8, 1987, 제1장; 한영우, 〈조선 후기 중인 집안의 활동 연구: 장헌과 장희빈 등 인동장씨 역관 가계를 중심으로〉, 《실학사상연구》 1, 1990, 제2장; 정무룡, 〈조선조 중인계층 시조(1): 형성배경을 중심으로〉, 《경성대학교논문집》 12:3, 1991, 41~72쪽; 〈조선조 중인계층 시조(2): 천대 양상을 중심으로〉, 《경성대학교논문집》 13:1, 1992, 5~33쪽; 조성윤, 〈조선 후기 서울지역 중인 세력의 성장과 한계〉, 《역사비평》 21, 1992, 제2장; 김필동, 〈조선시대 중인신분의 형성과 발달〉, 제3장; 김양수·안상우, 〈조선 후기 의관집안의 활동: 이헌양 등 안산이씨 가계를 중심으로〉, 《동방학지》 136, 2006, 제3장; 김양수, 〈조선 후기 우봉김씨의 성립과 발전: 계동공파의 김지남 등을 중심으로〉, 《실학사상연구》 33, 2007, 제2장. 전문직 중인의 가계가 서얼에서 내려왔다는 통상적 가정에 대한 반론으로, 김양수, 〈조선 후기 사회변동과 전문직 중인의 활동〉, 174~80쪽 참고.

40 조성윤, 〈조선 후기 중인 세력의 성장과 한계〉, 제2, 3장; 정옥자, 《조선후기 역사의 이해》, 일지사, 1993, 11장; 김필동, 〈조선시대 중인신분의 형성과 발달〉, 제4장.

41 정옥자, 〈조선 후기의 문풍과 위항문학〉, 《한국사론》 4, 1978, 261~329쪽; 〈시사

를 통해서 본 조선 말기 중인층〉, 《한우근박사정년기념사학논총》, 지식출판사, 1981, 489~524쪽; 임유경, 〈18세기 위항시집에 나타난 중인층의 문학세계〉, 《대동문화연구》 1, 1984, 143~81쪽; 김영운, 〈조선 후기의 계몽사상과 수학〉, 《한국과학사학회지》 6:1, 1984, 제6장; 민병수, 〈조선 후기 중인층의 한시 연구〉, 《동양학》 21, 1991, 155~74쪽; 정옥자, 〈19세기 초 중인문학의 새로운 결집형태: 계사유타〉, 《대동고전연구》 10, 1993, 437~57쪽; 윤재민, 〈조선 후기 사회변동과 예술: 중인문학〉, 《역사비평》 23, 1993, 333~44쪽; 서지영, 〈조선 후기 중인층 풍류 공간의 문학적 의미: 서구 유럽 '살롱'과의 비교를 통하여〉, 《진단학보》 95, 2003, 285~318쪽.

[42] 송준호, 〈조선시대의 과거와 양반 및 양인(Ⅰ): 문관과 생원─진사시를 중심으로 하여〉, 《역사학보》 69, 1976, 113~23쪽; 정석종, 〈조선 후기 사회세력의 동향과 정변: 숙종년간의 갑술환국과 중인─상인─무인의 정변 참여를 중심으로〉, 《한국사학》 5, 1983, 75~120쪽; 성태경, 〈대원군 정권 성격 연구〉, 성균관대학교 박사학위논문, 1985, 제3장; 정옥자, 〈조선 후기 기술직 중인〉, 제4장; 한영우, 〈조선 후기 중인에 대하여: 철종조 중인 통청운동자료를 중심으로〉, 《한국학보》 45, 1986, 66~89쪽; 정무룡, 〈조선조 중인 계층 시고(3): 통청운동을 중심으로〉, 《경성대학교논문집》 13:3, 1992, 37~60쪽; 김양수, 〈조선 후기 의관의 현관실직 진출: 경기도 수령 등 지방관을 중심으로〉, 《청대사림》 6, 1994, 31~57쪽; 〈조선 후기 중인의 지방관 진출: 경기와 충청도 수령 선생안을 중심으로〉, 《국사관논총》 76, 1977, 149~89쪽; 〈조선 후기 중인의 경기 지방관 진출〉, 《한국전통과학기술학회지》 4/5, 1998, 121~63쪽; 〈조선 후기 전문직 중인의 전라 지방관 진출: 호남 수령 선생안을 중심으로〉, 원유한교수기념논총간행위원회 엮음, 《귀천원유한교수정년기념논총 하》, 혜안, 2000, 369~412쪽; 송만오, 〈1851년의 중인통청운동

과 조선 후기 중인층의 동향〉, 《전주사학》 8, 2001, 133~60쪽.

[43] 김현목, 〈한말 역학 생도의 신분과 기술직 중인의 동향〉, 《한국 근대 이행기 중인 연구》, 339~411쪽; 김도헌, 〈개한 이후(1876~1894)의 잡과와 주학입격자 신분〉, 《대동사학》 1, 2002, 131~70쪽.

[44] Hwang, *Beyond Birth*, pp.232~47.

[45] Hwang, *Beyond Birth*, p.381의 주 3.

[46] 두 권의 《만성대동보》(1931)가 간행된 이후, 편찬자들은 양반으로서의 입지에 의문이 가는 가계들을 기록한 속편(1933)을 출간했는데, 그러한 가족들은 검토 대상에서 제외한다. 《만성대동보》, 만성대동보간행소, 1931, 1.1a~3a; 이찬헌, 《성원록》, 1~9쪽.

[47] 《세종실록》. 토착 성의 개념에 대해서는, 이수건, 《한국중세사회사연구》, 34~39쪽 참고.

[48] Duncan, *The Origins of Chosŏn Dynasty*, p.155, 190~91.

[49] 통계청, 〈총조사인구(2000)〉.

[50] Edward W. Wagner, "The Three Hundred Year History of the Haeju Kim *Chapkwa-Chungin* Lineage", 송준호교수정년기념논총간행위원회 엮음, 《송준호교수정년기념논총별쇄》, 송준호교수정년기념논총간행위원회, 1987, 9쪽.

[51] Edward W. Wagner, "The Three Hundred Year History of the Haeju Kim *Chapkwa-Chungin* Lineage", 7~12쪽.

[52] 《성씨의 고향》, 500~501쪽; 한국학중앙연구원, 〈과거 및 취재〉, 《한국역대인물종합정보시스템》, 2007(http//:people.만.ac.kr/index.jsp).

[53] 이수건, 《한국중세사회사연구》, 346~52쪽.

[54] 《밀양박씨족보》 1869, 6.26b~27b.

[55] 이창헌, 《성원록》, 464~66쪽.

[56] 《밀양박씨세보》, 1873, 1.15a~16a.

[57] 정옥자, 〈조선 후기의 기술직 중인〉, 제4장; 한영우, 〈조선 후기 '중인'에 대하여〉; 〈조선시대 중인의 신분계급적 성격〉, 189~91쪽; 정무룡, 〈조선조 중이 계층 시고 (3)〉, 37~60쪽; 송만호, 〈1851년 중닌 통청운동과 조선 후기 중인층의 동향〉, 133~60쪽.

[58] Wagner, "The Three Hundred Year History of the Haeju Kim *Chapkwa-Chungin* Lineage", pp.9~10.

[59] Joseph V. Femia, *Gramsci's Political Thought: Hegemony, Consciousness, and the Revolutionary Process*(Oxford: Clarendon Press, 1981), pp.24~26.

[60] 한국역사연구회 19세기 정치사 연구반, 《조선정치사(1800~1863)》, 청년사, 1990; 송준호, 《조선사회사연구》, 283~84쪽.

[61] 유대치의 이와 같은 역할에 의문을 제기하며 이 사례를 과장한 최근의 연구로, 박은숙, 〈유대치: 중인 근대화 주역론이 나은 오류〉, 《내일을 여는 역사》 28, 2007, 134~44쪽.

[62] 《유씨대동보》, 유씨대동보간행위원회중앙총본부, 1975, 9.667~713. 이러한 관점에서 1994년판도 다르지 않다.

[63] 《유씨대동보》.

[64] 《연주현씨팔수대동보》, 연주현씨대동보편찬위원회, 2001, 1.178~90, 2.1002~52, 6.477~574.

[65] 《연주현씨팔수대동보》, 2.1002~52, 6.477~574.

[66] 김현영, 〈조선 후기 중인의 가계와 성격〉, 103~34쪽; 김양수, 〈조선 전환기의 중인집안 활동: 현덕윤, 현채, 현순 등 천녕현씨 역관가계를 중심으로〉, 《동방학지》

102, 1998, 185~272쪽; 김영경, 〈한말 서울지역 중인층의 근대화운동과 현실인식: 역관 천녕현씨가를 중심으로〉, 《학림》 20, 1999, 1~52쪽; 김양수, 〈서울 중인의 19세기 생활: 천녕현씨 역관 틱의 일기를 중심으로〉, 《중대인문과학논총》 26, 2003, 47~92쪽.

[67] 천정환, 《근대의 책 읽기: 독자의 탄생과 한국 근대문학》, 푸른역사, 2003, 171~81, 488쪽. 필자에게 이 책을 소개한 웨인 드 프레머리Wayne de Fremery에게 고마움을 전한다.

[68] 방효순, 〈일제시대 민간서적 발행활동의 구조적 특성에 관한 연구〉, 이화여자대학교 박사학위논문, 2001, 36~37쪽.

[69] 〈아직도 족보타령: 없애자 봉건유습〉, 《동아일보》 1949년 10월 31일.

[70] 〈동양식 윤리사상의 변천(속): 가정윤리의 일단〉, 《개벽》 1921년 11월 1일, 17쪽.

[71] 〈갑자 일년 총관(속)〉, 《개벽》 1925년 1월 1일, 55쪽.

[72] 《동아일보》 1926년 9월 14일.

[73] 《동아일보》 1926년 9월 14일.

[74] 〈족보 간행의 여패〉, 《조선일보》 1928년 2월 1일.

[75] 이현희, 〈한말 중인 개화사상가의 개혁운동: 의식개혁운동의 시작〉, 《사학연구》 34, 1982, 65~80쪽; 신용하, 〈오경석의 개화사상과 개화활동〉, 《역사학보》 107, 1985, 107~35쪽; 정옥자, 〈조선후기의 기술직 중인〉, 제3장; 이현희, 〈1870년대의 개화사상과 그 주도계층: 중인층의 개화사상과 그 본질〉, 《한국사상》 21, 1989, 107~24쪽; 김경택, 〈한말 중인층의 개화활동과 친일개화론: 오세창의 활동을 중심으로〉, 《역사비평》 21, 1993, 250~63쪽; 김양수, 〈조선 개항전후 중인의 정치외교: 역관 변원규 등의 동북아 및 미국과의 활동을 중심으로〉, 《실학사상연구》 12, 1999, 311~66쪽; 김영경, 〈한말 서울지역 중인층의 근대화운동과 현실 인식〉, 제

3장과 4장; 김현목, 〈한말 기술직 중인출신 관료의 신분과 동향〉, 제3장.

76 1995년 10월 5일 필자가 인터뷰한 서울의 박평해; 2001년 7월 15일 필자가 인터 뷰한 서울의 김정배; 2002년 10월 15일 캘리포니아 얼바인에서 필자가 인터뷰한 김성배; 2004년 9월 13일 필자가 전화로 인터뷰한 안성의 박근동; 2004년 9월 27 일 필자가 전화로 인터뷰한 시카고의 조추자; 2004년 10월 일 필자가 전화로 인터 뷰한 대전의 박영길; 2007년 5월 27일 필자가 시카고에서 인터뷰한 조추자; 2007 년 7월 7일 필자가 대전에서 인터뷰한 박근동과 박영길; 2007년 9월 22일 필자가 부여에서 인터뷰한 방기준; 2008년 7월 1일 필자가 서울에서 전화로 인터뷰한 박 내원; 2009년 5월 12일 필자가 이메일로 인터뷰한 로스앤젤레스의 이상억. 인터 뷰 대상자들은 동주 최씨, 김해 김씨, 밀양 박씨, 온양 방씨. 경주 김씨로 모두 서 울 전문직 중인층의 직계 후손이다.

77 James B. Palais, *Confucian Statecraft and Korean Institutions: Yu Hyŏngwŏn and the Late Chosŏn Dynasty*(Seattle: University of Washington Press, 1996), pp.9~10.

78 《천풍김씨세보》, 천풍김씨세보편찬위원회, 1989, 3.366~73, 6.271~75, 7.444~54; 《유씨대동보》, 3.763~82, 9.667~713; 《연주현씨팔수대동보》, 2.1002~52, 6.447~574.

79 《연주현씨팔수대동보》, 6.503; 한국학중앙연구원, 〈현순〉, 《한국역대인물종합전 보시스템》, 출간 일자 미상. 후자의 자료에는 현순의 출생연도를 족보의 1878년 과 달리 1880년으로 기재하고 있다.

80 《연주현씨팔수대동보》, 6.504; Ellen Diner, "David Hyun-Architect and Idealist", *Connecting Neighbors*, January 13, 2005, http://gen3.connectingneighbors. com/static/2258.pdf.

81 《연주현씨팔수대동보》, 6.503~4.

82 손경석 엮음, 《중인 김범우 가문과 그들의 문서》, 부산교구 순교자 현양위원회, 1989, 294~95, 393~97, 496~98쪽.

83 《경주김씨충선공파족보》, 경주김씨충선공파족보편찬위원회, 1989, 294~95, 393~97, 496~98쪽.

84 John B. Duncan, "Confucian Social Values in Contemporary South Korea", Lewis R. Lancaster and Richard K. Payne ed., *Religion and Society in Contemporary Korea*(Berkeley: Institute of East Asian Studies, University of California, 1997), p.68 참고.

85 일본에 소장된 이러한 자료에 대해서는, 東洋文庫東北アジア研究班(朝鮮), 《日本所在朝鮮戶籍關係資料解題》, 東京: 東洋文庫, 2004, 342~45쪽 참고.

86 이러한 경향은 가장 보편적으로 이용되는 한국 인명사전류에서 분명히 나타난다. 한국인명대사전편찬실, 《한국인명대사전》, 신구문화사, 1967; 한국민족문화대백과사전편찬부, 《한국민족문화대백과사전》, 한국정신문화연구원, 1991, 28권; 한국학중앙연구원, 《한국역대인물종합정보시스템》.

87 오경석에 대해서는, 신용하, 〈오경석의 개화사상과 개화활동〉, 107~35쪽 참고.

88 한국학중앙연구원, 〈오세창〉과 〈박영대〉 항목, 《한국역대인물종합정보시스템》, 게재 일자 미상.

89 강창석, 〈훈민정음자료실: 최세진(1465?~1552)〉, 2009년 12월 26일, http://kang.chungbuk.ac.kr/zbxe/4127.

90 《중종실록》, 97.49b. 최세진에 대한 보다 비판적인 연구는, 김완진, 〈중인과 언어생활: 최세진을 중심으로〉, 《진단학보》 77, 1994, 73~92쪽.

91 백승종, 〈위조족보의 유행〉, 67~85쪽; 이기백, 〈족보와 현대사회〉, 107~17쪽.

92 예컨대 이 글의 초고를 읽고 많은 통찰력 있는 조언을 해준 케네스 로빈슨 Kenneth R. Robinson은 후자의 입장을 취했다.

2부 고대 중국 연구 자료의 새로운 이해

4장 이미지 불러일으키기[興]: 고대 중국 역易과 시詩의 상관성

1 앞선 연구로 Ngo Van Xuyet, *Divination, Magieet Politiquedansla Chine Ancienne*(Paris: Presses Universitaires de France, 1976); Michael Loewe, "China", Michael Loewe and Carmen Blacker ed., *Divination and Oracles*(London: George Allenand Unwin, 1981), pp.38~62; Kenneth Dewoskin, *Doctors, Diviners and Magicians of Ancient China: Biographies of Fang-shih*(New York: Columbia University Press, 1983); Richard J. Smith, *Fortune-Tellers and Philosophers: Divination in Traditional Chinese Society*(Boulder, Col.: Westview Press, 1991); Michael Loewe, *Divination, Mythology and Monarchy in Han China*(Cambridge: Cambridge University Press, 1994); Karine Chemla, Donald Harper and Marc Kalinowski ed., *Divinationet Rationalitéen Chine Ancienne*(Saint-Denis: Presses Universitaires de Vincennes, 1999); Michel Strickmann, *Chinese Poetry and Prophecy: The Written Oracle in East Asia*, Bernard Faure ed.,(Stanford, Cal.: Stanford University Press, 2005); Stephen L. Field, *Ancient Chinese Divination* (Honolulu: University of Hawai'i Press, 2008) 참고.

2 현재까지 중국의 불점 관례가 가장 잘 구현된 상대商代의 복골卜骨을 영어로 소

개한 최고의 저작으로 David N. Keightley, *Sources of Shang History: The Oracle-Bone Inscriptions of Bronze Age China*(Berkeley, Cal.: University of California Press, 1978) 참고. 이와는 다른 관점으로 아주 철저하게 분석한 최근의 연구로, Rowan K. Flad, "Divination and Power: A Multiregional View of the Development of Oracle Bone Divination in Early China", *Current Anthropology* 49:3, June 2008, pp.403~37 참고. 《역경》과 특히 연관된 시초점에 대한 영어로 된 가장 뛰어난 개관으로 Richard J. Smith, *Fathoming the Cosmos and Ordering the World: The* Yijing(I-Ching, *or* Classic of Changes) *and Its Evolution in China*(Charlottesville, Vir.: University of Virginia Press, 2008)를 들 수 있다.

3 신석기와 초기 청동기시대의 증거에 대해서는 Flad, "Divination and Power", pp.405~11 참고. 胡煦, 《卜法詳考》(四庫全書 本), 4.2에는 청대 양자강 델타 지역에서 행해진 귀갑 점복의 한 유형이 언급되어 있다.

4 아직까지 이러한 갑골문에 대한 영어로 된 유일한 연구로, Edward L. Shaughnessy, "Western Zhou Oracle-Bone Inscriptions: Entering the Research Stage?" *Early China* 11-2, 1985~1987, pp.146~194 참고. 지난 수년 동안 소량의 발견들이 이루어졌는데, 이에 대해서는 모두 중국에서만 보고되었다. 이러한 보고들 중 가장 중요한 것으로 曹偉, 〈周原新出西周甲骨文硏究〉, 《考古與文物》 2003-4, 43~49쪽 참고.

5 지난 십 수 년간 필자는 몇 편의 연구에서 이 문제를 다루어왔는데, 특히 "The Origin of an *Yijing* Line Statement", *Early China* 20, 1995, pp.223~40가 가장 직접적으로 관련 있을 것이다. 불가피하게 일부 기존의 논의를 반복할 필요가 있겠지만, 충분한 새로운 증거와 관점을 소개할 수 있어서 이 연구가 전적으로 중복

된 것은 아니기를 희망한다.

[6] 이 글에 제시된 고대 발음의 재구성은 Axel Schuessler, *ABS Etymological Dictionary of Old Chinese*(Honolulu: University of Hawai'i Press, 2007)를 따른 것이다.

[7] 《史記》, 中華書局, 10.414.

[8] 예를 들어 《사기》 128.3241 참고.

[9] Haun Saussy, "Reflection, Rhyme, and Exchange in the *Book of Odes*", *Harvard Journal of Asiatic Studies* 57:2, 1997, p.540.

[10] 《春秋左傳正義》(十三經注疏), 下冊, 1648.

[11] 필자는 고대 중국에서 기러기의 상징적 의미에 대해 몇 차례 논한 바 있다. 예를 들어 Edward L. Shaughnessy, "Marriage, Divorce, and Revolution: Reading between the Lines of the *Book of Changes*", *Journal of Asian Studies* 51:3, August, 1992, p.594.

[12] 《論語》 17/9.

[13] James Legge, *The Ch'un Ts'ew with the Tso Chuen*(1874, Reprint, Hong Kong: Hong Kong University Press, 1960), p.709.

[14] 예를 들어 顧頡剛, 〈起興〉, 《歌謠週刊》 94, 1925(《古史辨》, vol. 3, 上海古籍出版社, 1982, 672~77쪽 재수록) 참고. 불러일으키기 어구의 본질과 역사에 대한 뛰어난 논의로 Pauline Yu, *The Reading of Imagery in the Chinese Poetic Tradition*(Princeton N. J.: Princeton University Press, 1987), pp.44~83 참고.

[15] Arthur Waley, *The Book of Songs*(New York: Grove Press, 1996), pp.13~14.

[16] 예를 들어 마왕뒈이馬王堆 문헌인 《합음양合陰陽》에서 그 용어는 증괭拯匡으로 나타난다. Donald Harper, *Early Chinese Medical Literature: The Mawangdui*

Medical Manuscripts(London: Kegan Paul, 1998), p.413.

[17] 《毛詩鄭箋》(四部備要), 1.7b. 《일주서逸周書》〈왕회王會〉편에는 부이桴苡라고 쓰인 식물의 열매를 배와 유사한 것으로 언급하고 있다.

[18] 비록 가장 비전통적인 방향에서 가장 전통적인 해석을 보게 되겠지만, 이러한 해석들에 대한 가장 최근의 논의로, Tamara Chin, "Orienting Mimesis: Marriage and the *Book of Songs*", *Representations* 94, 2006, pp.53~9 참고.

[19] 《聞一多全集》, 北京: 三聯書店, 1948(재판, 1982), 177~38쪽.

5장 서주시대 독사讀寫능력과 서사의 사회적 맥락

[1] 서주 청동기 명문이 발견된 지리 범위에 대해서는 Li Feng, *Landscape and Power: the Crisis and Fall of the Western Zhou, 1045?771 B.C.*(Cambridge, UK: Cambridge University Press, 2006), pp.27~90, 300~346 참고. 이들 중 많은 명문들에 일부 비주非周의 문화적 정황까지 포괄하는 지방 주조 청동기의 강한 표식이 존재한다. 이 점에 대해서는 Li Feng, "Literacy Crossing Cultural Borders: Evidence from the Bronze Inscriptions of the Western Zhou Period(1045~771 B.C.)", *Bulletin of the Museum of Far Eastern Antiquity* 74, 2002, pp.210~421, 특히 pp.237~39 참고.

[2] Constance Cook, "Education and the Way of the Former King", *Writing and Literacy in Early China*, 특히 越의 명문 者汈鐘 참고.

[3] 쇼우네시Edward Shaughnessy는 서주시대 글의 범위에 대해 논한 바 있다. Edward Shaughnessy, "Western Zhou History", Michael Loewe and Edward L. Shaughnessy ed., *Cambridge History of Ancient China: From the Origin of civilization to 221 B.C.*(Cambridge, UK: Cambridge University Press, 1999),

pp.297~99.

[4] 전래문헌에 기록된 문서 작성에 관한 시나리오는 Martin Kern, "The Performance of Writing in Western Zhou China", Sergio La Porta and David Shulman ed., *The Poetics of Grammar and the Metaphysics of Sound and Sign*(Leiden: E. J. Brill, 2007), pp.122~26, 155~57.

[5] 윌리엄 해리스William Harris는 "서기 독사"를 "궁정 기록을 유지하는 것과 같은 목적으로 사용된 특별한 사회 집단에 제한된 독사능력"으로 정의한 바 있다. William V. Harris, *Ancient Literacy*(Cambridge: Harvard University Press, 1989), p.7.

[6] 이러한 정황에는 농업 경영과 징병, 청동기 공방 운영, 토지조사, 교역과 다른 상행위, 왕의 활동 기록, 외곽의 정치체나 취락과의 소통 등이 포함된다. Robert Bagley, "Anyang Writing and the Origin of the Chinese Writing System", Stephen D. Houston ed., *The First Writing: Script Invention as History and Process*(Cambridge, UK: Cambridge University Press, 2004), pp.190~261, 특히 pp.223~24.

[7] 메소포타미아의 경우와 비교하여 서주의 행정적, 경제적 정황에서 서사를 확인하려는 최근의 시도로 Haicheng Wang, "Writing and the State in Early China in Comparative Perspectives", Ph. D. diss., Princeton University, 2007, pp.215~34 참고. 아쉽게도 청동기 명문의 학술적 성과에 기초하지 않은 왕Wang의 연구는 이 글에서 논할 대부분의 증거를 빠뜨리고 있다.

[8] 여기서 20家의 의미가 불명확하다. 마청웬馬承原은 20가구가 점유할 만한 정도에 상응하는 지역에 해당된다고 해석한 바 있다. 馬承原, 《商周靑銅器銘文選》, 北京: 文物出版社, 1988~1990, 3, 303쪽.

⁹ 책명의식 동안 문서의 취급에 관한 최근의 논의로 Kern, "The Performance of Writing in the Western Zhou", pp.144~50 참고. 컨Kern도 문서가 미리 준비되었다고 생각하지만, 시라카와 시즈카白川靜을 따라 趞鼎(集成 2815) 명문의 한 구절인 "사유수왕명서史留受王命書"를 "사史(서기) 유留가 왕께 문서화된 명을 드렸다"고 해석한다(受受를 이 문맥에서도 슈授로 읽고, 명서命書를 한 용어로 간주하며). 이는 필자의 독법과는 다르다. 시라카와는 송정頌鼎의 윤씨尹氏를 수여자로(그리고 왕을 수취자로) 읽는 반면에, 면궤免簋의 경우에는 왕을 수여자로 송정頌鼎의 윤씨尹氏에 해당되는 작책윤作册尹을 수취자로 거꾸로 읽고 있다.《金文通釋》, 神戶: 白鶴美術館, 1966?83, 24.137, 158~59쪽; 29.177, 593쪽. "왕명서王命書"를 하나의 용어로 취급하는 마청웬은 송정頌鼎 명문에서 문서가 윤씨尹氏로부터 사史 괵생虢生에게로 직접 전달되었을 것으로 믿고 있다. 왕은 이 전달 과정에 개입되지 않았다고 보는 것이다.《商周靑銅器銘文選》3, 303쪽.

¹⁰ Li Feng, *Bureaucracy and the State in Early China: Governing the Western Zhou*(Cambridge, UK: Cambridge University Press, 2008), p.109.

¹¹ 송정頌鼎 이외에 사십삼년구정四十三年逑鼎과 선부산정善夫山鼎(集成 2825)에서도 이 표현이 등장한다. 그러나 선부산정善夫山鼎 명문에는 왕의 서기가 문서를 취급한 것은 나타나지 않는다.

¹² 문서가 청동기라는 매체로 전이된 상황에 대해서는, Lothar von Falkenhausen, "Issues in Western Zhou Studies: A Review Article", *Early China* 18, 1993, pp.145~46, 161~67; Li Feng, "Ancient Reproductions and Calligraphic Variations: Studies of Western Zhou Bronzes with Identical Inscriptions", *Early China* 22, 1997, pp.40~41 참고.

¹³ Herrlee Creel, *The Origins of Statecraft in China, Vol. 1: The Western Chou*

Empire(Chicago: University of Chicago Press, 1970), pp.124~25.

[14] Wang, "Writing and the State in Early China in Comparative Perspectives", pp.222~225.

[15] 연이핑嚴一萍이 1962년 정리한 리스트에 35건의 명문이 제시되어 있다. 〈蔑曆古意〉, 《中國文字》 10, 1962, 1~5쪽. 장야추張亞初의 새로운 금문 색인에는 명확히 멸력蔑曆이 명시된 31건이 제시되어 있다. 《殷周金文集成引得》, 北京: 中華書局, 2001, 1086쪽.

[16] 唐蘭, 〈蔑曆新詁〉, 《文物》 1979-5, 42쪽.

[17] 白川靜, 〈蔑曆解〉, 《甲骨學》 4-5, 1959, 89~104쪽; 嚴一萍, 〈蔑曆古意〉, 1~5쪽; 唐蘭, 〈蔑曆新詁〉, 36~42쪽.

[18] 영어로 된 "멸력" 의례를 다룬 연구로 Constance Cook, "Wealth and the Western Zhou", The Bulletin of the School of Oriental and African Studies 60.2, 1997, pp.278~79 참고. 쿡Cook은 "력曆"을 직접적으로 "chronicle"로 번역하고 있는데, 여기에는 필시 서사 형태의 문헌기록이 암시되어 있다. 馬承原, 《商周靑銅器銘文選》 3, 4쪽; Edward L. Shaughnessy, Sources of Western Zhou History: Inscribed Bronze Vessels(Berkeley and Los Angeles: University of California Press, 1991), p.191도 참고.

[19] 嚴一萍, 〈蔑曆古意〉, 1~13쪽. 《사기史記》와 《후한서後漢書》에는 관리들이 자신들의 "벌열伐閱"을 검사받거나, 오늘날의 "이력履歷"과 유사한 확실히 문서화된 형태의 "벌열"을 검사를 위해 제출하도록 요구받는 사례들이 제시되어 있다. 《史記》, 北京: 中華書局, 1959, 977쪽; 《後漢書》, 北京: 中華書局, 1965, 133쪽.

[20] 선진시기의 《상전象傳》은 멸蔑을 멸滅로 해석하고 있다. 《周易正義》, 十三經注疏, 北京: 中華書局, 1980, 38쪽. 당대唐代의 《경전석문經典釋文》에 인용된 순상荀爽

본본 《주역》의 효사爻辭에 멸몇 대신 멸멸滅이 쓰이고 있다. 《經典釋文》, 北京: 中華
書局, 1983, 23쪽. 《국어國語》의 두 구절에도 멸몇이 멸멸로 사용된 용례가 있다.
《國語》, 上海: 上海古籍出版社, 1988, 57, 111쪽.

21 穆曉軍, 〈陝西長安縣出土西周吳虎鼎〉, 《考古與文物》, 1998-3, 69~71쪽.

22 여기에 언급된 관리들의 역할과 서주 중후기 조직에 대해서는, Li Feng,
Bureaucracy and the State in Early China, pp.63~93 참고.

23 이 고석과 번역은 대체로 林澐, 〈𤓋生盨新釋〉, 《古文字研究》 3, 1980, 120~35쪽을
따른 것이다. 이 명문의 내용에 대한 토론은 白川靜, 《金文通釋》 33.195, 860~73
쪽 참고.

24 寶雞市考古研究所 등, 〈陝西扶風五郡西村西周青銅器窖藏發掘簡報〉, 《文物》,
2007-8, 4~27쪽.

25 궈모뤄는 이 기물을 격백궤格伯簋로 잘못 명명했다. 《兩周金文辭大系圖錄考釋》,
北京: 科學出版社, 1958, 81~82쪽. 붕생佣生을 그 청동기의 주조자이자 토지의 수
취인으로 본 마청웬馬承原이 이를 수정했다. 《商周青銅器銘文選》 3, 143~44쪽.

26 서주 경제사에서 저貯에 대한 해석을 둘러싸고 큰 논쟁이 있었다. 붕생궤에 관한
한, 마청웬은 30전田이 붕생에게 팔려서 양도된 것으로 본 반면, 궈모뤄는 그 전
田이 붕생에게 임차된 것으로 보았다.

27 이 명문의 문맥은 대체로 마청웬의 독법을 수용한 것이다. 《商周青銅器銘文選》 3,
144쪽.

28 楊樹達, 《積微居金文說》, 北京: 中華書局, 1997(초판, 科學出版社 1952), 11쪽.

29 마츠마루 미치오의 새로운 연구에 의하면 300寽은 대략 300킬로그램에 해당한
다. 〈西周時代の重量單位〉, 《東洋文化研究所紀要》 117, 1992, 47~56쪽.

30 Laura Skosey, "The Legal System and Legal Tradition of the Western Zhou,

CA. 1045~771 B.C.E.", Ph D. Diss., University of Chicago, 1996, pp.95~96.

31 여기서 원정 중의 군인들에게 보내진 서간으로 예컨대 《시경》〈출차出車〉와 같은
전래문헌 기록이 추가될 수 있다. 《十三經注疏》9.4, 415~16쪽 참고.

32 산散과 측夨의 지리에 대해서는, 盧連成,〈西周夨國史跡考略及其相關問題〉,《西
周史研究》, 西安, 1984, 232~48쪽 참고. 산씨와 측국의 정치적 지위에 대해서는,
Li Feng, *Landscape and Power in Early china*, pp.186~87 참고.

33 Li Feng, *Bureacy and the State in Early China*, pp.184~87.

34 주周의 사법 행정에서 서사의 활용에 대해서는, Skosey, "The Legal System and
Legal Tradition of the Western Zhou", pp.126~27.

35 주조자의 이름은 내용이 풍부한 모든 명문에서 가장 중요한 요소다. 그 예외는 통
상 "귀중한 제사용 그릇을 만든다"[作寶尊彝]는 표현이 주종을 이루는 일군의 짧
은 명문이다.

36 吳大徵,《愙齋集古錄》, 上海: 涵芬樓, 1918, 16: 4; 劉心源,《奇觚室吉金文述》,
1902, 8: 21.

37 궐厥의 문법적 기능에 대해서는, Ken-ich Takashima, "The So-Called 'Third' -
Person Possessive Pronoun *jue* 厥 in Classical Chinese", *Journal of American
Oriental Society* 119.3, 1999, pp.405~20.

38 이러한 논점에 대한 명확한 진술은, 容庚,《商周彝器通攷》, 北京: 燕京大學, 1940,
1~2쪽; K. C. Chang, *Art, Myth, and Ritual: The path to Political Authority in
ancient China*(Cambridge MA: Harvard University Press, 1983), pp.56~80 참고.

39 이러한 견해는 Lothar von Falkenhausen, "Issues in Western Zhou Studies: A
Review Article", *Early China* 18, 1993, pp.146~47, 167; 羅泰,〈西周銅器銘文
的性質〉,《考古學研究》6, 2006, 343~74쪽 참고. K. C. Chang에 따르면 명문뿐만

아니라 청동 용기의 동물 문양도 조상과의 소통에 용이하도록 의도되었다. K. C. Chang, *Art, Myth and Ritual*, pp.61~65, 88.

40 천자오룽陳昭容의 최근 연구는 제기의 상대적 비중에 대해 통찰력을 제공한다. 즉 귀족 여성들을 위해 혹은 그들에 의해 주조된 641건의 청동 용기 중, 122건에 "제기"의 표식이 있다. 〈兩周靑銅器的女性接受者與女性製作者〉, paper presented at Columbia Early China Seminar on March 8, 2008.

41 동궤㪤簋 명문은 남회이南淮夷와의 전역에서 작기자 동의 경험을 기록한 것이다. 동이 명시하듯, 그 전투에서 그의 모친이 자신의 길을 안내해주었고, 그의 가슴을 열어주었으며, 부상에서 자신을 보호하고, 결국 승리로 이끌었다고 한다. 그 전투 이후 동은 모친에 대한 증정물로 이 청동기를 주조했다. 그 명문에는 그 청동기가 주조된 이유로 명확한 종교적 정황이 제시되어 있다. 이 명문의 해석에 대해서는, 《商周靑銅器銘文選》 3, 115쪽 참고.

42 종에 나타나는 이러한 종교적 기도문에 대한 분석은, Falkenhausen, "Issues in Western Zhou Studies", pp.139~226 참고.

43 集成 0666과 集成 3838, 集成 10305 등이 분饙이 "식기"의 의미로 사용된 사례다. 천멍지아陳夢家는 연후우燕侯盂(集成 10305) 명문에 나타는 "분우饙盂"라는 용어를 본질적으로 "반우飯盂"와 동일시했다. 〈西周銅器斷代〉, 《考古學報》 10, 1955, 99~100쪽. 이러한 독법에 대해서는, 馬承原, 《商周靑銅器銘文選》 3, 29쪽 참고. 오궤 명문의 경우 특히 이와 같이 읽어야 한다. 만약 회䢅로 읽는다면, 손자孫子가 통상 조상에게 바쳐지는 회 의례의 대상이 되어버리기 때문이다. 이 명문은 확실히 "궐손자궐비길厥孫子厥丕吉"로 구두점을 찍을 수도 없다. 이러한 독법에 따르면 두 번째 궐厥을 기其(~할 것이다; may나 will)와 같이 조동사로 봐야 하지만, 갑골문과 금문에서 궐厥이 그렇게 사용된 경우는 결코 없기 때문이다. 필자는 최

근의 교신을 통해 이 점을 최종 확인해준 타카시마Ken-ichi Takashima 교수께 감사드린다. Takashima, "The So-Called Third Person Possessive Pronoun *jue* 厥 in Classical Chinese", pp.404~31도 참고.

44 취罍는 취반罍盤(集成 10247)과 짝을 이루는 취이罍匜(集成 10247)와 4점의 취궤 罍簋(集成 3931-3934)도 주조했다. 이들 중 취궤는 모두 왕모인 괴씨媿氏가 사용하도록 주도된 것으로, 실제로 명문에서 "분궤饙簋"라고 부르고 있다.

45 《說文解字》, 北京: 中華書局, 1963, 236~37쪽 참고. 이 글자의 해석에 대해서는, 周法高, 《金文詁林》14, 香港: 中文大學出版社, 1975, 5464~73쪽 참고.

46 이와 관련하여, 李朝遠, 〈西周金文中的王與王器〉, 《文物》2006-5, 74~79쪽 참고.

47 李淸莉, 〈虢國博物館收藏的一件銅盨〉, 《文物》2004-4, 90쪽.

48 "역수逆受"의 해석은, 馬承原, 《商周青銅器銘文選》3, 48쪽 참고. 또 다른 가능한 해석은 "역조逆造"(왕의 방문을 환영하다)다. 郭沫若, 《兩周金文辭大系圖錄考釋》, 42쪽.

49 청동기 명문들은 주왕이 자신의 행정 관리들이 주재하는 궁들을 비롯한 다양한 건축시설들을 빈번하게 방문하는 것으로 나타난다. 이 문제와 관련하여, Li Feng, "'Offices' in Bronze Inscriptions and Western Zhou Government Administration", p.45.

50 Arthur Waley, trans., *The Book of Songs: The ancient Chinese Classics of Poetry*, ed., Joseph R. Allen(New York: Grove Press, 1996), pp.137~38.

51 다우정多友鼎도 험윤에 대한 전역을 묘사하고 있는데, 그 명문에는 그 청동기가 친구와 동료들을 대접하는 데 사용될 것이라고 언급되어 있다. 다우정과 "유월"에 대한 분석은, Li Feng, *Landscape and Power in Early China*, pp.147~53.

52 마틴 컨Martin Kern은 최근 서주 청동기 명문의 "전시 기능"에서 상당한 분량으

로 논한 바 있다. 그는 또한 서주 중후기 청동기들에 두드러진 필체의 사용이 어떻게 그 청동기들의 공공 전시 기능을 강화해주었는지 주목했다. Martin Kern, "The Performance of Writing in Western Zhou China", pp.112~14, 167~71.

53 馬承原, 《商周靑銅器銘文選》 3, 55쪽 참고.

54 Harris, *Ancient Literacy*, p.64.

6장 미현眉縣 선씨單氏 가족 청동기를 통한 선부극膳夫克 청동기들의 연대 재고찰: 진후소편종晉侯蘇編鐘 연대와 관련하여

1 〈陝西眉縣出土窖藏發掘銅器筆談〉, 《文物》 2003-6, 43~65쪽; 李學勤, 〈眉縣楊家村器銘曆日的難題〉, 《寶鷄文理學院學報》 2003-5, 1~3, 9쪽; 常金倉, 〈眉縣靑銅器和西周年代學硏究的思路調整〉, 《寶鷄文理學院學報》 2003-5, 4~9쪽; 夏含夷(필자), 〈42年43年兩個吳迷鼎的年代〉, 《中國歷史文物》 2003-5, 49~52쪽 참고.

2 張長壽·陳公柔·王世民, 《西周靑銅器分期斷代硏究》, 北京: 文物出版社, 1999, 31~32쪽.

3 《中國美術分類全集: 中國靑銅器全集》 5, 北京: 文物出版社, 1996(西周1), 31쪽; 馬承源 主 編, 《商周靑銅器銘文選》 1, 北京: 文物出版社, 1988, 297, 306쪽.

4 陳夢家, 《西周年代考》, 1955(再版: 《西周銅器斷代》, 北京: 中華書局, 2004), 511쪽; 白川靜, 〈金文通釋〉, 《白鶴美術館誌》 28, 1970, 490쪽.

5 郭沫若, 《兩周金文辭大系考釋》, 東京: 文求堂書店, 1935, 121쪽; 容庚, 《商周靑器通考》, 北平: 哈佛燕京學社, 1941, 296쪽; 唐蘭, 〈關於大克鐘〉, 《唐蘭先生金文論集》, 北京: 紫禁城出版社, 1995, 338쪽.

6 李朝遠, 〈眉縣新出迷盤與大克鼎的時代〉, 《第四屆國際中國古文字學硏討會論文集》, 香港: 香港中文大學, 2003, 89~96쪽 참고.

7 李學勤, 《中國古代文明研究》, 上海: 華東師範大學出版社, 2005, 46쪽.

8 張懋鎔, 〈試論西周靑銅器演變的非均衡性問題〉, 《考古學報》 2008-3, 340쪽.

9 劉啓益, 《西周紀年》, 廣州: 廣東敎育出版社, 2002, 386쪽; 彭裕商, 《西周靑銅器年代綜合硏究》, 成都: 巴蜀書社, 2003, 453쪽 참고. 외국에서도 선부膳夫 극극이 만든 동기銅器들이 모두 주周 선왕宣王 시대에 해당한다는 주장을 제출한 논문이 출간되었다. Maria Khayutina, "Povar ili ministr: dragozennye trenozhniki dobrogo muzha Ke"(선부膳夫 또는 신경臣卿: 선부膳夫 극克이 만든 예정禮鼎), Mikhail A. Boitsov, Igor N. Danilevsky ed., *Kasus: Individual and Unique in History*(Moscow: OGI, 2005), pp.15~98.

10 唐蘭, 〈西周銅器斷代中的 '康宮' 問題〉, 《考古學報》 1962-1(《唐蘭先生金文論集》에 재판再版, 163쪽).

11 張培瑜, 《中國先秦史曆表》, 濟南: 齊魯書社, 1987, 59쪽.

12 唐蘭, 〈西周銅器斷代中的 '康宮' 問題〉, 163~164쪽.

13 력종수鬲从盨의 명문 중에, "선부善夫" 뒤의 한 글자는 매우 희미해서, "극克"이라고 석문釋文할 수 없다는 사람도 있다. 그러나 이 기물은 베이징 고궁古宮박물관에 소장되어 있는데, 최근 이 박물관의 한 연구원은 그 글자가 분명 극克이라는 것을 확인하고 있다. 《故宮靑銅器》, 北京: 紫禁城出版社, 1999, 206쪽 참고.

14 夏商周斷代工程專家組 編, 《夏商周斷代工程1996~2000年階段成果報告: 簡本》, 北京: 世界圖書出版公司, 2000, 33쪽.

15 졸작, 〈四十二年' 四十三年 兩件吳迷鼎的年代〉, 《中國歷史文物》 2003-5, 49~52쪽 참고.

16 張長壽·陳公柔·王世民, 《西周靑銅器分期斷代硏究》, 91쪽.

17 董作賓, 《中國年曆總譜》, 香港: 香港大學出版社, 1960.

[18] 白川靜, 《金文通釋》 28, 521쪽.

[19] 夏商周斷代工程專家組, 《夏商周斷代工程1996~2000年階段成果報告: 簡本》, 北京: 世界圖書出版公司, 2000, 35쪽.

[20] 필자는 이 해석에 존재하는 한 가지 문제점을 분명히 밝혀둔다. 선부膳夫 극克이 따로 제작한 극종克鐘에도 역시 16년을 기록한 완전한 연대("추십우륙년구월초길 경인隹十又六年九月初吉庚寅")가 기재되어 있는데, 앞서 말한 것처럼 이는 분명 선왕宣王 시기의 기물로 연대 기록 역시 기원전 821년을 가리키게 된다. 이것을 《중국선진사력표中國先秦史曆表》에 맞추어보면, 이 해의 9월 삭일은 경신庚申 (57)이고, 이달에는 경인庚寅(27)일은 없다. 그러나 윤월을 적용하게 되면 경인庚寅을 초하루로 얻을 수 있으며, 이는 초길의 월상과도 당연히 부합되게 된다. 문제는 이 9월과 극수克盨의 12월 사이에 반드시 윤달 한 달이 있어야 한다는 점이다.

[21] 張光裕, 〈西周士百父盨銘所見史事試釋〉, 《古文字與古代史》 1, 2007, 219쪽; 李學勤, 〈文盨與周宣王中興〉, 《文博》 2008-2, 4~5쪽.

[22] 馬承源, 〈晉侯蘇編鐘〉, 14쪽; 李學勤, 〈晉侯蘇編鐘的時, 地, 人〉, 《中國文物報》 1996年 12月 1日.

[23] 王占奎, 〈周宣王紀年與晉獻侯墓考辨〉, 《中國文物報》 1996年 7月 7日; 王占奎, 〈晉侯蘇編鐘年代初探〉, 《中國文物報》 1996年 12月 22日.

[24] 鄒衡, 〈論早期晉都〉, 《文物》 1994-1, 30쪽; 裘錫圭, 〈晉侯蘇編鐘筆談〉, 《文物》 1997-3, 65쪽.

[25] 倪德衛(Nivison), 夏含夷(필자), 〈晉侯的世系及其對中國古代紀年的意義〉, 《中國史研究》 2001-1, 3~10쪽.

[26] 馬承源, 〈晉侯蘇編鐘〉, 《上海博物館集刊》 7, 1996, 10쪽.

[27] 이러한 석독은 리쉐친李學勤에게서 가장 먼저 보이는 듯하다. 〈晉侯蘇編鐘曆日的

分析〉,《夏商周年代學札記》, 遼寧大學出版社, 1999, 157쪽.

3부 총결

7장 민족주의적 동아시아 고대사 서술과 그 자료 새롭게 보기

[1] 당시 일본의 서양학문 도입과 번역을 통한 일본식 수용에 대해서는, 가토 슈이치·마루야마 마사오, 임성모 옮김, 《번역과 일본의 근대》(이산, 2000) 참고.

[2] 황국사관 전반에 대해서는 박진우 외, 《황국사관의 통시대적 연구》(동북아역사재단, 2009) 참고.

[3] 사카모토 타로坂本太郎, 박인호·임상선 옮김, 《일본사학사》, 첨성대, 1991, 227~229쪽; 함동주, 〈전후 일본의 역사학과 민족문제: 점령기(1945~1952)를 중심으로〉, 《동양사학연구》 68, 1999, 179~208쪽은 전후 일본 진보사학계의 민족주의에 대한 반성과 그에 따른 문제점을 논하고 있다.

[4] 누마타 지로沼田二郎, 〈시게노 야스쓰구와 역사서술의 근대 도쿄전통〉, W. G. 비슬리·E. G. 풀리블랭크 엮음, 이윤화·최자영 옮김, 《중국과 일본의 역사가들》, 신서원, 2007, 394~411쪽.

[5] Clare Fawcett, "Nationalism and postwar Japanese archaeology", Philip Kohl and Clare Fawcett ed., *Nationalism, Politics, and the Practice of Archaeology*(Cambridge: Cambridge University Press, 1995), pp.232~246.

[6] 리우스페이의 국학에 대해서는, 이원석, 《근대중국의 국학과 혁명사상: 유사배의 국학과 혁명론》(국학자료원, 2002) 참고.

[7] 〈저우언라이 전 중국총리, "고조선-고구려-발해 모두 한국역사"〉, 《프레시안》

2004년 8월 14일. http://www.pressian.com/article/article.asp?article_num= 30040813091527& Section=05

[8] Nimrod Baranovitch, "Others No More: The Changing Representation of Non-Han Peoples in Chinese History Textbooks, 1951?2003", *Journal of Asian Studies* 69:1, 2010, p.110.

[9] 동북공정에 대해서는 일일이 열거할 수 없을 정도로 많은 비판적 연구들이 나와 있지만, 최근 "하상주단대공정"과 "중화문명탐원공정"에 대해서도 국내 학계의 비판적 검토가 이루어졌다. 김경호 외, 《하상주단대공정: 중국 고대문명 연구의 허와 실》, 동북아역사재단, 2008; 박양진 외, 《중국 문명탐원공정과 선사 고고학 연구 현황분석》, 동북아역사재단, 2008.

[10] 윤휘탁, 〈'以古爲今': 중국의 민족문제와 중화민족 국가관〉, 《동북아역사논총》 21, 2008, 193~197쪽.

[11] 최근 중국 학계의 의고와 신고를 둘러싼 논쟁의 추이에 대해서는, 심재훈, 〈하상 주단대공정과 신고 경향 고대사 서술〉, 《한국사학사학보》 16, 2007, 104~109쪽 참고.

[12] 조인성, 〈이병도의 한국고대사 연구와 식민주의사학의 문제: 《한국고대사연구》를 중심으로〉, 《한국사연구》 114, 2009, 285~303쪽.

[13] Hyung Il Pai, *Constructing "Korean" Origins: A Critical Review of Archaeology, Historiography, and Racial Myth in Korean State-Formation Theories*(Cambridge: Harvard University Press, 2000), p.1.

[14] 1910년까지 만주를 한국사의 중심으로 발견하고 새로운 한국고대사 틀을 정립한 신채호의 영토사 연구와 그 정치성에 대해서는, Andre Schmid, "Rediscovering Manchuria: Sin Ch'aeho and the Politics of Territorial History in Korea",

Journal of Asian Studies 56:1, 1997, pp.26~46 참고.

15 송호정, 《단군, 만들어진 신화》, 산처럼, 2002, 224~225쪽.

16 송호정, 《단군, 만들어진 신화》, 224~234쪽.

17 물론 주 13)의 재미 학자 배형일의 연구는 한국의 민족주의적 고대사 연구를 본격적으로 비판한 책이다. 이 책에 대해서는 심재훈의 서평, 〈20세기 한국 상고사 연구에 대한 반성〉, 《歷史學報》 172, 2001, 367~376쪽 참고.

18 임지현, 〈한국사 학계의 '민족' 이해에 대한 비판적 검토: 보편사적 관점과 민족사적 관점〉, 《민족주의는 반역이다》, 소나무, 1999, 52~84쪽..

19 임지현·이성시 엮음, 《국사의 신화를 넘어서》, 휴머니스트, 2004.

20 김기봉, 《역사를 통한 동아시아 공동체 만들기》, 푸른역사, 2006.

21 김한규, 《요동사》, 문학과지성사, 2004.

22 강종훈, 〈최근 한국사 연구에 있어서 탈민족주의에 대한 비판적 검토〉, 《한국고대사연구》 52, 2008, 57~90쪽.

23 김기봉, 〈한국 고대사의 계보학〉, 《한국고대사연구》 52, 2008, 22~55쪽.

24 樂山 編, 《潛流: 對狹隘民族主義的批判與反思》(上海: 華東師範大學出版社, 2004)는 편협한 민족주의를 비판하는 이러한 흐름의 단초다.

25 박용희는 랑케부터 통일 이후까지 독일 민족사의 전개 과정을 분석함으로써 이 점을 명확히 보여주고 있다. 분단이라는 비슷한 상황을 경험한 독일의 경우는 한국과 대비하여 시사하는 바가 크다. 박용희, 〈근대 독일 역사학의 민족사 기획〉, 《한국사학사학보》 16, 2007, 187~222쪽.

26 Mark Byington, "The War of Words Between South Korea and China Over An Ancient Kingdom: Why Both Sides Are Misguided", *History News Network* 2004년 9월 6일(http://hnn.us/articles/7077.html). 바잉턴은 현재 국제교류재단

과 동북아역사재단의 지원으로 하버드 대학에서 "Early Korea Project"를 수행하며 주로 한국에서의 주요 연구 성과를 영어로 번역한 *Early Korea 1: Reconsidering Early Korean History through Archaeology*(2008)과 *Early Korea 2: The Samhan Period in Korean History*(2009)라는 시리즈를 Harvard Korea Institute를 통해 출간하고 있다. 한국과 서양에서의 한국고대사 연구를 이어주는 역할을 담당하고 있는 것으로 보인다.

[27] 탈민족주의자들의 주장을 반박한 강종훈도 그동안의 과도한 민족주의적 고대사 서술은 지양해야 할 것으로 본다. 〈최근 한국사 연구에 있어서 탈민족주의에 대한 비판적 검토〉, 85~86쪽.

[28] 심재훈, 〈하상주단대공정과 신고 경향 고대사 서술〉, 111쪽.

[29] 김선자, 《만들어진 민족주의 황제 신화》, 책세상, 2007; 박양진, 〈중국역사공정의 비판적 검토: 하상주단대공정과 중화문명탐원공정을 중심으로〉, 《역사비평》 82, 2008, 299~320쪽.

[30] 심재훈, 〈한민족 형성과 동아시아〉, 세계속의한국편찬위원회 엮음, 《세계 속의 한국》, 단국대학교출판부, 2008, 58~59쪽.

[31] 김병준, 〈민족과 고대사: 고힐강의 삶과 학문세계〉, 성균관대학교 BK21 동아시아학 융합사업단 엮음, 《근대 동아시아 지식인의 삶과 학문》, 성균관대학교출판부, 2009, 173~200쪽. 역시 김병준이 번역한 고힐강의 《고사변자서》(소명출판, 2006)도 고대사 연구자에게는 필독서다.

[32] 로타 본 팔켄하우젠, 심재훈 옮김, 《고고학 증거로 본 공자시대 중국사회》, 세창출판사, 2011, 66쪽.

[33] 로타 본 팔켄하우젠, 《고고학 증거로 본 공자시대 중국사회》, 제1장과 2장.

[34] 中國社會科學院考古研究所 編, 《殷墟花園莊東地甲骨》6冊(昆明: 雲南人民出版社,

2003).

35 심재훈, 〈周公廟 발굴과 의의: 西周 王陵과 岐邑 소재지와 관련하여〉, 《중국고대
   사연구》 14, 2005, 9~12쪽.

36 〈高靑陳莊遺址與姜太公有關南水北凋爲其讓路〉, 《齊魯網》 2010년 4월 13일
   (http://news.iqilu.com/shandong/kejiaoshehui/20100413/218146.html).

37 특히 우한대학武漢大學 간백연구중심簡帛硏究中心의 간백망簡帛網
   (www.bsm.org.cn)과 간백연구망참簡帛硏究網站(http://www.jianbo.org), 푸단
   대학출토문헌여고문자연구중심망참復旦大學出土文獻與古文字硏究中心網站
   (http://www.gwz.fudan.edu.cn), 칭화대학淸華大學confucius2000망참網站
   (http://www.confucius2000.com) 등이 관련 연구자들에게 중요한 소통의 장을
   제공하고 있다.

38 "이승률 교수의 간백강의" 제6강과 7강에서 초간을 다루고 있다. 이승률, 〈초간의
   종류와 내용 I〉, 《오늘의 동양사상》 20, 2009, 195~249쪽; 〈초간의 종류와 내용
   2〉, 《오늘의 동양사상》 21, 2010, 171~243쪽. 최근 김경호도 한국까지 포함한 동
   아시아 간독의 발견 상황과 연구 성과에 대해 일별한 바 있다. 김경호, 〈21세기 동
   아시아 출토문헌자료의 연구 현황과 '자료학'의 가능성: 고대 동아시아사 이해를
   중심으로〉, 권인한 외 엮음, 《동아시아 자료학의 가능성》, 성균관대학교출판부,
   2009, 31~72쪽.

39 Edward L. Shaughnessy, *Rewriting Early Chinese Texts*(Albany: State
   University of New York Press, 2006). 이하 쇼우네시의 연구에 대한 기술은, 심
   재훈, 〈하상주단대공정과 신고 경향 고대사 서술〉, 108~110쪽에도 나와 있다.

40 칭화간 전체 최소 63편 중 전래문헌 상의 내용과 직접적인 연관성을 지니는 경우
   는 현재까지 《상서尙書》류와 《일주서逸周書》류 몇 편인 것으로 알려지고 있다. 김

석진, 〈중국 清華大學 소장 戰國시대 竹簡〉, 《목간과 문자》 7, 2011, 179~181쪽.

[41] 熊鐵基, 〈漢代對先秦典籍的全面改造〉, 《光明網》 2005년 7월 24일(http://www.gmw.cn/content/2005-07/24/content_272592.htm).

[42] 李學勤, 〈論清華簡 '保訓' 編的幾個問題〉, 《文物》 2009-6, 76~78쪽.

[43] 清華大學出土文獻研究與保護中心, 〈清華大學藏戰國竹簡 '保訓' 釋文〉, 《文物》 2009-6, 73~75쪽.

[44] 金錫珍, 〈清華戰國簡 《保訓》편의 연대와 성격〉, 《東洋史學研究》 116, 2011, 20~40쪽.

[45] 심재훈, 〈하상주단대공정과 신고 경향 고대사 서술〉, 114~116쪽.

[46] 平勢隆郎, 〈戰國 諸國이 논한 夏商周三代〉, 《中國史研究》 30, 2004, 261~273쪽. 이 논문은 平勢隆郎의 《春秋と左傳》(東京: 中央公論新社, 2003)를 토대로 재구성한 것으로 보인다.

[47] 고힐강, 《고사변자서》의 역자서문 〈의고를 위한 변명〉, 3~9쪽; 이승률, 〈출토문자 자료와 중국고대사상사〉, 《동아시아 자료학의 가능성》, 90, 104~105쪽에서도 같은 맥락이 강조되어 있다.

[48] 스카버그David Scharberg는 《좌전左傳》과 《국어國語》의 구전적 성격을 밝힌 저서 *A Patterned Past: Form and Thought in Early Chinese Historiography* (Cambridge: Harvard University Press, 2001)로 2003년 서구 아시아학계에서 가장 영예로운 저작상인 Joseph Levenson Prize를 수상한 바 있다.

[49] 서경요, 〈조선조 후기 학술의 고증학적 경향〉, 《유교사상연구》 7, 1994, 501~514쪽.

[50] 그럼에도 불구하고 국내에서도 고증학적 문헌비판을 추구하며 갑골문甲骨文과 금문金文, 초간楚簡, 간독簡牘 등 중국 고문자 연구에 열정을 바치는 "동아시아 출토문헌연구회"와 "간독연구회" 등 소수의 인원으로 구성된 연구 모임이나마 존재함은 다행스러운 일이다.

찾아보기

화이부동의 동아시아학

—민족사와 고대 중국 연구 자료 성찰

◉ 2012년 4월 5일 초판 1쇄 인쇄
◉ 2012년 4월 9일 초판 1쇄 발행
◉ 엮은이   심재훈
◉ 지은이   프라센짓 두아라 · 이성시 · 유진 Y. 박 · 에드워드 L. 쇼우네시 · 리펑 · 심재훈
◉ 기 획   단국대 동양학연구원
◉ 발행인   박혜숙
◉ 디자인   이보용
◉ 영업 · 제작   변재원
◉ 인쇄   정민인쇄
◉ 제본   정민문화사
◉ 종이   화인페이퍼
◉ 펴낸곳   도서출판 푸른역사
                우 110-040 서울시 종로구 통의동 82
                전화: 02) 720 · 8921(편집부) 02) 720 · 8920(영업부)
                팩스: 02) 720 · 9887
                전자우편: 2013history@naver.com
                등록: 1997년 2월 14일 제13-483호

ISBN   978-89-97079-62-2 93900

· 잘못 만들어진 책은 교환해드립니다.